CHAMPION CLASSIQUES
Collection dirigée par Claude Blum
Série «Moyen Âge»
sous la direction d'Emmanuèle Baumgartner et de Laurence Harf-Lancner

LE BEL INCONNU

Dans la collection *Champion Classiques*

Série « Moyen Âge »
Éditions bilingues

1. THOMAS, *Le Roman de Tristan* suivi de *La Folie Tristan* de Berne et de *La Folie Tristan* d'Oxford. Traduction, présentation et notes d'Emmanuèle Baumgartner et Ian Short, avec les textes édités par Félix Lecoy.

2. ROBERT D'ORBIGNY, *Le Conte de Floire et Blanchefleur*, publié, traduit, présenté et annoté par Jean-Luc Leclanche.

3. *Chevalerie et grivoiserie-Fabliaux de chevalerie*, publiés, traduits, présentés et annotés par Jean-Luc Leclanche.

4. RENAUD DE BEAUJEU, *Le Bel Inconnu*, publié, présenté et annoté par Michèle Perret. Traduction de Michèle Perret et Isabelle Weill.

5. THOMAS DE KENT, *Le Roman d'Alexandre* ou *Le Roman de toute chevalerie*. Traduction, présentation et notes de Catherine Gaullier-Bougassas et Laurence Harf-Lancner, avec le texte édité par Brian Foster et Ian Short.

6. GUILLAUME DE BERNEVILLE, *La Vie de saint Gilles*, publiée, traduite, présentée et annotée par Françoise Laurent.

RENAUD DE BEAUJEU

LE BEL INCONNU

Publié, présenté et annoté
par Michèle Perret

Traduction de
Michèle Perret et Isabelle Weil

CHAMPION CLASSIQUES
HONORÉ CHAMPION
PARIS – 2003

Michèle Perret est professeur émérite de l'Université Paris X-Nanterre. Spécialiste de linguistique discursive au Moyen Âge et d'histoire de la langue française pour l'essentiel de ses publications, elle est aussi l'auteur d'une traduction et d'une adaptation du *Roman de Mélusine* ainsi que d'un ouvrage d'initiation à la linguistique de l'énonciation.

Isabelle Weill est Maître de Conférences en linguistique médiévale à l'Université Paris X-Nanterre. Auteur de nombreux articles de linguistique diachronique, elle est aussi spécialiste de la littérature épique et s'intéresse actuellement aux formes modernes de l'épopée (cinéma et « heroïc fantasy »).

© 2003. Honoré Champion Editeur, Paris.
www.honorechampion.com
Reproduction et traduction, même partielles, interdites.
Tous droits réservés pour tous les pays.
ISBN 2-7453-0734-7   ISSN 1636-9386

INTRODUCTION

I

Un roman arthurien

Un jeune homme qui ne sait ni son nom – on l'appellera donc le Bel Inconnu – ni même s'il eut jamais un père (vers 118), se présente à la cour d'Arthur et arrache au roi la permission de se porter au secours de la reine du pays de Galles, Blonde Esmerée, pour qui sa suivante vient de demander l'aide du meilleur chevalier de la Table Ronde. Après bien des combats ; après une descente de plus en plus profonde dans le monde irrationnel et onirique des enchantements, des illusions et des maléfices ; après la découverte de son passé, de son nom, de ses origines... et de l'amour ; après avoir, en acceptant de l'embrasser sous son apparence animale, sauvé la jeune reine que des sorciers avai=ntt métamorphosée en serpent, le héros retourne dans le monde arthurien auquel il appartient par son père - Gauvain, le neveu d'Arthur, l'ayant engendré d'une fée. Le mariage du jeune homme, devenu chevalier de la Table Ronde, place dans la mouvance arthurienne le royaume de Galles, désormais désenvoûté et à nouveau prospère.

Tel que nous venons de le présenter, en omettant volontairement deux détails d'importance, le roman ne s'écarte guère de la trame classique du roman arthurien en vers, de l'« aventure chevaleresque » telle que l'avait analysée E. Köhler[1] : départ, de la cour d'Arthur, de l'un de ses chevaliers qui doit faire la preuve de son excellence, plongée dans le merveilleux, découverte de la part la plus mystérieuse de son être, rationalisation et pacification d'un monde, voire, comme

---

[1] E. Köhler, *L'aventure chevaleresque : idéal et réalité dans le roman courtois,* Paris, Gallimard, 1974 (Les ouvrages dont le titre est cité *in extenso* dans les notes ne figurent pas dans la bibliographie).

interpret² of chivalric Nres
oppos²: real vs faery words

ici, fertilisation d'une « terre gaste », la Cité en Ruines, retour, enfin, du chevalier, aguerri et maître de lui-même, dans l'univers de la paix arthurienne qui, grâce à lui, comprendra de nouvelles contrées arrachées aux forces du mal. L'aventure chevaleresque est traditionnellement lue comme la projection littéraire de représentations sociales : ambitions et turbulences de la noblesse, extension de la paix capétienne, ou comme la métaphore d'une quête – initiatique, ou psychanalytique avant la lettre – de l'individu.

Dans cette perspective, rien ne manque au roman du *Bel Inconnu* : immersion dans le merveilleux, terrifiants gardiens des passages périlleux, viols, brigands sans foi ni loi, chevaliers cruels, jeunes filles en détresse, chasses mystérieuses, menaces de révoltes populaires ou d'humiliation, par le commun, des chevaliers vaincus, villes dévastées, tremblements de terre et éclipses – peur immémoriale que le jour ne revienne jamais -, confusion des apparences, ambiguïtés du bien et du mal : guerriers qui se décomposent en glaires immondes, charmants musiciens diaboliques et répugnant serpent qui se révèle n'être qu'une innocente jeune fille persécutée. Au dynamisme de cette quête s'oppose, par ailleurs, le cérémonial figé des chevaliers de la Table Ronde (la litanie rassurante et familière de leurs noms figure au début et à la fin du récit) avec le retour rituel des Pentecôtes, des couronnements, des banquets et des tournois. Les silhouettes connues – rois, sénéchaux et chevaliers – sont alors données (« *si com la lettre dit la vie* », v. 30) comme la représentation littéraire du monde réel, opposé aux illusions et aux mystères de l'« autre monde ».

II

Intertextualités

Le roman nous est parvenu conservé dans un seul manuscrit du XIIIe siècle (ms. 472 du musée Condé de Chantilly)[2] ; il y est précédé des

---

[2] Le texte du *Bel Inconnu* a été conservé dans un manuscrit unique de la seconde moitié du XIIIe siècle, le Chantilly 472 (Musée Condé). Il a fait l'objet, entre autres, d'une édition critique très sérieuse par Perrie G. Williams, en 1978 et j'ai souvent

romans de *Rigomer,* de *L'Atre périlleux,* d'*Erec,* de *Fergus,* de *Gauvain et Hunbaut,* suivi de *La Vengeance Raguidel,* d'*Yvain,* du *Chevalier de la charrette* et d'une version en prose de *La Quête du Graal* ; ce manuscrit demeure le seul témoignage qui nous soit resté de la réception de l'œuvre par les contemporains. Même si les dernières pages sont remplies par quelques branches du *Renard,* il s'agit en effet d'une collection de romans arthuriens, en vers à une exception près, dont notre récit se trouve être l'élément central, une collection qui ressemble fort à une sorte de mise en cycle autour de Gauvain – un cycle arthurien et chevaleresque, d'où les aventures de Perceval sont soigneusement exclues : la série de récits débute avec les amours de Gauvain et de la fée Lorie (*Rigomer*) et s'achève avec la *Quête,* fin de toutes les aventures. Au cœur du cycle est placée l'histoire du fils de Gauvain : Guinglain ou le Bel Inconnu.

Cette histoire se présente à première vue comme un assemblage d'éléments d'une grande banalité, venus du fonds commun de la matière de Bretagne. En particulier, de nombreux rapprochements avec Chrétien s'imposent, surtout dans la première partie des aventures de Guinglain : réminiscences de l'arrivée, impérieuse et naïve, de Perceval à la cour d'Arthur, de son incapacité à se nommer lui-même autrement que « Beau Fils » ou « Beau Frère », des prisonniers qu'il envoie régulièrement à la cour d'Arthur en témoignage de reconnaissance et pour ne pas se faire oublier, de la visite de Blanchefleur dans la salle où repose Perceval, qui rappelle étrangement la visite de Blanches-Mains à Guinglain : les noms même des deux jeunes femmes ne sont-ils pas presque semblables ? D'*Erec* viennent le challenge de l'épervier, et l'enclos du gardien de l'Ile d'Or, orné de têtes de chevaliers décapités, comme dans l'épreuve dite de « la joie de la cour » ; d'*Yvain,* les emprunts les plus subtils : les rapports de la fée et de sa suivante ne sont pas sans rappeler ceux de Laudine et de

---

utilisé ses recherches (abréviation P.W.). Il présente, selon cette éditrice, un mélange de formes françiennes, picardes, champenoises, bourguignonnes et parfois lorraines (une *scripta* transdialectale, en somme !). Nous avons relevé en note certaines des habitudes graphiques (et phonétiques ?) du scribe et en particulier l'omission des finales, y compris dans une fonction morphologique (pluriel, personnes verbales), mais on consultera aussi avec profit l'introduction de P.W.

Lunette, la rencontre de l'Inconnu et de la guivre, celle d'Yvain et de son lion, avec les mêmes petites courbettes d'« humilité » de l'animal devant l'homme, quelques comparaisons, enfin, de la femme et de la lune se trouvent dans les deux romans. Quant au nain, *la Charette, Erec* et *Yvain* nous présentent tous ce petit personnage sarcastique, malfaisant et préposé à la conduite des chevaux, convention subvertie dans le roman de l'Inconnu, où ce nain naturellement pervers devient un être délicieux et courtois, de même que la « pucelle » démoniaque qui se rendait à la cour d'Arthur dans le *Conte du Graal* devient ici la jeune et fidèle Hélie. Enfin, les grandes énumérations de chevaliers arthuriens, au début et à la fin du texte ont pour fonction de constituer en préconstruit l'ensemble des romans arthuriens déjà existants où ces héros interviennent.

Le roman trouve sa place dans un paradigme d'œuvres de sujet analogue[3]. Faut-il forcément croire le narrateur, quand il prétend avoir

---

[3] Il existe en effet plusieurs récits assez voisins :

— En allemand, *Wigalois* (vers 1210, Wirnt von Gravenberg), qui, après une introduction sur les conditions de la naissance du héros, n'utilise que les premiers épisodes du *Bel Inconnu*, mais ni l'épisode du Fier Baiser, ni celui de l'Ile d'Or (voir dossier).

— En anglais *Lybeaus Desconus* (env. 1325, auteur présumé, Thomas Chestre) dont l'auteur dit expressément suivre un modèle français. On y apprend que *Sir Lybeaus* (ou Gyngelayne, Ginleyn, etc.) a été engendré par Gauvain et comment il a quitté sa mère, qui vivait au seuil d'une forêt, dans des conditions assez semblables à celles du départ de Perceval : la rencontre d'un chevalier aux belles armes. Une enchanteresse, la « dame d'amour » le retient pendant douze mois, mais la suivante (Elene) parvient à lui rappeler son engagement. Il quitte donc le château de l'Ile d'Or et n'y reviendra plus. Ce sont là les deux différences majeures avec le *Bel Inconnu*.

— En italien, *Carduino* (seconde moitié du XIVe siècle, auteur présumé, Antonio Pucci). Carduino n'est pas le fils de Gauvain mais de Dondinel. On y trouve un récit des circonstances de la naissance, récit encore plus proche de Perceval que *Lybeaus* pour les causes du départ. L'aventure du *Fier Baiser* se passe dès l'arrivée à la cour d'Arthur, suivie de trois autres seulement, dont l'une ressemble à celle de la jeune fille assaillie par les deux géants et l'autre met en scène une « maîtresse d'amour » qui donne au jeune homme des indications contradictoires quant à l'accès à sa chambre, ce qui entraîne pour lui, quand il veut y accéder, des enchantements fort semblables à ceux que connaît Guinglain.

tiré son roman « d'un moult biel conte d'aventure » (vers 4-5) ?
Jusqu'à quel point faut-il accepter d'être dupe de cette insertion
obligée dans une tradition, orale ou écrite, dont le texte proposé ne
serait qu'un avatar où se donnerait à voir le savoir-faire du narrateur ?
L'évocation des sources est, on le sait, un lieu commun de ce type de
littérature. Il se trouve cependant, en ce qui concerne *Le Bel Inconnu,*
que la tradition dans laquelle s'insère l'œuvre de Renaut est assez
riche : une version anglaise, *Lybeaus Desconus,* qui avoue explicite-
ment s'inspirer d'un roman français, une version italienne de la
seconde moitié de XIVe, *Carduino,* et une version allemande,
Wigalois, composée en Bavière, vers 1210, par Wirnt von Gravenberg,
qui dit l'avoir entendu raconter. Il faut relire G. Paris (1886), pour le
plaisir de retrouver ce type de critique qui s'attachait essentiellement
à la reconstruction conjecturale de l'hypothétique source commune, à
partir de la comparaison de ces quatre poèmes. Réduit à l'essentiel de
sa trame, aux éléments communs à tous les récits, le conte aurait
rapporté l'enfance sauvage d'un adolescent, fils de Gauvain et d'une
fée, son arrivée chez Arthur et son départ immédiat, à la suite de la
suivante venue demander de l'aide ; la série des épreuves qualifiantes,
dont l'une aurait été la tentative de séduction et d'emprisonnement de
l'Inconnu par une enchanteresse, la « Dame d'Amour », enfin, le
baiser à la femme serpent (sauf dans la version allemande, qui ne suit
notre récit que dans sa première partie, les aventures qualifiantes), la
fin des maléfices et le mariage du héros qui, à la cour d'Arthur,
retrouve Gauvain son père.

— En français, une rédaction en prose (début du XVIe siècle, Claude Patin),
   *L'hystoire de Giglan, filz de messire Gauvain, qui fut roy de Galles, et de
   Geoffroy de Maience son compagnon, tous deux chevaliers de la Table Ronde*,
   qui, pour la partie consacrée à Guinglain, suit d'assez près le texte de Renaut de
   Beaujeu ;
   Du temps de G. Paris, il était d'usage de supposer un manuscrit perdu. Il me semble
plutôt que les habitudes de composition des romans (*conjointure*) étaient d'utiliser
librement des épisodes connus et de les recomposer à sa guise. L'introduction,
différente dans chaque texte, peut avoir été ajoutée pour rationaliser l'histoire de ce
curieux héros sans mémoire. Quant à l'histoire de la belle aux Blanches Mains, on
conçoit volontiers qu'elle ait dérouté les imitateurs, qui ont pu ne pas vouloir d'un
héros infidèle et menteur et ont édulcoré l'histoire.

III

Une éducation sentimentale

La comparaison fait apparaître l'une des originalités du roman français : l'épisode de la « Dame d'Amour » devenue la Belle aux Blanches Mains y prend autant, sinon plus d'importance que celui de Blonde Esmerée, la reine transformée en serpent. Le héros, du moment où il la rencontre, hésite entre la reine et la fée, la ville magique de l'Ile d'Or et la ville naguère dévastée de Sinaudon (monts de Snodown ?), capitale du pays de Galles. Comme l'a montré P. Haidu (1972), après une progression d'aventure qualifiante en aventure qualifiante (trois combats, le premier contre un, le gardien du gué ; le second contre deux, les géants ; le troisième contre trois, les compagnons de Blioblïeris ; puis deux épreuves courtoises, où l'Inconnu met sa vaillance au service des caprices d'une belle), le roman décrit, dans une durée beaucoup plus floue (A Guerreau, 1982) l'hésitation du héros entre deux objets de désir, tandis que s'instaure un va-et-vient entre deux villes, si différentes et si semblables, deux séries parallèles d'enchantements, deux royaumes offerts, deux femmes, enfin, presque égales en savoir et en beauté.

Si, dans la littérature arthurienne, l'hésitation entre la reine et la fée (préférées, la première par le héros de roman, la seconde par le héros du lai[4]) est un thème extrêmement fréquent, il atteint rarement l'intensité qu'on lui trouve ici. Alors que, partout ailleurs, le choix du chevalier est un donné de l'histoire que la rivalité des deux femmes ne pourra pas changer, on trouve dans le *Bel Inconnu* un double investissement du personnage dans deux objets – objet de la quête et objet érotique -, avec le report final, par ce qui apparaît comme un détournement de l'érotisme, des deux investissements sur la femme non aimée, report extrêmement frustrant pour le lecteur, même si, comme le remarque I. Weill (1991) c'est la plus heureuse des fins pour le héros, ainsi arraché au monde figé et aliénant de la fée. En cela, la composition du roman s'écarte aussi de la thématique du « mari à deux

---

[4] P. Haidu, 1972.

femmes » qu'avait étudiée J. Batany[5]. Le roman doit, en fait, être lu comme une éducation sentimentale, où toutes les amours avec la dame de l'Ile d'Or doivent être considérées comme l'ultime initiation avant le passage à l'âge adulte : l'entrée, grâce au mariage avec la reine, dans le monde des « seniores » pour un héros qui était paré de toutes les qualités, sauf celle de savoir aimer (vers 4426-4430). En ce sens, c'est encore de l'évolution affective de Perceval, depuis les chambrières de sa mère jusqu'à l'extase quasi mystique devant les trois gouttes de sang sur la neige, que le roman peut le plus être rapproché. Guinglain n'a pas les manières brutales et sottes de Perceval, il est déjà un chevalier accompli, capable de défendre les jeunes filles en détresse ou de se battre par galanterie, mais son cœur est sec : il ignore tout de l'amour et a même l'habitude de s'en moquer.

L'initiation qu'il va recevoir est celle de l'érotique courtoise, telle qu'elle apparaît dans la poésie lyrique : une exaspération du désir conçue comme le feu par lequel se transforme l'alchimie de l'être. Par un savant dosage de séduction et de refus, d'ordres et de contrordres, de récompenses et de punitions, la ravissante fée fait découvrir à Guinglain la violence du désir et celle de la souffrance, la sublimation par l'amour du courage et de la valeur chevaleresque – les épreuves majeures de la Gaste Cité ne sont-elles pas acceptées grâce au souvenir de la femme bien-aimée ? –, les impatiences du cœur, la peur de l'autodestruction et finalement la maîtrise, par abandon de sa volonté propre. Vient alors la récompense, la « joie » d'amour, dans une scène d'un érotisme subtil, mais surtout, après l'apaisement des sens, le déplacement de toute l'énergie libérée, qui ne doit pas tourner à vide dans la passion, mais se reporter vers des buts plus concrets.

Le plus curieux de cette éducation sentimentale, dont on pourrait aussi souligner le caractère fantasmatique et onirique, est qu'elle baigne dans une atmosphère trouble d'inceste. L'initiatrice – la femme, aussi, qui, du début à la fin du roman prépare le mariage du héros

---

[5] J. BATANY, « Home and Rome : a device in epic and romance (*Le couronnement de Louis* and *Ille et Galeron*) », *Yale French Studies* (51), 1975, 42-60 et « Rome dans un schéma narratif bipolaire au moyen âge », *Influence de la Grèce et de Rome sur l'Occident moderne, actes du colloque des* 14 *au* 18 *décembre* 1975, R. Chevallier éd., Paris, Belles Lettres, 1975, 43-54.

avec une autre, – est en fait une figure maternelle, une image de la mère resurgie du passé de ce héros sans mémoire. Ce jeune homme, elle l'a connu enfant, elle lui a sans doute donné ses armes, elle l'a préparé à son destin et elle a même construit ce destin, en suggérant à chacun des personnages les comportements dont les conséquences logiques aboutissent à l'union avec la reine de Galles. Non seulement elle semble avoir le même âge que la mère, non seulement elle est fée comme la mère, mais encore elle porte le même nom où presque : l'une s'appelle ici Blanchemal, l'autre la belle aux Blanches Mains – détail troublant qu'ignorent les autres versions, où, quand elle sont nommées, la mère s'appelle Florie (*Wigalois*) et la séductrice, la « Dame d'Amour » (*Lybeaus Desconus*).

De ce fait, si l'initiation chevaleresque rend à l'Inconnu le nom et le lignage du père, c'est le souvenir enfoui de la mère que l'initiation courtoise vient réveiller.

IV

Une subversion de l'écriture romanesque

Autre originalité du *Bel Inconnu* que le double emboîtement de sa structure : le roman chevaleresque, dans lequel s'insère une éducation sentimentale est, à son tour, intégré dans une pseudo-autobiographie (J. Guthrie, 1984) en forme de chant d'amour. Le narrateur, qui dit dans la conclusion du livre s'appeler Renaud de Beaujeu, est épris d'une dame dont il attend en vain un « accueil favorable » (*un biau sanblant*). Il compose le roman pour lui plaire et arrête son récit, pour la punir, sur le mariage de Guinglain et de la reine – punition qui, dit-il, pèsera à jamais sur son héros si la belle dame sans merci ne revient pas à de meilleurs sentiments ! Ainsi se trouve posée la raison d'être du roman : désir d'écrire né du désir d'amour – tandis que s'établit, par l'emboîtement des deux fictions, une comparaison entre le sort du héros et celui du narrateur qui le manipule. Outre l'introduction et la conclusion, trois grandes interventions lyriques, au début des aventures courtoises (vers 1236-1271), au moment du plus grand désespoir de Guinglain (vers 4197-4202) et pendant que se déroule l'étreinte avec la bien aimée (vers 4828-4861) disent les plaintes du narrateur et ponctuent le rapprochement, la confusion puis la divergence des deux histoires d'amour.

L'identification ne s'arrête pas là : c'est en effet, à partir des armoiries de l'Inconnu (vers 73-74 et 5921-5922) qu'on a pensé reconnaître l'auteur du roman[6]. Déjà ces armes, « d'azur au lion d'hermine », mettaient G. Perrie Williams (1978) sur la piste des seigneurs de Bâgé, alliés à la famille de Beaujeu. Depuis, A Guerreau (1982) a proposé le nom d'un cadet de la famille de Bâgé, Renaut de Bâgé, seigneur de Saint-Trivier, qui vécut vers 1165-1230[7] : Saint-

---

[6] L'auteur dit s'appeler *Renals de Biauju*. Les éléments dont on dispose pour l'identifier, si du moins on considère qu'il réfère à un personnage réel, sont au nombre de trois :

— la chanson (voir dossier), dont une strophe est citée par Jean Renard, dans le *Guillaume de Dôle* sous le nom de *Renaut de Biaujieu, de Rencien le bon chevalier.*

— la présence de cette chanson dans trois chansonniers dont celui de Berne, qui l'attribue à *Li allens de challons,* graphie fautive, selon G. Paris, pour *Li cuens de challons.*

— les armes de l'Inconnu, d'azur au lion d'hermine, identifiées comme celles de la famille de Bâgé (ou Beaugé : Bâgé le Chastel, Ain).

Comme il n'existe aucun Renaut dans la famille de Baujeu et que la famille de Bâgé en indique quatre : deux aînés, Renaut III, mort en 1180 et Renaut IV env.1180-1250, et deux cadets, seigneurs de Saint-Trivier (env. 1165-1230 et env.1210-1270) et comme Saint-Triviers est proche de Rancy (*Rencien ? Rencieu ?*) qui ferait aussi partie des terres réservées aux cadets, A. Guerreau penche pour l'identification de notre auteur avec le plus anciens des deux cadets (1165-1230).

Notons encore que le frère aîné de ce Renaut, Oury (ou Ulrich) de Bâgé, avait épousé en 1185 la fille du comte de Châlon, veuve du seigneur de Brancion. (*Rencien ?*). Une confusion, par les contemporains eux-mêmes, est tout à fait vraisemblable. Quoi qu'il en soit, l'identification de la famille désignée avec la famille de Bâgé (ou Baugé) plutôt qu'avec celle de Beaujeu semble donc maintenant établie.

[7] *Guillaume de Dôle,* qui cite la première strophe de la chanson de Renaut semble avoir été écrit entre 1210 et 1214, la chanson est donc antérieure à ces dates, ce qui invite à choisir parmi tous les Renaut de Bâgé possibles soit Renaut de Saint-Triviers (v. 1165-1230) soit, à la rigueur, son neveu Renaut IV (v. 1180-1250). *Wigalois*, écrit en Bavière est datable des environ de 1210. Si l'on admet mon hypothèse d'une inspiration directe, le *Bel Inconnu* est donc antérieur à 1210. Il est aussi postérieur aux œuvres de Chrétien (avant 1185) qu'il semble bien connaître et serait donc écrit entre 1185 et 1210, ou plutôt, si l'on tient compte du temps nécessaire à la transmission et à l'écriture des œuvres, entre 1190 et 1205.

Trivier n'est-il pas tout près de Rancy et Jean Renard, dans le *Guillaume de Dôle*, ne parle-t-il pas de « *la chançon Renaut de Baujieu, de Rencien le bon chevalier* » ?

Mais l'on peut préférer l'interprétation de R. Dragonetti[8], qui dénonce en Renaut, comme en Renard, l'un des noms de la « guille », du mensonge poétique, et propose de voir en Beaujeu un senhal, qui référerait, nous semble-t-il, tant au nom du héros (« Biaus Descouneus », « Biel Fil ») *qu'aux* jeux de *la parole* ou à ceux de l'amour (vers 4824). Sauf à entrer pleinement dans le « beau jeu » indentificatoire que le narrateur nous propose, pourquoi l'auteur porterait-il les armes qu'il attribue à son personnage et pourquoi le narrateur serait-il réellement l'auteur d'une chanson insérée dans un autre roman et attribuée, par ailleurs, dans l'un des trois chansonniers qui l'ont conservée, au comte de Châlon ? Pourquoi cette pseudo-autobiographie ne serait-elle pas une espèce de « vida » comme on aimait alors à les inventer, après coup, à partir d'un chant lyrique ?

L'histoire d'amour des figures encadrantes, Beaujeu et sa dame, – parfaitement statique et d'une crédibilité plus que douteuse – est surtout prétexte, par le beau mentir des identifications et des différenciations du « je » et du « il » (J. Guthrie, 1984), à une manipulation « métaleptique »[9] (M. Perret, 1988) du personnage dont on hâte ou retarde le plaisir, que l'on satisfait ou que l'on frustre, moins, bien sûr, pour obtenir quelque récompense amoureuse que pour introduire, sur le mode ludique, un certain recul quant au fonctionnement de l'écriture romanesque.

Bien entendu, si l'on se range à l'hypothèse de F. Lecoy (« Sur la date du *Guillaume de Dôle* », *Romania* (82), 1961, 379-402) qui pense que le roman de Jean Renart a été composé en 1228, et à celle de G. Paris sur l'existence d'un texte source pour tous les romans connus, la fourchette s'ouvre davantage. L'attribution au même Renaut de Saint-Trivier resterait possible, mais une composition tardive ferait de notre roman une œuvre de la maturité, ce dont je doute.

[8] R. Dragonetti, *Le gai savoir dans la rhétorique courtoise*, Flamenca *et* Joufroi de Poitiers, Paris, Seuil, 1982 pp 28 et 80.

[9] Sur le concept de métalepse, fusion de la temporalité de l'auteur et de celle du personnage, voir G. Genette, *Figures III*, Paris, Seuil, 1972, pp. 243 et suiv.

C'est en effet l'essentiel du roman que cette subversion du discours narratif tel qu'on le conçoit d'ordinaire, cette thématique de la « déception » ou du contredit qui est l'isotopie dominante de l'œuvre : détournement des motifs chevaleresques, dans ce roman où les nains sont galants et aimables, où les brigands félons deviennent des chevaliers de la Table Ronde, où les belles pour qui s'organisent les joutes sont en fait mûrissantes et ridées, où le plus discourtois des hôtes est aussi le plus fidèle sénéchal ; parodie de l'amour, quand l'héroïne perd « son nom de pucelle » dans les bras d'un héros qui semble bien être son fils ; dévoiement des conventions de l'écriture romanesque, quand la fin heureuse est celle où le héros perd la femme aimée ou quand chacun, du narrateur à la fée, de la suivante à l'écuyer, le manipule à son gré et le mène où il l'entend.

Suprême mystification, enfin, de la fausse clôture – basée sur une esthétique de l'inachèvement[10] – qui semble, tout en le fermant, ouvrir le texte sur une continuation impossible : malgré son épilogue frustrant, et du fait même de la frustration qu'il provoque, le roman est clos, et bien clos. Peu importe si, comme le présumait G. Paris, « l'aimable poète n'obtint pas le beau semblant qu'il demandait » ou si, au contraire, le désir d'écrire aurait cessé avec la satisfaction du désir amoureux qui l'avait suscité : l'irruption du poète dans son œuvre a pour effet le doute sur l'existence de quelque référent que ce soit, dans une autre réalité que celle de la lettre, et restitue ainsi pleinement à toute intrigue qu'il narre son véritable statut de fiction littéraire. En ce sens, c'est de *Jacques le Fataliste* que le roman de Renaut de Beaujeu/Bâgé nous semble être le lointain ancêtre.

V

Questions de traduction

Si la structure du *Bel Inconnu* nous semble témoigner d'une grande maîtrise, son écriture est très éloignée de l'esthétique actuelle. On se trouve en présence d'une écriture redondante, qui abuse de l'hyperbole

---

[10] R. Dragonetti, *ibid.,* p. 83.

et des intensifiants. Le fait que le texte ait été établi à partir d'un manuscrit unique explique aussi souvent ses obscurités : on peut faire l'hypothèse d'inversions de vers, de lacunes involontaires ; quelques rares passages, enfin, sont vraiment incompréhensibles. Le style de traduction que nous avons choisi l'a été pour permettre une lecture agréable plutôt que pour servir de manuel aux étudiants, d'où les changements dans l'ordre des vers et la traduction de certains d'entre eux par un seul mot, les constructions de phrases moins parataxiques que celles de l'original et la légère modernisation du vocabulaire traditionnellement utilisé, en particulier pour des mots comme *demoiselle, amie, conroi*. Nous avons aussi proposé une traduction pour les quelques noms propres qui étaient susceptibles d'être traduits, comme *Cité Gaste* ou *Fier Baiser*. Surtout, au risque d'être taxées d'infidélité, nous avons refusé d'adopter ce style de traductions terme à terme qui maintient toujours, bien que ces traits apparaissent comme fortement marqués d'archaïsme, des faits qui constituaient le degré zéro de l'écriture médiévale. Le style de traduction pour lequel nous avons opté repose sur la mise au jour et l'analyse de quelques phénomènes de nature transphrastique, qui caractérisent le discours narratif des XIIᵉ et XIIIᵉ siècles, faits dont nous indiquons ici les plus importants :

— narration indifféremment menée au présent historique et au passé simple, alors que la narration non marquée est, dans le roman moderne, au passé simple et à l'imparfait. Nous avons, autant que possible, exclu le passé composé (temps du discours) de la partie narrative du texte ;

— passages répétés, dans une même réplique, parfois dans une même phrase, du *tu* au *vous* et du *vous* au *tu*. La charge émotive de ces changements est beaucoup plus forte aujourd'hui, aussi n'avons-nous jamais maintenu plus d'un seul de ces changements par réplique ;

— accumulation des hyperboles et des répétitions, élégance de style qui produit sur le lecteur actuel une impression de maladresse : nous les avons donc très souvent condensées ;

— ordre des descriptions (*tué et blessé*) : à l'inverse du français moderne, le moins important est nommé en dernier ; de même, il n'est pas rare que l'ordre logique ne soit pas respecté et que la description d'un intérieur, par exemple, intervienne avant que le personnage y ait pénétré ; effets de ralenti par décomposition de certains mouvements (voir la scène du Fier Baiser), qui participent aussi de l'esthétique moderne et que nous avons donc volontiers maintenus ;

– absence de repérages temporels en attaque de phrase *(alors, puis, à ce moment-là)*, à l'intérieur des séquences d'actions appartenant à la même unité narrative, alors qu'elles sont indispensables en français moderne ;

– lourdeur, au contraire, des transitions, entre les unités narratives ou au passage du discours au récit ;

– rôle d'organisation du récit qu'ont les verbes *veoir* et *oïr* ou les énoncés de typere *tant alerent (errerent, chevaucherent)... qu'il vindrent à...* ; nous les avons allégés, sans cependant les supprimer.

Le Bel Inconnu a enfin cette caractéristique de présenter trois types d'écriture : écriture lyrique pour le « je » du narrateur, écriture narrative pour les aventures de « il », écriture proverbiale enfin. Proverbes et sentences sont particulièrement nombreux dans ce texte, où se donne sans cesse à entendre le « on vrai » ; nous avons cherché à distinguer ces trois types d'écriture et, pour le proverbe, nous avons même ajouté à la signalisation par le maintien d'une syntaxe archaïque la recherche d'une rime et la mise en italiques qui rend plus facilement repérables ces énoncés.

La traduction de ce texte est reprise, avec quelques corrections et quelques annotations supplémentaires, de celle publiée en 1991 chez Champion par Isabelle Weill (dont certaines notes, véritables petits articles, sont ici signées I.W.) et moi-même.

Qu'Isabelle Weill soit ici remerciée de sa constante amitié et de l'aide qu'elle m'a apportée pour la présente édition.

Michèle PERRET

LE BEL INCONNU

Li Biaus Descouneüs

Cele qui m'a en sa baillie,
Cui ja d'amors sans trecerie
M'a doné sens de cançon faire,
Por li veul un roumant estraire
D'un molt biel conte d'aventure.   5
Por celi c'aim outre mesure
Vos vel l'istoire comencier ;
En poi d'eure puet Dius aidier :
Por cho n'en prenc trop grant esmai,
Mais mostrer vel que faire sai.   10

A Charlion, qui siet sor mer,
Se faissoit li rois coroner
A une cort qu'il ot mandee.
A un aost fu l'asanllee.
Molt fu la cors qu'Artus tint grans,   15
Et la cités bonne et vaillains.
Quant venus fu tos li barnés
Qui a la cort fu asanblés,
Grans fu la cors qui fu mandee.
Quant i fu la cors asanblee,   20
La veïsiés grant joie faire,
As jogleors vïeles traire,
Harpes soner et estiver,

Le Bel Inconnu

C[1]'est pour elle, elle qui me tient en son pouvoir, elle qui m'a déjà inspiré une chanson sur de loyales amours, c'est pour elle que je vais écrire un récit d'après un beau conte d'aventure. Pour elle, que j'aime outre mesure, je vais commencer cette histoire. *En peu d'heures, Dieu peut agir*[2] : je ne m'inquiète donc pas, je veux simplement montrer mon savoir-faire.

I. *Charlion sur mer*

C[3]'est à Charlion au bord de la mer que le roi se faisait couronner, par une belle journée d'août où il avait convoqué sa cour plénière. C'était une belle cour que tenait Arthur, dans une puissante et riche cité. Une fois tous les barons arrivés, l'assemblée se trouva fort nombreuse. Il fallait voir les gens s'amuser, les jongleurs jouer de la vièle, de l'estive[4] et de la harpe,

---

[1] v. 1 Grande lettre ornée dans le manuscrit, indication de début de texte. Il n'y a pas de titre dans le manuscrit, on le tire de l'explicit.

[2] v. 8 Dans la traduction, proverbes et sentences sont en italique.

[3] v. 11 et passim. Les majuscules grasses de la présente édition correspondent, dans le manuscrit, à de grandes initiales exécutées ou réservées. On verra qu'elles ne correspondent pas toujours aux articulations du texte. Dans l'édition, on a marqué les grandes unités par un saut de ligne, les divisions intérieures par un retrait en début de vers et un blanc de moindre importance.

Sur les marques formelles de structuration du texte, voir M. Perret 1993.

[4] vv. 22, 23 : la *viéle* était un instrument à corde et à archet, ancêtre du violon et l'*estive* un instrument à vent.

As canteors cançons canter.
Li canteor metent lor cures   25
En dire beles aventures.
Molt ot en la cort bieles gens ;
Mains chevaliers d'armes vaillains
Ot en la cort, je ne menc mie,
Si con la letre dist la vie.   30
Li rois Aguillars i estoit,
Cui li rois Artus molt amoit,
Ses freres Los et Urïens,
Li rois Horels et Florïens,
Briés de Gonefort et Tristrans,   35
Gerins de Cartre et Eriaans ;
Gavains i fu et Beduiers,
Rois Enauder et quens Riciers ;
Erec i estoit, li fius Lac,
Et s'i fu Lansselos dou Lac,   40
Gales li Caus et Caraés,
Et Tors, li fius le roi Arés,
Dinaus et li cuens Oduïns
Et Carados et Carentins ;
Mordrés i fu et Segurés,   45
De Baladingan li vallés,
Rois Amangons et li rois Mars ;
Et si i fu li Biaus Coars,
Cil a la cote mautaillie,
Et Qes d'Estraus, Aquins d'Orbrie :   50
Guinlains i fu de Tintaguel,
Qui onques n'ot ire ne deull ;
Kes li senescals i estoit,
Qui por laver crier faisoit.
Tant en i ot nes puis conter,   55
Ne les dames ne puis nommer.
A la cort ont l'auge criee,

les chanteurs chanter des chansons et mettre tout leur cœur à conter de belles aventures. Dans cette cour, que de gens de valeur, que de chevaliers vaillants aux armes ! - Je ne mens pas, pour autant que la lettre dise la vie. On voyait là le roi Anguisel[1] [2], qu'aimait beaucoup Arthur, ainsi que ses frères, Lot et Urien, le roi Hoel et Florian, Briès de Gonefort et Tristan, Gerins de Chartres et Erians, Gauvain et Bedoier, le roi Enauder et le comte Riciers, Erec, le fils de Lac, s'y trouvait aussi, ainsi que Lancelot du Lac, Gales le Chauve, Guerrehés et Tor, le fils du roi Arés, Dinaus et le comte Oduïns, Caradoc et Carentins. Mordrés, Ségurés et le chevalier de Baladingan, le roi Amangon et le roi Marc y étaient, ainsi que le Beau Couard, le chevalier à la Cotte Maltaillée et Keus d'Estraus, Aquin d'Ombrie et Guinlain de Tintagel, qui n'éprouva jamais ni tristesse ni chagrin. Keu, le sénéchal, était aussi là et faisait annoncer l'eau pour se laver les mains. Ils étaient si nombreux que je ne puis les énumérer et encore moins nommer les dames.

A la cour, on avait annoncé l'eau

---

[1] v. 31 *Aguillars* est sans doute le même personnage que les *Anguissans, Anguiszans, Anguissans, Anguisel* des vv. 5917-6101.

[2] vv. 31-53 Les noms des chevaliers d'Arthur sont orthographiés d'après les entrées de G.D. West (*An Index of Proper Names in French Arthurian Verse Romances* 1150-1300, University of Toronto Press, 1969) à l'exception de Blioblïeris, nom qui n'y figure que comme variante de Blioblieheris. Nous avons toujours orthographié de la même façon les noms de ceux qui apparaissent plusieurs fois sous des formes différentes. Selon G.D. West un certain nombre d'entre eux n'apparaissent que dans *le Bel Inconnu*, à savoir Floriens (34), Briés (35), Eriaans (36), Enauder (38), Riciers (38), Dinaus (43), Oduïns (43), Carentins (43), le roi Mordrès et son frère Segurés (45), le chevalier de Baladigan (46), Aquins (51), Guinlain (51). Mais nous proposons d'établir un rapport entre ce Guinlain et le Daviz de Tintagel, invité aux noces d'Erec et d'Enide : *Daviz i vint de Tintajuel, Qui onques n'ot ire ne duel* (éd Roques, v. 1909, 1910). Nous ne dirons rien des héros les plus connus. Notons qu'Anguisel, frère de Lot et d'Urien (d'après le *Brut* de Wace), est le plus connu des rois d'Ecosse dans les romans arthuriens ; pendant le tournoi de Valedon, il assumera le rôle de chef moral du parti opposé aux Bretons d'Arthur. Gerin, comte de Chartres, sert au second couronnement d'Arthur en amenant avec lui les douze pairs de France (d'après *Brut* ; cité par G.D. West). Guerrehés, fils de Lot est le frère de Gauvain, d'Agravain, de Gaheriet et le demi-frère de Mordret (le neveu et fils adultérin d'Arthur, qui ne peut être identifié avec le Mordrés, frère de Ségurés de notre texte). (I.W.)

Et li vallet l'ont aportee.
Quant ont lavé, si sont asis
Detriers a table, ce m'est vis.   60
Beduiers a la cope prise,
Devant le roi fait son servisse,
Et Kes reservoit dou mangier :
Ço aferoit a son mestier.
Par les tables fait mes porter ;   65
Il vait devant por lé donner.
Molt i avoit de biaus servans
Et de bons chevaliers vaillans ;
Maint en i ot de mainte guisse,
Si con la letre le devisse.   70

A tant es vos un mesagier,
Qui vient avant sor son destrier,
Et ses escus d'asur estoit,
D'ermine un lion i avoit.
Devant le roi en vint tot droit ;   75
Bien sanbla chevalier a droit.
Le roi salua maintenant
Et puis les autres ensemant.
Li rois li rendi ses salus,
Qui de respondre ne fu mus,   80
Et se li a dit : « Descendés. »
Et cil li dist : « Ains m'escoutés ;
Hartu, venus sui a ta cort ;
Car n'i faura, coment qu'il tort,
Del premier don que je querrai :   85
Avrai le je, u je i faurai ?
Donne le moi, et n'i penser ;
Tant es preudon, nel dois veer.
– Je le vos doins, » ce dist li rois.
Cil l'en merchie con cortois.   90
Vallet le corent desarmer ;

et les jeunes gens l'avaient apportée. On se lava les mains et on passa à table. Bedoier avait pris la coupe, il servait devant le roi et Keu, en tant que sénéchal, passait, lui, devant toutes les tables pour faire servir les[1] plats. Le texte rapporte qu'il y avait là quantité de beaux jeunes gens faisant le service et toutes sortes de vaillants chevaliers.

Voici que survint alors, sur son destrier, un homme[2] - vraisemblablement un chevalier - portant sur son bouclier des armes d'azur au lion d'hermine[3] ; il se dirigea vers le roi, le salua, puis salua tous les autres. Le roi ne manqua pas de lui rendre son salut et lui demanda de mettre pied à terre, mais le jeune homme lui répondit : « Ecoute-moi plutôt[4], Arthur ! Je suis venu à ta cour. Le premier don[5] que je ne manquerai pas de te demander, quelles qu'en soient les conséquences, l'aurai-je ou ne l'aurai-je pas ? Accorde-le moi sans hésiter : tu es un homme si digne d'estime que tu ne dois pas me le refuser. - Je vous l'accorde », répondit le roi.

L'adolescent le remercia poliment tandis que des jeunes gens se précipitaient pour le débarrasser de son équipement,

---

[1] v. 66. *lé* pour *les* : graphie fréquente dans le texte, qui, souvent ne note pas les finales, même lorsqu'elles appartiennent à une désinence. La forme *le*, représentée dans l'édition par *lé*, se rencontre qu'il s'agisse de l'article (voir aussi vers 141, 1549, 4811, 5974, 6044) ou du pronom (voir vers 541, 2646, 4127, 4129, 4812).

[2] v. 71. *un mesagier* : effet, intraduisible, de point de vue - le point de vue de la cour d'Arthur. Il faut comprendre : un homme qu'ils prirent tout d'abord pour un messager.

[3] vv. 72-73. Ces armes, « d'azur au lion d'hermine », sont assez voisines de celles, « de gueule au lion d'hermine » des seigneurs de Baugé, ou Bâgé (Bâgé-le-Chastel, Ain), voisins d'ailleurs des seigneurs de Beaujeu. On en tire l'hypothèse que l'auteur aurait pu « appartenir à ce milieu, sans faire pour cela partie de la famille de Beaujeu » (G. Perrie Williams, 1978, X) où même qu'il était un membre de la famille de Bâgé (A. Guerreau, 1982).

[4] v. 82 *m'ecoutés* : le passage du *vous* (m.à.m. *écoutez-moi*) au *tu* n'obéit pas aux mêmes règles qu'en français moderne. Le tutoiement peut avoir une signification sociale, mais souvent aussi émotionnelle (c'est le cas ici). Nous n'avons pas toujours gardé les formes du texte et, dans tous les cas, n'avons maintenu qu'un seul changement de personne par réplique

[5] v. 85. *don* : il s'agit d'un « don contraignant », motif fréquent de la littérature arthurienne. On demande à un personnage d'accorder une faveur, sans dire laquelle. Le personnage accepte et est alors contraint de se soumettre à la demande qui lui est faite.

Bien li font ses armes garder.
Gavains li cortois li porta
Un chier mantiel qu'i afubla.
Vestu ot cote por armer ;   95
Molt i avoit biel baceler.
Ce dist li rois : « Quel chevalier !
Bien sanble qu'il se sace aidier. »
Tot cil qui voient redisoient
Que si biel homme ne savoient.   100
Ses mains lava, puis si s'assist.
Gavains les lui seoir le fist.
En lui n'avoit que ensignier ;
Aveucques lui le fist mangier.
Li rois apiela Beduier :   105
« Alés tost a cel chevalier,
A celui qui me quist le don ;
Demandés lui coment a non.
– Bien li dirai, » dist Beduier.
Il est venus au chevalier.   110
« Sire, fait il, li rois vos mande,
Et si le vos prie et comande,
Que vos me dites vostre non ;
Vos n'i avrés ja se preu non. »
Cil li respont : « Certes ne sai,   115
Mais que tant dire vos en sai
Que Biel Fil m'apieloit ma mere ;
Ne je ne soi se je oi pere. »
Beduiers est au roi torné ;
Li rois li dist : « Est soi nonmés ? »   120
– Nenil, sire, qu'il ne sot mie
Ne trove qui son non li die,
Fors que sa mere le nomoit
Bel Fil, quant ele l'apieloit. «
Ce dist li rois : « Non li metrai,   125

qu'ils mirent en lieu sûr. Le courtois Gauvain lui fit revêtir un luxueux manteau, car il ne portait qu'une simple cotte d'arme[1]. C'était là un très beau jeune homme ! « Quel chevalier ! s'écria le roi. On peut dire qu'il doit savoir se battre ! » Tous ceux qui étaient là reconnaissaient eux aussi qu'ils n'avaient jamais vu un aussi beau jeune homme. Le nouvel arrivé se lava les mains et s'assit à table. Gauvain lui fit prendre place à côté de lui car c'était un homme d'une grande courtoisie et il le fit manger en sa compagnie.

Le roi s'adressa à Bedoier : « Allez vite trouver le chevalier, celui qui m'a demandé un don, et demandez-lui son nom. - J'y vais », dit Bédoier. Il s'approcha du chevalier et dit : « Seigneur, le roi vous demande[2], il vous prie et même il vous donne l'ordre de me dire votre nom : vous en tirerez grand avantage. » L'autre lui répondit : « A vrai dire, je ne le connais pas moi-même et tout ce que je puis dire, c'est que ma mère m'appelait "mon cher fils" et que je ne sais pas si j'ai jamais eu un père. » Bedoier retourna auprès du roi qui lui demanda : « A-t-il dit son nom ? - Non, seigneur, car il ne le connaît pas et ne connaît personne qui puisse le lui apprendre, si ce n'est que sa mère l'appelait "mon cher fils" quand elle s'adressait à lui. - Je vais lui donner un nom dit le roi.

---

[1] v. 95 *cote pour armer* : il s'agit d'une tunique courte, peut-être la même que la *cote a armer* (v. 358 et 6141), tunique qui se mettait par dessus le haubert mais que l'on pouvait aussi endosser par dessus le gamboison quand on ne portait pas le haubert (cf. glossaire de *Galeran de Bretagne,* édition Foulet, p. 268). (I.W.)

[2] vv. 111-124. Scène identique dans *Le conte du Graal* de Chrétien de Troyes, copie de Guiot (éd. Lecoy, v. 342-355).

Puis qu'il nel set ne jo nel sai ;
Por ce que Nature i ot mise
Trestoute biauté a devisse,
Si k'en lui se remire et luist,
Et por ce qu'il ne se conuist,   130
Li Biaus Descouneüs ait non,
Sil nonmeront tot mi baron. »

Quant l'aventure ert avenue,
Ains que la table fust meüe,
Vint a la cort une pucele,   135
Gente de cors et de vis biele.
D'un samist estoit bien vestue ;
Si biele riens ne fu veüe.
Face ot blance con flors d'esté,
Come rose ot vis coloré,   140
Lé iouls ot vairs, bouce riant,
Les mains blances, cors avenant,
Bel cief avoit, si estoit blonde :
N'ot plus bel cief feme ne home.
En son cief ot un cercle d'or,   145
Les pieres valent un tresor.
Un vair palefroi cevaucoit,
Ne rois ne quens plus bel n'avoit ;
La sele fu de mainte guisse,
Mainte jagonse i ot asise,   150
A ciers esmaus fu tote ovree,
Molt par fu bonne et bien ouvree ;
Coverte fu d'un drap de soie ;
Del lorain por coi vos diroie ?
A fin or fu, a cieres pieres,   155
Et li frains et les estrivieres.
Ensanble li aloit uns nains,
Ki n'ert pas ne fols ne vilains,
Ains ert cortois et bien apris,

Puisque ni lui ni moi ne connaissons son nom, parce que Nature a permis que toute la beauté que l'on puisse concevoir brille et se reflète en lui et parce qu'il ne sait pas qui il est, je veux qu'il s'appelle le Bel Inconnu. Ainsi l'appelleront tous les seigneurs de ma cour ! »

Pendant que se déroulaient ces événements, alors qu'on n'avait pas encore ôté les tables, voici qu'arriva à la cour une belle et élégante jeune fille luxueusement vêtue de soie - belle comme on n'en avait vu. Son visage avait la blancheur des fleurs de l'été, son teint, la couleur de la rose ; elle avait les yeux clairs, la bouche rieuse, les mains blanches et des cheveux blonds d'une beauté incomparable. Un diadème d'or, incrusté de pierres inestimables était posé sur sa tête. Elle chevauchait un palefroi pommelé, digne d'un roi ou d'un comte. La selle, couverte d'un drap de soie, était d'un travail magnifique, ornée de rouges hyacinthes[1] et d'émaux précieux, une véritable œuvre d'art. Quant au harnais de poitrail[2], il était d'or fin, incrusté de pierres précieuses, ainsi que le mors et les étrivières[3]. Un nain accompagnait la jeune fille - non pas un nain sot et vulgaire, mais un nain courtois et bien élevé,

---

[1] v. 150 *jagonse* : hyacinthe, pierre précieuse, d'un rouge clair.

[2] v. 154 *lorain* : harnais de poitrail.

[3] v. 156 *estrivieres* : courroies par lesquelles l'étrier est suspendu à la selle, *étrivières*.

Gent ot le cors et biel le vis ;   160
Plus male tece en lui n'avoit
Fors seul tant que petis estoit.
Roube ot de vair et d'eskerlate ;
Molt ert li nains de grant barate,
Sa robe estoit a sa mesure :   165
Molt i ot bele creature.
Li nains une corgie avoit,
De coi le palefroi caçoit
Que cevaucoit la damoissele.
Devant le roi vint la pucele ;   170
Molt le salua sinplement
Et ses conpaignons ensement,
Et li rois son salu li rent,
Molt li respondi bonnement.
Ço disoit la pucele au roi :   175
« Artus, fait ele, entent a moi.
La fille au roi Gringras te mande
Salus, si te prie et demande
Secors, qu'ele en a grant mestier.
Ne li estuet c'un chevalier,   180
Uns chevaliers le secora :
Por Diu, gentis rois, secor la.
Molt a painne, molt a dolor,
Molt est entree en grant tristor.
Envoie li tel chevalier   185
Qui bien li puisse avoir mestier,
Trestot le millor que tu as.
Por Diu, te pri, ne targe pas.
Lasse ! con ma dame a dolor !
Certes, molt avroit grant honnor   190
Icil qui de mal l'estordroit
Et qui le Fier Baissier feroit.
Mais pros, que il li a mestier,

bien fait et beau, sans autre défaut que sa petite taille, vêtu d'une robe de drap fourrée de petit gris[1]. C'était vraiment un nain très élégant, son vêtement avait été coupé à sa taille : quel joli personnage ! Il se servait d'une cravache pour faire avancer le palefroi de la jeune femme.

Celle-ci se dirigea vers le roi, qu'elle salua dignement, ainsi que les compagnons de la Table Ronde ; le roi lui rendit son salut avec noblesse. Et voici ce que la jeune fille dit au roi : « Arthur, écoute-moi. La fille du roi Gringras t'envoie son salut, elle te demande et te prie de lui envoyer du secours : elle en a grand besoin. Pour la secourir, il lui suffit d'un chevalier, d'un seul chevalier : au nom du seigneur, noble roi, secours-la. Tombée dans un profond désespoir, sa peine et sa douleur sont immenses. Envoie-lui un chevalier qui puisse bien la servir, envoie-lui le meilleur d'entre tous. Au nom de Dieu, je t'en prie, ne tarde pas. Hélas, quelle douleur que la sienne ! Certes, il se couvrirait de gloire, celui qui l'arracherait à ses maux et qui accomplirait l'épreuve du Cruel Baiser[2]. Mais qu'il soit vaillant ! Ce sera nécessaire[3],

---

[1] v. 163 *eskerlate, escarlate* : sorte de drap teint, blanc, vert rosé, rouge. L'écarlate n'est pas une couleur mais une sorte de teinture. Voir aussi *porpre,* au vers 3279.

[2] v. 192 *le Fier Baissier* : *fier* garde encore quelque chose de son origine (*ferus,* adj. sauvage, *fera* n. bête sauvage). Il y a peut-être dans le nom de l'épreuve une indication de son caractère bestial. Mais nous ne pouvions traduire par *Baiser Sauvage,* qui, pour un lecteur moderne, prêterait plutôt à rire dans ce contexte.

[3] v. 193 Nous comprenons *pros* comme une apposition à *millor* (187) et *tel chevalier* (185). Dans ce cas les vers 188 à 192 sont à considérer comme une sorte d'incise.

Onques n'ot tel a chevalier.
Ja mauvais hom le don ne quiere :   195
Tost en giroit envers en biere. »
La pucele avoit non Helie,
Qui por sa dame quiert aïe.
Li rois esgarde et atendoit
Qui le don li demanderoit ;   200
Mais n'i trove demandeor,
Car n'i ot nul qui n'ot paor
Que il aler ne li comant.
N'i a celui quin ait talent,
Ne mais li Biaus Descouneüs.   205
Quant il s'en est aperceüs,
Isnelement en pié leva
Et devant le roi s'en ala.
« Sire, fait il, mon don vos quier :
Je vel aler ma dame aidier ;   210
Mon don vel ore demander,
Au secors faire veul aler. »
Ce dist li rois : « El me quesis :
Trop estes jovenes, biaus amis,
Trop t'i esteveroit pener ;   215
Mius te vient ci en pais ester. »
Cil li respont en es les pas :
« Par le covent que tu m'en as,
Te quier le don que m'as promis ;
Raisson feras, ce m'est avis :   220
Rois es, si ne dois pas mentir,
Ne couvent a nului faillir. »
Ce dist li rois : « Dont i alés,
Puis qu'estes si entalentés.
Je vos redoins un autre don :   225
Je vos retieg a conpaignon
Et met en la Table Reonde. »

cela n'a jamais été aussi nécessaire à un chevalier. Qu'un homme indigne ne réclame pas en don d'accomplir cette épreuve, il se retrouverait vite étendu raide mort sur une civière ! ». Cette jeune fille qui venait chercher du secours pour sa dame s'appelait Hélie.

Le roi regarda autour de lui, attendant qu'on lui réclame l'épreuve ; mais personne ne se proposait, tous avaient grand-peur qu'on leur ordonnât d'y aller. Personne n'en avait envie, à l'exception du Bel Inconnu qui, voyant cela, s'empressa de se lever et alla se placer devant le roi : « Sire, je vous réclame le don que vous m'avez promis, je veux aller porter secours à cette dame : c'est maintenant que je veux mon don car je veux aller la secourir. - Ce n'est pas cela que tu devais me demander, répondit le roi. Tu es trop jeune, mon ami, ce serait trop pénible à supporter. Il vaut bien mieux rester tranquillement avec nous. » Le jeune homme lui rétorqua vivement : « Au nom de la parole que tu m'as donnée, je te réclame le don que tu m'as promis. Ce ne sera que justice, à mon avis : tu es un roi, tu n'as le droit ni de mentir, ni de manquer à ta parole. - Allez-y donc, puisque vous en avez tellement envie. Je vous accorde, de plus, une autre faveur : je vous retiens[1] comme compagnon et vous donne place à la Table Ronde. »

---

[1] v. 226 *retieg* : *g* est, dans le texte, une des graphies possibles pour *n mouillé* en finale (voir aussi *plag*, v. 5861).

Ne pot müer que ne responde
La pucele, et dist : « Non fera !
Ja, par mon cief, o moi n'ira.   230
Jo t'avoie quis le millor,
Et tu m'as donné le pïor,
Que tu ne ses se vaut nïent :
Jo n'ai cure de tel present.
Trop est jovenes li chevaliers ;   235
Des millors vel et des plus fiers,
– Que de cestui ne vel je mie -
Tel qui soit de chevalerie
Esprovés et de millor los,
Si laissiés cestui a repos. »   240
Ce dist li rois : « Suer, biele amie,
Covent li oi, n'i faura mie ;
Jo li a proumis vraiement,
Se li tenrai sans fausement.
Rois sui, si ne doi pas mentir,   245
Ne couvent a nului faillir. »
Et la pucele en haut s'escrie :
« De cort m'en vois come faillie !
Dehé ait la Table Reonde
Et cil qui sïent a l'esponde,   250
Qui le secors ne veulent faire !
Ha ! doce dame debonaire,
De secors point ne vos amain.
N'est mervelle se je me plain,
Qu'Artus ne vos secorra mie ;   255
Ains i sui bien de tot faillie.
Nains, r'alons ent, » dist la pucele.
De cort s'en part la damoisele ;
Molt s'en va tost, ele et li nains,
Qui avoit non Tidogolains.   260
Quant de cort aler l'a veüe,

La jeune fille ne put s'empêcher d'intervenir : « Il ne viendra pas ! Jamais, sur ma tête, il ne partira avec moi. Je t'avais demandé le meilleur chevalier et tu m'as donné le pire, tu ne sais même pas ce qu'il vaut : que faire d'un pareil présent ! Il est bien trop jeune, ce chevalier ; je veux le meilleur et le plus hardi, je ne veux pas de celui-là, j'en veux un qui ait fait ses preuves et qui soit renommé pour ses hauts faits d'armes. Ne choisissez pas celui-là ! »

« Ma douce amie, dit le roi, je lui ai donné ma parole et je la tiendrai : je lui en ai vraiment fait la promesse et je vais la tenir. Je suis roi, je ne dois donc ni mentir, ni manquer à la parole donnée ». Et la jeune fille de s'écrier à voix haute : « Voici que je quitte la cour et ma mission a échoué. Malheur à la Table Ronde, malheur à ceux qui siègent autour de cette table et ne veulent pas nous porter secours. Rien d'étonnant si je me lamente car Arthur ne nous aidera pas. Quel échec pour moi ! Nain, allons-nous en d'ici. »

La jeune femme[1] partit immédiatement, en compagnie du nain, qui répondait au nom de Tidogalain. Quand l'Inconnu la vit faire,

---

[1] v. 258 *damoisele* : sauf en adresse et dans quelques cas où la connotation sociale du terme était nettement dominante, nous avons proposé pour *damoisele* la traduction par *jeune femme,* terme plus déférent que celui de *jeune fille* qui traduit *pucele,* et qui nous a semblé bien correspondre à la liberté de comportement des *damoiseles* des romans d'aventures, caractérisées avant tout par la libre disposition de leur corps.

N'a mie la parole mue
Que ses armes porter comande ;
Et si tost con il les demande,
Gavains lor li fist aporter.   265
Isnelement se fait armer :
Ses cauces lace, l'auberc vest,
Et en son cief son elme trest,
Puis est montés en son destrier.
Gavains li baille un escuier,   270
Son escu li porte et sa lance.
— Dius li aït par sa puissance ! —
Quant del roi a le congié pris
Et des autres, ce m'est avis,
De la cort ist, molt tost s'en vait,   275
Del don qu'il a grant joie fait.
Li escuiers ot non Robers,
Molt estoit sages et apers.
Poignant s'en vont par la vacele,
Qu'ataindre veulent la pucele.   280
Li Descouneüs se hasta ;
Tant acorut qu'atainte l'a.
Ele retorne, si le vit :
« U alés vos, ce li a dit.
— Jo vel aveuques vos aler.   285
Tant ne me deüssiés blamer
Des tant que seüssiés por coi.
Aiés merchi, biele, de moi. »
Et la pucele li respont :
« Par Celui qui forma le mont,   290
Ja par mon gré o moi n'irés ;
Sor mon pois venir i poés.
Trop vos voi jone baceler ;
Por ce ne vos i vel mener,
Que vos nel porïés soufrir,   295

il se garda bien de se taire. Il réclama ses armes sans perdre de temps, et Gauvain les lui fit apporter, puis le jeune homme se fit équiper au plus vite : il laça ses jambières de fer, revêtit son haubert, passa son heaume et sauta sur son cheval. Gauvain lui prêta un écuyer pour porter son bouclier et sa lance. Que le tout puissant lui apporte son aide !

Après avoir pris congé du roi - et des autres aussi, je pense -, il se dépêcha de quitter la cour : il était si heureux du don qu'il avait reçu ! Quand à l'écuyer, qui s'appelait Robert, c'était un garçon plein de bon sens et de vivacité.

Ils se lancèrent au galop dans la vallée pour rattraper la jeune fille. L'inconnu se hâtait, il finit par la rejoindre. Elle se retourna et l'aperçut : « Où allez-vous ? - Je veux aller avec vous. Vous n'avez pas le droit de mal me juger sans même me connaître. Belle, ayez pitié de moi »

Et la jeune fille de répondre : « Au nom de Celui qui créa le monde, je ne vous donnerai pas la permission de me suivre, mais je n'ai pas le pouvoir de vous empêcher de le faire[1]. Je trouve que vous êtes un très jeune chevalier, c'est pour cela que je me refuse à vous emmener : vous ne pourriez supporter ni le voyage,

---

[1] v. 292 *sor mon pois* : contre mon gré.

Ne tant durs estors maintenir
Con vos i couverroit a faire,
Vos n'en porïés a cief traire. .
Mius vos en vient torner ariere :
Car le faites, par ma proiere. »   300
Et cil maintenant li respont :
« Damoissele, por rien del mont
Je ne retorneroie mie,
Tant qu'ens el cors aie la vie ;
Desque cest secors aie fait,   305
Nen torneroie por nul plait. »
Ce dist li nains : « Car le menés,
Damoissele, se vos volés.
On ne doit ome blamer mie
Dusc'on sace sa coardie :   310
Tel tient on vil que c'est folor,
Que Dius donne puis grant honnor.
En cestui a biel chevalier ;
Se Dius li en donne aidier
Bien porroit estre de valor,   315
Au de par Diu le creator. »
Mais la pucele ançois li prie
Qu'il s'en retorne. Cil nel croit mie,
Ains veut adiés avant aler :
Coardie ne velt penser.   320

Or cevaucent, grant oirre vont ;
Tant ont alé qu'a un gue sont
C'on claimme le Gué Perilleus :
Li pasages est dolereus.
Sor la rive virent del gué,   325
De l'autre part, en mi le pré,
Une biele loge galesce
Qui fu faite de rainme fresse :
Un escu ot a l'uis devant ;

ni les combats épouvantables que vous auriez à livrer ; vous ne pourriez les mener à bonne fin. Il vaut mieux pour vous vous en retourner ; faites-le donc, je vous en prie. » La réponse du jeune homme ne tarda pas : « Demoiselle, tant qu'il me restera un souffle de vie, rien au monde ne pourrait me faire reculer. »

Le nain intervint alors : « Acceptez de l'emmener, demoiselle. *On ne doit pas homme blâmer, Quand sa lâcheté on ne connaît. Tel que l'on méprise à tort, Dieu lui donnera grand honneur.* Nous avons là un beau chevalier et si Dieu le Créateur lui en donne le pouvoir, il pourrait bien se révéler un homme plein de vaillance[1]. »

Mais la jeune fille continua à le prier de s'en aller. Le chevalier se refusa à l'écouter, avançant obstinément : il ne voulait pas envisager de se montrer lâche.

II. *Premières aventures*

Et les voilà partis au grand galop et parvenus à un gué que l'on appelait le Gué Périlleux[2] à cause du danger qu'il y avait à le franchir. Sur la rive opposée, ils virent, au milieu d'un pré, un bel abri fait à la mode galloise[3] de rameaux fraîchement coupés ; un bouclier, doré en haut et argenté en bas était appuyé à l'entrée.

---

[1] v. 316 *au de par* : préposition surcomposée comme *au de desoz, au par dedens, a l'en avant* ; cf. M. Perret, *Le signe et la mention. Adverbes embrayeurs ci, ça, la, iluec en moyen français,* (XIVe-XVe siècle), Droz, 1988. p. 47, note 8 et « L'espace d'une vie et l'espace d'une langue », *Langue française* (40) Dec. 1978, pp. 18-31.

[2] v. 323 Dans la littérature arthurienne, le Gué Périlleux est un point de passage vers l'Autre Monde, le monde du merveilleux. Dans le *Bel Inconnu*, il y a deux franchissements comme il y a deux femmes. Le second passage est la chaussée vers l'Ile d'Or que garde Maugier le Gris (v. 1952-2192).

[3] v. 327 *loge* : cabane de feuillage.

Li ciés fu d'or, li piés d'argent.   330
En la loge ot un chevalier,
Qui se faisoit esbanoier
A dous vallés a ju d'eskas ;
Entr'els demainnent grans esbas.
Ensi atendoit s'aventure ;   335
Maint chevalier l'ont trové dure
Que il avoit ocis al gué.
Molt estoit plains de cruauté,
Bliobliëris avoit non,
Molt ot le cuer fier et felon ;   340
Millor chevalier ne vit nus.
As vallés a dit : « Levés sus ;
Amenés moi tost mon destrier,
C'or voi venir un chevalier,
Et mes armes ; si m'armerai,   345
Au chevalier me conbatrai
Qui mainne cele damoissele ;
Ja li ferai widier la siele. »
Li doi vallet le vont armer
A son talent, sans plus parler :   350
Cauces de fer li ont caucies,
A cordieles li ont loiies.
Sainne son vis, si se leva,
Isnelement et tost s'arma ;
Son hauberc vest, son elme lace ;   355
Molt l'arment bien en mi la place.
Sor son hauberc vest a armer
Cote de soie d'outre mer.
En la place est trais ses destriers,
Montés i est li chevaliers ;   360
Ceval ot covert de ses armes.
L'escu a pris par les enarmes
Et la lance a el fautre misse.

Dans cet abri se trouvait un chevalier qui se distrayait en jouant aux échecs avec deux jeunes gens : ils y prenaient beaucoup de plaisir. C'est ainsi que le chevalier attendait son aventure, source de douleur pour bien des chevaliers qu'il avait tués devant le gué. Blioblïeris - tel était son nom -[1] était un homme cruel, au cœur rempli de férocité et de perfidie ; personne n'avait jamais vu de chevalier plus redoutable. Il dit aux jeunes gens : « Debout, vite, je vois venir un chevalier, amenez-moi mon destrier et apportez-moi mon équipement : je vais m'équiper pour me battre avec le chevalier qui accompagne cette jeune femme ; je lui ferai vider les étriers. »

Les deux jeunes gens lui obéirent sans discuter : ils lui passèrent des jambières de fer qu'ils lui attachèrent avec des cordelettes. Le chevalier se signa, se mit debout et se dépêcha de revêtir son haubert et d'attacher son heaume : les jeunes gens se montrèrent très efficaces. Puis il passa au dessus de son haubert une cotte à armer en soie d'outre-mer. On lui amena là un cheval portant un caparaçon à ses armes, qu'il enfourcha aussitôt. Il passa son bras dans les attaches du bouclier, posa sa lance sur l'appui de la selle[2]

---

[1] v. 339 Blioblïeris n'est le défenseur du Gué Périlleux que dans le *Bel Inconnu*, mais figure dans *Erec* et dans d'autres romans. Voir aussi la note des vers 35-53.

[2] v. 363 *fautre* : partie feutrée sur l'arçon de la selle, où l'on appuyait la lance quand elle était en arrêt, prête pour la charge.

Devers lui a l'eve porprisse :
Nus ne pooit al gué passer   365
Qu'a lui ne covenist joster.
Quant l'a perceü la pucele
Le chevalier par ire apiele :
« Vasal, esgardés que je voi,
Or ne venés plus aprés moi ;   370
Je voi la outre un chevalier
Trestot armé sor un destrier.
Se plus volés venir, sans faille,
Ja vos rendra dure bataille.
Se tu plus viens, ço ert folie :   375
Ja serra ta vie fenie.
Se tu vels en avant aler,
Je te di bien n'en pués torner
Que tu ja ne soies ocis ;
Jo te di bien tot a devis. »   380
Li Biaus Descouneüs respont :
« Damoiselle, por tot le mont
Je ne retorneroie mie
Tant con j'aie ens el cors la vie
Et s'avrai la voie furnie,   385
Car trop serroit grand couardie ;
Mais passés outre, s'en irons :
S'il veut joster, nos josterons,
Et s'il desire la bataille,
Ja le porra avoir, sans faille. »   390
Puis apiele son escuier
Qu'il li estraigne son destrier.
Quant cil ot fait, son escu prent
Et aprés sa lance ensement.
L'augue passent, outre s'en vont ;   395
Mais molt tost aresté i sont,
Et li chevaliers lor escrie :

et se plaça devant le gué si bien que personne ne pouvait le franchir sans combattre avec lui.

Quand la jeune fille s'en rendit compte, de fort méchante humeur, elle interpella l'Inconnu : « Chevalier, regardez ce que je vois, et cessez sur-le-champ de me suivre. Voilà, de l'autre côté du gué, un chevalier tout équipé sur son destrier. Si vous continuez à avancer, il ne manquera pas de vous attaquer rudement. Il serait insensé d'aller plus loin : ta vie s'achèverait bientôt. Je te dis que tu vas être tué si tu avances, il ne peut pas en être autrement, je t'aurais bien prévenu. - Demoiselle, tant qu'il me restera un souffle de vie, le monde entier ne pourrait me faire reculer. Je continuerai à avancer, ce serait lâcheté de ne pas le faire. Traversez donc, nous allons vous suivre : s'il veut se battre à la lance, nous nous battrons et si c'est le combat à l'épée qu'il recherche[1], il peut être sûr de l'avoir. » Puis il appela son écuyer pour resserrer les sangles de sa selle ; aussitôt après, il prit son bouclier et sa lance. Ils traversèrent le gué, avancèrent un peu mais furent très vite obligés de s'arrêter car Blioblïeris les interpella en ces termes :

---

[1] vv. 388-389 La *joute* est la charge, lance au poing, pour tenter de désarçonner l'adversaire, la *bataille*, le combat à l'épée ou plus généralement au corps à corps. Dans un duel régulier, la joute précède la bataille. Pour le combat de deux armées, on parle plutôt d'*estor* (la charge) et de *meslee* (la mêlée), mais c'est le même principe.

« Vos avés fait grande folie ;
Chevalier, fait il, mar passates,
Et la pucele mar guiastes !   400
Folie fu del gué passer :
Je vos ferai cier conperer.
Je vos desfi, et gardés vos,
Car je vos ferai a estros ;
Par ci ne passerés vos mie   405
Que bataille n'en soit furnie. »
Li Biaus Descouneüs l'entent,
Se li respont molt docement :
« Biaus sire, laissiés nos aler ;
Nos n'avons cure d'arester   410
Trop longement en cele voie :
Li rois Artus cha nos envoie,
Por secors faire a une dame ;
Et si m'i mainne ceste dame,
Si dist que c'est sa damoissele ;   415
Au roi Artus dist la nouviele
Por coi je vois en cest afaire,
Dius le me doinst a bon cief traire ! »
Et cil li dist : « Sans nule faille,
Avant n'irés vos sans bataille.   420
Del gué passer est tels l'usages ;
Ensi l'a tenu mes lingnages,
Et je, certes, plus de set ans.
Maintes gens i ai fais dolens
Et maint bon chevalier de pris   425
I ai abatu et ocis. »
Cil li respont : « C'est roberie :
Tant con porrai garrai ma vie.
Quant je n'i puis merchi trover,
Huimais nel vos quier demander. »   430
Li uns de l'autre s'eslonga,

« Quelle action insensée, chevalier ! Vous avez eu tort de passer l'eau et de conduire ici cette jeune fille ! Quelle erreur vous avez faite en franchissant ce gué ! Je vais vous le faire payer. Je vous défie ! En garde ! Je vous attaque séance tenante ! Pas question de passer ici sans avoir à livrer bataille ! »

Le Bel Inconnu, après l'avoir écouté, répondit aimablement : « Cher seigneur, laissez-nous passer ; nous ne pouvons nous permettre de nous attarder trop longtemps sur notre route ; c'est le roi Arthur qui nous envoie non loin d'ici pour porter secours à une dame. Cette dame-ci, qui me sert de guide, dit qu'elle est sa suivante ; c'est au roi Arthur qu'elle a présenté sa requête, c'est ce qui m'a fait partir pour accomplir cette mission. Puisse Dieu me permettre de la mener à bonne fin ! - Vous ne pouvez aller plus loin sans combattre, répond l'autre. C'est la coutume pour franchir le gué ; les hommes de mon lignage ont toujours respecté cet usage et j'ai pris leur suite voilà près de sept ans. J'ai blessé, abattu ou tué ici bien des gens, bien des chevaliers de valeur. - C'est là une coutume de pillard de route, dit l'Inconnu, je vais défendre ma vie de toutes mes forces et, puisqu'il n'y a pas de pitié à attendre de votre part, je ne compte pas vous implorer plus longtemps. »

Ils s'éloignèrent l'un de l'autre,

Au mius que il pot s'atorna.
Quant il se sont bien atorné,
Li uns a l'autre regardé ;
Les cevals poingnent molt forment,   435
Or verrés ja le plus dolent.
Blioblïeris al joster
L'escu li fait del col voler,
Sa lance peçoie et astele,
Si que bien le voit la pucele.   440
Li Biaus Descouneüs ne faut :
Desous le boucle le fiert haut,
L'ecu perça, l'auberc desront,
Le fer trencant li mist parfont ;
Les arçons li a fait gerpir,   445
Li estrier nel porent tenir
Que ne l'abatist del destrier,
As paumes l'a fait apoier.
Cil se relieve vistemant,
De mauvaisté ne vaut noient.   450
Il a mis la main a l'espee ;
Quant a s'alaine recouvree
Molt durement le vait ferir
De l'espee, par tel aïr,
Qu'a un cop ocist le ceval :   455
Or furent a pié paringal.
En lor mains tiennent les espees,
Dont il se donnent grans colees ;
Sor les elmes, sor les escus,
Molt bien se fierent des brans nus ;   460
Des elmes font le feu voler,
Les estinceles alumer ;
Molt se rendoient grant bataille.
Ançois que fust la definaille
Va Blioblïeris lassant   465

chacun se préparant de son mieux pour la rencontre. Une fois prêts, ils se placèrent l'un en face de l'autre puis éperonnèrent vigoureusement leurs chevaux. On va bien voir, sous peu, qui aura le dessous !

Blioblïeris attaqua l'Inconnu, lui arracha le bouclier du cou mais sa lance se brisa en éclats - la jeune fille le vit bien. Quand au Bel Inconnu, il ne manqua pas son coup : il frappa son adversaire à la hauteur de la boucle de l'écu qu'il perça, déchira le haubert et le fer de sa lance s'enfonça profondément dans les chairs ; il lui fit vider les arçons et, malgré les étriers, Blioblïeris tomba de cheval et se retrouva les paumes appuyées sur le sol. Comme il ne manquait pas de courage, il se releva immédiatement et porta la main à son épée ; dès qu'il eut retrouvé son souffle, il alla en frapper l'Inconnu avec une telle violence qu'il lui tua d'un seul coup son cheval : les voilà à pied tous les deux, à égalité ! Ils empoignent leurs épées, en donnent de grands coups sur les heaumes et les boucliers. On voit du feu voler, des étincelles jaillir des heaumes ; ils se livrent une rude bataille. Mais avant d'en voir la fin Blioblïeris sent ses forces diminuer

Por le sanc qu'il aloit perdant
De la plaie qu'il avoit prisse :
Ne puet mains faire en nule guisse.
Li Biaus Descouneüs le fiert
Et souventes fois le requiert.   470
Amont sor l'elme de l'espee
Li a donnee grant colee
Qu'a genillons le fait venir.
Cil ne le puet longes soufrir,
Trop fu navrés ; molt li escrie   475
Que por Diu laist que ne l'ocie
Et il fera tot son talent,
Ja ne passera son comant.
« Se tu vels, prison m'averos,
Et de par moi pris averois.   480
– Ens en la cort Artus le roi,
A lui en irés de par moi. »
A tant li fiance prisson
Qu'il en ira, sans okison,
Ens en la cort Artus le roi.   485
Iço li afia par foi.
Quant fu vencue la bataille
Li nains en fu joians, sans faille.
Ce dist li nains a la pucele :
« Grant tort aviés, ma damoissele,   490
Qui blamiés le chevalier :
N'est a blamer quist a proissier.
Bien nos a delivré le pas ;
Bele, trop l'avés tenu bas.
Il est preudon, portons l'onnor ;   495
Dius li maintiene sa valor,
Qui le nos puisse longes faire. »
Molt estoit li nains debonaire.
Dist la pucele : « Il a bien fait ;

car le sang ne cesse de couler de la blessure qu'il a reçue - c'est ainsi, il n'y peut rien. Le Bel Inconnu l'attaque sans relâche et soudain il lui porte sur le heaume un tel coup d'épée qu'il le fait tomber à genoux.

Blioblïeris ne peut endurer cela plus longtemps, sa blessure est trop profonde, il le supplie, au nom de Dieu, de ne pas le tuer : il fera tout ce qu'il voudra, il n'enfreindra jamais ses ordres. « Si tu le voulais bien, je serais ton prisonnier[1] et tu en serais un homme d'autant plus considéré. - Bien, répondit le jeune homme, vous allez vous rendre à la cour du roi Arthur de ma part. »

Alors l'autre lui promit que, sans délai, il irait se constituer prisonnier à la cour du roi Arthur ; il lui en donna sa parole.

Quand l'Inconnu eut remporté la victoire, le nain, vraiment joyeux, dit à la jeune fille : « Vous aviez grand tort, ma demoiselle, de mal juger ce chevalier : *Tel que l'on doit estimer, Assurément n'est à blâmer.* Il nous a bien ouvert le passage ; belle, vous l'avez trop méprisé. Rendons hommage à ce brave et que Dieu lui conserve sa vaillance afin qu'il puisse l'utiliser longtemps à notre service. » Ce nain avait un cœur généreux ! « Il s'est bien conduit[2], reconnut la jeune fille,

---

[1] v. 479 *averos* pour *averois* : alternance des graphies *oi* comme au vers suivant et *o* comme ici. Voir aussi *bos* 1499, *glore* 3013, *victore* 3014, *potrine* 5880.

[2] v. 499 *bien faire* : dans ce type de contexte, signifie *bien combattre, se comporter en chevalier accompli*. Voir aussi au vers 987 *De bien faire apensé soyez !*

Mais se saciés bien entresait, 500
Que se il veut o nos aler,
Noiens serra del retorner :
Ocis serra, s'ert grans damages,
Que molt est buens li siens corages. »
Mais il, tantost con il l'entent, 505
Li a respondu maintenent
Qu'il nen torneroit por nul plait,
Jusque il ait le secors fait.
Dist la pucele : « Don alons !
La nuis aproce, trop tardons. » 510
Robers avoit pris le destrier
Qui ert a l'autre chevalier ;
A son signor tantost le mainne,
Cil i monta de tere plainne.
Robers prist l'escu et la lance. 515
Or chevaucent sans redoutance.
Grant oirre cort, et cil remaint
Qui de sa plaie molt se plaint.
Li doi vallet l'en ont mené ;
En sa loge l'ont desarmé, 520
Puis l'ont coucié en un biel lit ;
Mais molt i ot poi de delit.
Blioblïeris est plaiés,
Si dolans et si esmaiés ;
Li souvient des trois conpaignons, 525
Dont bien vos sai dire les nons :
Elins li Blans, sires de Graies,
Et li bons chevaliers de Saies,
Et Willaume de Salebrant.
Cil sont molt preu et molt vaillant ; 530
Si estoient si conpaignon,
Son comant fisent sans tençon.
Cist trois, que je vos ai conté,

mais il vous faut bien savoir que, s'il veut nous suivre, il ne sera pas question de retour : il sera tué et c'est dommage car il a vraiment du cœur. » Mais l'Inconnu, en l'entendant, lui rétorqua aussitôt que rien ne pourrait le faire s'en retourner sans avoir accompli sa mission. La jeune fille conclut alors : « Partons donc, la nuit approche et nous nous attardons ! »

Robert s'était emparé du cheval de combat, qui appartenait à l'autre chevalier et il l'amena à son seigneur qui, d'un bond[1], se mit en selle. Puis Robert ramassa l'écu et la lance.

N'ayant plus rien à craindre, ils se remirent à chevaucher à toute allure tandis que restait sur place Blioblïeris qui se plaignait de sa blessure. Les deux jeunes gens le portèrent dans l'abri et, après l'avoir débarrassé de son équipement, ils le couchèrent dans un bon lit. Mais il n'y trouva que peu d'agrément.

Blioblïeris, blessé, souffrant et angoissé, se souvint de ses trois compagnons, dont je peux bien vous dire les noms : Elins le Blanc, seigneur de Saies[2], le brave chevalier de Graies et Guillaume de Salebrant. C'était là ses compagnons, des hommes d'une vaillance à toute épreuve qui lui obéissaient aveuglément. Les trois hommes dont je vous parle

---

[1] v. 514 *de tere plainne* : assez lourdement armés, les chevaliers utilisaient le plus souvent une grosse pierre pour monter sur leurs chevaux. L'Inconnu, qui est un tout jeune homme, est plus leste.

[2] v. 527 Aucun de ces chevaliers n'est connu par ailleurs.

Querre aventure sont alé
Savoir se ja le troveroient, 535
Et cele nuit venir devoient.
Le jor vont querrant aventure ;
Quant doit venir la nuis oscure,
Si tornent au Gué Perillous
Dont li pasage est dolerous. 540
Blioblïeris lé atent :
Molt furent fier et conbatant ;
Ne li covient avoir esmaie,
Se aventure nes delaie,
Que le soir ne viegnent al Gué 545
Cil chevalier que j'ai nomé.
Li jors faut et la nuis revient,
La nuis oscure lor sorvient :
Es vos venant les chevaliers
Tos trois armés sor lor destriers ; 550
Si vienent lor signor devant
Que il troverent molt dolant
Et molt grevé d'estrange guisse
De la plaie qu'il avoit prisse.
Molt font grant dol de lor singnor, 555
Et il lor dist : « N'aiés dolor,
Mais or pensés de moi vengier ;
Or m'a vostre secors mestier.
Uns chevaliers est ci passés,
Ja millor de lui ne verrés, 560
A lui jostai, si m'a conquis,
Ses prisons sui tot a devis ;
Molt l'ai trové bon chevalier.
Aveuc lui mainne un escuier
Et une biele damoisele ; 565
Uns nains conduissoit la pucele.
Il m'abati molt malement,

étaient partis en quête d'aventure – au cas où ils en auraient trouvé – et devaient revenir cette nuit-là : le jour, ils cherchaient aventure et quand tombait la nuit, ils s'en retournaient au Gué Périlleux, si dangereux à franchir. C'est là que Blioblïeris les attendait, ces violents guerriers. Inutile pour lui de s'inquiéter à leur propos : à moins qu'une aventure ne les retarde, les trois chevaliers que j'ai nommés reviendront ce soir-là au gué.

Le jour tombe, la nuit approche, l'obscurité autour d'eux devient profonde et voici les trois chevaliers, tout équipés sur leurs destriers ; ils viennent rejoindre leur maître qu'ils trouvent dans un triste état, souffrant beaucoup de la plaie qu'il a reçue. Ils se désolent de voir leur seigneur si mal en point, mais lui leur dit : « Ne vous lamentez pas, pensez plutôt à me venger, j'ai besoin de votre aide. Un chevalier vient de passer par ici, le meilleur que vous puissiez rencontrer. Je l'ai combattu, il m'a vaincu et j'ai dû me déclarer son prisonnier ; j'ai eu affaire à un chevalier vraiment habile. Il emmène avec lui un écuyer et une belle jeune fille de haute naissance qu'accompagne un nain. Il m'a jeté à terre de rude façon,

Puis s'en passa par chi devant.
Je vos dirai coment a non
Cil a cui fiancai prison :   570
Bel Descouneü se nonma.
Certes, si grant cop me donna
Qu'a painnes entendi son non.
Alés aprés, mi conpaignon,
Si l'ociés u le prendés ;   575
S'a vos se rent, si l'amenés :
Si m'aquitera de prison. »
Molt avoit cil le cuer felon.
Cil respondent : « N'en puet aler,
Se nos ja le poons trover,   580
Que il ne soit u mors u pris ;
Vos l'arés a vostre devis. »
A tant monterent tot armé,
Del vengier molt entalenté.
Or s'en vont li trois conpaignon   585
Qui de cuer sont fier et felon.
Molt volentiers le vengeroient,
Se il ja faire le pooient.
Or penst Dius de celui garder !
Car, se il le püent trover,   590
En aventure est de sa vie.

Il cevauce, si nel set mie.
Le jor ont faite grant jornee ;
Et quant ce vint a la vespree,
Virent en la forest un pré,   595
Dont molt flairoit l'erbe soué.
La pucele se porpensa
Et le chevalier apiela :
« Sire, fait ele, remanons ;
En cest bel pré nos herbergons ;   600
Noiens serroit d'avant aler,

puis il a repris sa route dans cette direction. Je vais vous dire comment s'appelait celui dont j'ai reconnu être le prisonnier : il m'a dit qu'il s'appelait le Bel Inconnu. D'ailleurs, il m'a frappé si fort que c'est à peine si j'ai compris son nom. Poursuivez-le, chers compagnons, faites-le prisonnier ou tuez-le et s'il se rend à vous, amenez-le moi : il me tiendra quitte de mes engagements. » C'était un homme de peu de foi ! Ses compagnons répondirent : « Il en sera ainsi, pour peu que nous puissions le retrouver ; il sera fait prisonnier ou tué, vous en disposerez à votre guise. » Ils se remettent alors en selle, tout équipés, avides de vengeance.

Et voici que s'en vont les trois compagnons, ces hommes au cœur cruel et perfide. Ah ! Qu'ils auraient plaisir à venger sur le champ leur maître si cela leur était possible ! Que Dieu protège l'Inconnu car, s'ils parviennent à le rejoindre, sa vie est en grand danger !

Quant à lui, il chevauchait sans se douter de rien. L'étape avait été longue et comme le soir tombait, ils virent une clairière dont l'herbe embaumait. La jeune fille, après avoir réfléchi, s'adressa au chevalier : « Seigneur, restons ici, installons-nous pour la nuit dans cette jolie prairie ; inutile d'aller plus loin

Ne porïens vile trover
Ne maisson en ceste contree,
Environ nos d'une jornee. »
Et cil volentiers otria   605
Ço que la pucele loa.
El pré descendent, si herbergent ;
Or les gart Dius que il ne perdent !
N'ont que mangier a cel souper ;
La nuit lor covint endurer.   610
Molt fu Robers bons escuiers :
Il vint a son signor premiers,
Dessarmé l'a isnelement,
Puis va a son ceval corent.
Entre Robert et le preu nain,   615
Cui je ne tien pas a vilain,
Cist doi garderent les cevals.
Molt ert Robers preus et loiaus,
Gentius fu et molt bien apris.
Vait s'ent li jors, vient li seris.   620
De la nuit ert grant masse alee,
Si ert ja la lune levee.
Li Descouneüs se dormoit
Sor l'erbe fresce, u il gisoit ;
Dalés lui gist la damoissele,   625
Deseur son braç gist la pucele ;
Li uns dalés l'autre dormoit,
Li lousignols sor els cantoit.
Quant li chevaliers s'esvilla,
Sor la fresce herbe s'acota ;   630
En la forest oï un brait
Lonc a quatre arcies de trait.
Molt est doce la vois qui crie ;
Ce sanble mestier ait d'aïe :
Molt forment crie et pleure et brait   635

car nous ne pourrions trouver ni ville ni maison dans ce pays à moins d'une journée de marche d'ici. » L'Inconnu accepta de suivre le conseil de la jeune fille. Ils descendirent de leurs chevaux et s'installèrent dans le pré. – Puisse Dieu les préserver de tout malheur !

Ils n'avaient rien à manger pour le souper, il leur faudrait s'en accommoder cette nuit-là. En excellent écuyer qu'il était, Robert alla d'abord débarrasser son maître de son équipement, puis, vite, il s'occupa du cheval. Robert et le noble nain – pour qui j'ai beaucoup de considération – s'occupèrent tous deux de surveiller les chevaux. Vaillant et loyal, Robert était aussi un noble cœur et ses manières étaient courtoises.

Le jour disparaissait, l'obscurité venait[1], une grande partie de la nuit s'était écoulée, la lune était déjà haut dans le ciel. L'Inconnu dormait sur l'herbe fraîche ; près de lui, la noble jeune fille reposait sur son bras ; ils dormaient, l'un à côté de l'autre et le rossignol chantait au dessus de leurs têtes. Soudain, le chevalier s'éveilla et se redressa sur ses coudes dans l'herbe fraîche : il venait d'entendre un cri dans la forêt, à une distance d'environ quatre portées de flèches. C'était une voix bien douce qui criait, on aurait dit celle d'une personne en danger : quels cris, quels hurlements, quels pleurs ne poussait-elle pas,

---

[1] v. 620 Il s'agit de la même fin de soirée que celle, décrite précédemment, où Bliobliëris attend ses trois compagnons (vers 547–548).

Come la riens qui painne trait,
Et demenoit molt grant dolor ;
Diu reclamait le Creator.
Quant cil l'oï, si l'escouta ;
La vos adiés merchi cria.   640
La pucele qui dort s'esvelle,
Et cil del dire s'aparelle :
« Ha ! pucele, oés vos crier
Ne sai cui plaindre et souspirer ?
– Ço est fantome, al mien espoir ;   645
Laissiés crier, ne puet caloir,
Jo ne pris de rien son crier,
Dormés vos, si laissiés ester. »
Cil respondi a la pucele :
« Iceste vois Diu molt apiele ;   650
Ce sanble mestier ait d'aïe,
Por ce reclaime Diu et prie.
Jo vel aler por li aidier :
Se je voi qu'ele en ait mestier,
Haiderai li a mon pooir.   655
Gentius cose est, a mon espoir. »
Cele li dist : « Vos n'irés mie. »
Del remanoir forment li prie,
Et dist : « Quiers tu dont aventures ?
En ton cemin en a de dures.   660
Ja de ço ne t'estuet penser
Ne fors de ton cemin aler ;
Car, ains que ma dame trovois,
Cui je que vos tant en arois
Trové que vos plus n'en vauriés,   665
Ne vos plus soufrir n'en porïés.
Molt vos converra a soufrir,
Se Dius de mort vos veut garir,
Plus que chevalier qui soit nés. »

comme peut le faire une créature plongée dans la plus grande peine. Elle manifestait une grande douleur et invoquait Dieu le Créateur. Dès qu'il entendit cette voix, l'Inconnu se mit à l'écouter : la voix implora de nouveau. La jeune fille, qui dormait, s'éveilla et l'Inconnu s'empressa de lui dire : « Ha ! Demoiselle, entendez-vous comme moi crier, gémir et soupirer ? – C'est un fantôme, à mon avis. Laissez-le crier, cela n'a pas d'importance, je ne me soucie pas de ses cris, dormez donc, ne bougez pas. » Mais lui répondit : « C'est une voix qui implore Dieu ; on dirait qu'elle a besoin d'aide, c'est pour cela qu'elle implore et prie Dieu. Je vais aller porter secours à cette créature : si je vois qu'elle a besoin de mon assistance, je l'aiderai de mon mieux. Il doit s'agir d'une noble personne, à ce que j'imagine ». Et elle lui dit : « Vous n'irez pas ! ».C'est en ces termes qu'elle le supplia de rester : « Si ce sont des aventures que tu cherches, tu en trouveras sur ton chemin bien d'autres et de fort pénibles. Tu ne dois pas t'occuper de cela ni t'éloigner de ta route. En effet, avant d'avoir rejoint ma maîtresse, je pense que vous en aurez trouvé plus que vous ne le souhaiteriez et plus que vous ne pourriez en supporter. Vous aurez à souffrir plus que jamais chevalier n'a souffert, si toutefois Dieu veut bien vous protéger de la mort. »

Cil li a dit : « Or me soufrés,   670
Damoissele, que jo i voisse.
– Jo n'en donroie une pujoisse,
Vasal, de quanques vos ferois.
Bien voi por moi rien n'en ferois :
Vos ne me cres ne tant ne quant ;   675
Encor vos en verrai dolant.
Tu venis ci otre mon gré,
Or ne feras ma volenté. »
Et cil li dist : « Ne lairai mie
N'aille veoir ce qu'est qui crie. »   680
Robert apiele l'escuier
Qu'il li amainne son destrier.
Cil s'esvelle isnellement,
Se li amainne l'auferrant.
Li Descouneüs se sainna   685
Et puis en son ceval monta ;
Son escu a pris et sa lance.
Ses corages adiés s'avance.
La pucele ne remaint mie ;
Pense que ce serroit folie   690
Se seule ilucques remanoit :
Ne set ele le troveroit.
Ele monta, et puis li nains,
Qui ne fu ne faus ni vilains.
Or en vont tuit, Robers les guie   695
Devers le liu u la vois crie.
Par le forest vont cevaucant
Isnelement, Robers devant,
Venu sont vers la vois qui crie,
Tant sont pres que bien l'ont oïe.   700
Un fu virent mervelles grant ;
Si s'aresturent maintenent.
Robers lor a le feu mostré ;

L'Inconnu lui répondit : « Demoiselle, permettez-moi de m'y rendre.
– Chevalier, je ne donnerai pas un sou[1] de tout ce que vous pourriez
faire. Mais je vois bien que vous ne ferez rien pour me plaire : vous
ne voulez pas m'écouter[2]. Tu es venu ici contre mon gré et tu vas
donc continuer à ne pas faire ce que je veux. » Et le jeune homme de
répondre : « Il faut absolument que j'aille voir qui peut bien crier de
la sorte. » Il appela donc son écuyer pour qu'il lui amène son cheval
de combat. Robert s'éveilla aussitôt et fit ce qu'on lui demandait.

L'Inconnu se signa, monta sur son cheval après avoir pris son
bouclier et sa lance et s'avança en homme tout à fait résolu. La jeune
fille ne resta pas en arrière car elle se rendit compte qu'il serait
insensé de rester là seule, sans savoir comment le retrouver. Elle
monta sur son cheval ; toujours loyal et noble, le nain la suivit. Guidés
par Robert, ils se dirigèrent tous vers l'endroit d'où venaient les cris
et, chevauchant à toute allure à travers la forêt, ils arrivèrent, Robert
en tête, assez près pour les entendre clairement.

Ils virent alors un feu gigantesque et s'arrêtèrent immédiatement.
Robert leur montra le feu

---

[1] v. 672 *pujoisse* : petite monnaie valant le quart d'un denier.

[2] v. 675 *cres* : forme monosyllabique pour *creés* comme *ves* pour *veés*.

Or sevent ço qu'est qu'ot crié.
Au feu avoit dous grans gaians,   705
Lais et hisdels et mescreans.
Li uns tenoit une pucele ;
Ja nus hon ne demant plus biele,
Se ele n'eüst tel paor,
Mais molt demenoit grant dolor.   710
Molt se conplaint et plore et brait
Come la riens qui painne trait :
Car uns gaians molt la pressoit,
A force foutre le voloit,
Mais cele nel pooit soufrir ;   715
Mius se voloit laissier morir.
De l'autre part le feu seoit
L'autres gaians, qui rostissoit
. . . .
Et aveuc son poivre faisoit.   720
Mangier voloient erranment,
Se l'autre eüst fait son talent
De la pucele qu'il tenoit.
Et quant li chevalier le voit,
S'apiele damoissele Helie,   725
Qu'il menoit en sa conpaignie ;
Se li a mostré la pucele
Que li gaians tenoit, si biele ;
Se li a dit qu'il lor taura,
Et qu'as gaians se conbatra.   730
Cele li dist : « Tu vels morir ?
Ocis serras, n'i pues faillir,
Se tu te conbas as jaians ;
Tant les sai fels et conbatans.
Il ont tot cest païs gasté ;   735
Por ce avons jeü el pré
Qu'environs nos d'une jornee

et ils comprirent pourquoi on criait : il y avait devant le feu deux terribles géants, d'effrayants monstres sans foi ni loi ; l'un d'eux s'était emparé d'une jeune fille – la plus belle que l'on puisse imaginer, si elle n'avait pas eu aussi peur – mais elle montrait un profond désespoir, se lamentait, pleurait et hurlait comme quelqu'un en grand danger. Le géant, en effet, la maintenait de toutes ses forces et voulait la violer ; mais elle aurait préféré mourir plutôt que d'en venir là. Assis de l'autre côté du feu, l'autre géant faisait cuire un rôti [...][1] et préparait de la sauce au poivre. Ils attendaient, pour manger, que le premier géant eût assouvi ses désirs sur la jeune fille.

Voyant cela, le chevalier appela sa jeune et noble compagne Hélie et, lui montrant cette belle jeune fille que tenait le géant, il lui annonça qu'il allait la lui arracher et se battre avec eux. « Tu veux donc mourir, s'exclama-t-elle, tu vas être tué, c'est inévitable, si tu te bats avec ces géants. Je les connais, ce sont des guerriers malfaisants. Ce sont eux qui ont dévasté la contrée ; c'est pour cela que nous avons dû dormir dans un pré : à une journée de marche à la ronde,

---

[1] v. 719 vers considéré comme manquant sans indication de lacune (P.W) : rime orpheline et phrase incomplète.

N'a maisson n'aient devoree ;
Tot ont destruit, la gent ocise ;
Tote ont la terre a lor devise.   740

. . . .
De mort est fis cil quis atent.
Ne t'i conbat pas, mes fuions ;
Ja ces dyables n'atendons ».
Mais cil ne l'en vaut croire mie ;   745
En aventure met sa vie,
Hardimens l'aloit destraignant.
Il point le ceval duremant ;
As jaians vient, si lor escrie :
« A vos n'afiert pas cele amie ! »   750
Il laisse corre l'auferrant,
Et fiert celui premieremant
Qui esforçoit la damoisele ;
Si l'a feru les la mamiele,
Le fer li fist el cuer serrer,   755
Les ioils del cief li fist torbler ;
Mort le trebuce el feu ardant.
Li autres le vint a itant,
Maçue au col, sel vaut ferir.
Cil sot desous l'escu guencir,   760
Point le ceval, ne l'ataint mie.
. . . .
. . . .
. . . .
. . . .   765
. . . .
Que il enporte son escu ;
Et son ceval a si feru
Que de petit l'eüst ocis
Et le chevalier tot malmis.   770
Cui Dius de honte veut garder

ils n'ont pas laissé une habitation ; ils ont tout saccagé, ils ont tué tout le monde ; ils tiennent le pays entier sous leur domination [...][1]. Il est certain de mourir, celui qui ne fuit pas devant eux. Ne te bats pas avec eux, fuyons plutôt, n'attendons pas ces démons ! »

Mais l'Inconnu se refuse à l'écouter ; poussé par sa bravoure, il s'apprête à risquer sa vie. Il éperonne vigoureusement son cheval et se précipite sur les géants en criant : « Cette belle n'est pas pour vous ! »[2] Il lance au galop son cheval fougueux et frappe d'abord celui qui voulait violer la jeune femme : il l'atteint près du mamelon, le fer pénètre en plein cœur, le regard de son adversaire devient trouble, il s'écroule, mort, dans les flammes du brasier.

L'autre géant, sa massue suspendue à son cou, se rua alors au galop sur l'Inconnu, il voulut le frapper, le chevalier parvint à esquiver le coup en lui présentant son bouclier, mais n'arriva pas à le toucher [...][3].

Le coup [du géant] fit tomber le bouclier à terre, peu s'en fallu que le cheval ne fût tué et le chevalier grièvement blessé. *Celui que Dieu veut protéger*

---

[1] v. 741 un vers laissé en blanc

[2] v. 750 Faut-il maintenir la leçon du texte, *mie* où rétablir *amie*, comme P.W ?

Dans ce texte, *amie* et *ami* sont des termes suffisamment polysémiques pour entraîner de nombreuses difficultés de traduction. En adresse, ce sont des termes qui vont de la plus grande tendresse amoureuse (Guinglain : v. 4880 ; la dame : v. 4915, 4985, 5000) à la simple désignation d'inconnus (le roi à Hélie : v. 241) ou à l'adresse à des inférieurs (l'Inconnu à Robert : v. 2675). Dans les autres emplois, ils peuvent désigner quelqu'un avec qui on a eu des relations sexuelles (cf. v. 750, 4815, et peut-être v. 1264 et 1268, vers très importants où *amie* désigne soit la maîtresse soit la femme qui aime). Mais ces termes désignent aussi bien quelqu'un qui aspire au statut d'amant sans l'avoir obtenu, comme Mauger le Gris, le gardien de L'Ile d'Or (v. 2005 sq.), que l'amant ou l'amante (v. 4715, 6257, 6261). Nous avons donc selon les cas traduit ce terme par ami(e), bien-aimé(e), maîtresse, amant(e), prétendant.

Dans ce cas précis, *amie* (ou *mie*) doit s'entendre dans le sens de personne avec qui on veut avoir des relations sexuelles.

[3] vv. 762-766 cinq vers laissés en blanc.

Nule riens ne le puet grever :
A cele fois a Dius gari
Le chevalier par sa merchi.
Li jaians cort a sa maçue :   775
De son conpaignon li anuie,
Dalés le feu ocis le voit ;
Se vengier nel puet orendroit.
Il ne se prisoit un bouton.
De mellier avoit un baston ;   780
Mais li chevaliers vint poingnant,
Le jaiant fiert en ataingnant
De la lance par les costés.
Li jaians est vers lui tornés,
Prendre le cuide maintenant.   785
Et cil s'eslonge tot errant,
Qu'il n'a soig de sa conpaignie,
Ne de sa luite n'ainme il mie.
Li jaians sa maçue prist,
Navré se sent, tost en fremist ;   790
Vengier se cuide maintenant ;
Si est venus vers lui corant,
Si entoisse por lui ferir.
Cil vit le cop vers lui venir,
Le ceval guencist d'autre part ;   795
Ce ne fu pas fait de musart :
Fuirs vaut mius de fol atendre,
Puis qu'il n'i a mestier desfendre ;
Car li jaians a si feru
En un arbre par tel vertu   800
Que il fist tot l'arbre croller
Et les brances jus avaler.
Des puins li vole la maçue ;
- Ainçois que il l'ait receüe,
Avra, je cuic, perte encontree !   805

Rien ne le peut ébranler : cette fois-ci, Dieu, dans Sa miséricorde, protégea le chevalier.

Le géant se précipita sur sa massue, un gourdin de néflier qu'il possédait, la vue de son compagnon étendu mort près du feu le remplissait de fureur : s'il ne pouvait le venger immédiatement, il perdrait tout respect de lui-même. Mais le chevalier arriva sur lui à toute allure[1], le frappa de sa lance et le blessa au côté. Le géant se retourna et essaya de l'attraper, mais l'autre s'éloigna rapidement : il ne recherchait pas la compagnie de son adversaire et n'appréciait pas le combat avec lui ! Le géant s'empara de sa massue, il se sentait blessé et en était tout tremblant. Il comptait se venger sans attendre, aussi se rua-t-il sur le chevalier, massue levée pour le frapper, mais l'autre vit venir le coup et fit dévier son cheval, ce qui était loin d'être sot : *Fuite vaut mieux que sotte attente, Lorsque vaine est toute défense.*

En effet, le coup du géant porta sur un arbre, avec une telle force que toutes les branches s'abattirent à terre et que l'arbre s'écroula. La massue lui vola des mains – je crois qu'il va lui arriver malheur avant qu'il ait pu la ramasser !

---

[1] v. 781 *poignant* : employé absolument, ce participe qui signifie *éperonnant son cheval* (*piquant des deux*, comme disent les romans de cape et d'épée du XIXe siècle) est utilisé constamment pour signifier que la charge se fait à pleine vitesse.

Car cil li cort a tot l'espee,
Si feri molt bien le jaiant.
Un cop li donne molt pesant
Sus en la teste en la cervele,
Desi es dens met l'alimele,　　　　　　　　　　810
Se li a tolue la vie.
A lui traist l'espee forbie ;
Li jaians ciet sor l'erbe drue,
La bataille fu si vencue.
De son ceval a pié descent ;　　　　　　　　　815
Robers i vint isnelement
Ki le desarma en la place ;
L'elme fors de cief li esrace,
Puis li a descente l'espee ;
Quant ot la teste desarmee,　　　　　　　　　820
L'auberc li traist de blance maille,
Quant deslacie ot la ventaille.
Li nains fu en la forest long,
De l'aprocier n'avoit pas soig ;
Dalés lui damoissele Helie,　　　　　　　　　825
Qui tote fu espeürie
De la bataille qu'ot veüe ;
Ele en estoit tote esperdue.
Ce dist li nains a la pucele :
« Grant tort aviés, ma damoissele,　490 · 1　　830
Qui blamïés le chevalier ;
Il m'est vis bien se set aidier ;
Certes jel cuit, et bien le sai,
As estors que ci veüs ai,
Ausi a Blioblïeris,　　　　　　　　　　　835
Que cis hon est de molt grant pris.
Tel cose tient on molt viument
De coi on aprés se repent.
Mais n'i puet nus metre mecine

En effet, l'Inconnu l'attaqua en brandissant son épée et réussit à le frapper. Il lui asséna un si violent coup en plein crâne qu'il lui passa la lame[1] à travers la cervelle jusqu'aux dents : c'est ainsi qu'il lui ôta la vie. Il tira en arrière son épée étincelante et le géant s'effondra sur l'herbe drue. Voilà comment le combat fut gagné.

Le jeune homme descendit de cheval et Robert se précipita pour le débarrasser sur place de son équipement ; il lui enleva son heaume de la tête, lui détacha son épée puis, une fois le jeune homme nu-tête, il lui enleva son haubert aux mailles claires après en avoir délacé la ventaille[2].

Le nain s'était retiré un peu plus loin dans la forêt, peu désireux d'être trop prés[3] ; à côté de lui se trouvait la jeune Hélie, que la vue du combat avait emplie d'épouvante. Le nain dit à la jeune fille, encore tout émue : « Vous aviez grand tort, ma demoiselle, de mal juger le chevalier. Il est homme à savoir se tirer d'affaire, à ce qu'il me semble ; je crois – et je suis même persuadé – après avoir assisté aux deux combats qu'il vient de livrer ici, ainsi qu'à celui contre Blioblïeris, que c'est un homme de grand mérite. *Qui trop méprise peut s'en repentir.* Mais nul ne peut nier

---

[1] v. 810 *alimele* (ou *alemele*) : lame d'épée ou de lance.

[2] v. 822 *ventaille* : ce terme désigne soit l'ouverture du capuchon de maille porté sous le heaume ; soit comme ici la capuchon lui même.

[3] vv. 823, 824 *long, soig* pour *loin, soin* : graphies diverses pour le *n mouillé*.

Que molt ne soit sa valors fine.   840
- Biaus amis, ce li dist Helie,
Se onques li dis vilonnie,
Or l'en irai merchi rover
De ço quel soloie blamer. »
Cele part vint la damoissele,   845
Del palefroi dessent a terre,
Puis est au chevalier meüe
Et molt docement le salue ;
Et puis li quiert tantost merchi
De ço que si l'avoit laidi :   850
Qu'il li pardoinst a ceste fois,
A son plaissir prenge les drois.
Cil respondi a la pucele :
« Jel vos pardoins, ma damoisele ;
Puis que merchi m'avés rové,   855
Tot vos soit ore pardonné. »
La damoissele l'enclina
Et bonement l'en merchia.
Merchis l'en rent, o lui sejorne,
Et Robers les cevals atorne.   860
Dalés le feu herbergié sont :
Quant jors serra, si s'en iront.
Dont est au chevalier venue
La pucele, qu'il ot tolue
As dous jaians qui le tenoient,   865
Qui si grant painne li faisoient.
Molt i ot gente damoissele ;
La color ot fresse et noviele :
Sa color avoit recovree
De joie qu'ele ert delivree.   870
« Sire, tu m'as del tot garie
Et de mon cors sauvé la vie ;
Trait m'as de painne et de dolor

que sa valeur ne soit exceptionnelle. – Cher ami, dit Hélie, si j'ai pu lui faire d'injustes reproches, j'irai lui demander pardon de l'avoir souvent mal jugé. »

La jeune femme se rapprocha, descendit de cheval, se dirigea vers le chevalier et le salua gracieusement ; puis elle le pria de l'excuser de l'avoir offensé : qu'il consente à lui pardonner pour cette fois et qu'il demande ce qu'il veut comme réparation. « Je vous pardonne, ma demoiselle, lui répondit-il ; puisque vous m'avez prié de vous excuser, vous êtes toute pardonnée. » La jeune femme s'inclina devant lui et le remercia courtoisement ; elle resta près de lui pendant que Robert s'occupait des chevaux.

Alors s'approcha du chevalier la jeune fille qu'il venait d'arracher aux deux géants qui s'étaient emparés d'elle et l'avaient malmenée. C'était une belle jeune fille au teint frais et rose : la joie de la délivrance avait fait revenir de la couleur à ses joues : « Seigneur, tu m'as bien porté secours et tu m'as sauvé la vie : tu m'as tirée de mille peines,

Et de prison et de tristor
Et des tormens u ere entree ;   875
Tu m'as des jaians delivree,
Tos jors mais serrai vostre ancele. »
As piés li cet li damoissele.
Et cil l'en a fait relever,
De joie comence a plorer.   880
Dalés lui l'a sor l'erbe asise ;
Se li demanda en quel guisse
L'avoien cil jaiant trovee
Qu'iluques l'orent aportee,
Et coment a non, que li die ;   885
Qui est, ne dont, ne li çoilt mie.
Dist la pucele : « Jel dira,
De rien nule n'en mentira.
Por voir nonmee sui Clarie,
Ne vos en mentiroie mie,   890
Et Saigremors si est mes frere.
Li jaians me pris ciés mon pere :
En un vergier hui main entrai
Et por moi deduire i alai ;
Li jaians ert desous l'entree,   895
Trova la porte desfremee,
Iluec me prist, si m'en porta ;
Ici son conpaingnon trova ;
Conquisse m'avés en bataille.
Sire, voir vos ai dit, sans faille. »   900
Robers a trové, et li nains,
Desos la cave trente pains
Et blances napes et hanas,
Janbes salees, oissials cras,
Tos rotis et tos atornés ;   905
De bon vin ont trové asés.
Andoi en sont lié et joiant :

tu m'as évité la captivité, le chagrin et les tourments. Tu m'as délivrée des géants et je serai ta servante à tout jamais. »

La jeune femme se jeta à ses pieds et lorsqu'il la releva, elle se mit à pleurer de joie. Il la fit asseoir à côté de lui sur l'herbe et lui demanda comment les géants avaient pu s'emparer[1] d'elle pour l'amener ici ; qu'elle lui dise comment elle s'appelait, qui elle était, de quel endroit elle venait, qu'elle ne lui cache rien. « Je vais vous répondre[2] franchement, dit la jeune fille. On m'appelle Clarie, c'est la vérité, je n'ai pas l'intention de vous le cacher et Sagremor est mon propre frère. C'est chez mon père que le géant s'est emparé de moi : j'étais descendue ce matin dans un jardin pour me distraire ; le géant se cachait sous la voute de l'entrée, il a trouvé la porte déverrouillée, il s'est emparé de moi. C'est ainsi qu'il m'a enlevée, puis il a rejoint son compagnon ici et vous m'avez reprise en combattant. C'est l'exacte vérité, seigneur. »

Pendant ce temps-là, Robert et le nain avaient trouvé dans la caverne[3] une trentaine de pains, des nappes blanches, des coupes, des jambons salés, des volailles bien grasses déjà toutes préparées et rôties à l'avance, ainsi que du bon vin et tous deux s'en réjouissaient :

---

[1] v. 883 *avoien* pour *avoient* : suppression des finales fréquente dans le texte. Ici, suppression du *t* de la troisième personne du pluriel. Voir aussi les vers 2167, 3047, 6038.

[2] v. 887 *dira* pour *dirai* : le texte présente plusieurs formes de première personne en *a* : voir aussi les vers 1808, 2713, 2714, 2716. On trouve aussi peut-être une graphie inverse au vers 3238 (se reporter à la note de ce vers). L'alternance graphique existe aussi à l'intérieur des mots (*nast* v. 4704, *fare*, v. 4945)

[3] v. 902 *la cave* : l'article défini fait difficulté ; on peut supposer qu'il a été question de ce souterrain dans les vers qui manquent.

Or ont a mangier a talent.
Cil doi jaiant qui sont ocis,
Qui gasté orent le païs,   910
Tot ço i orent aporté,
Le mangier c'ont illuec trové.
Ilueques estoit lor repaires,
Mais cangiés lor est lor afaires.
Li vilains dist : « Par Saint Martin,   915
Tels fait viengne, n'i cuit roissin. »
Robers s'en est molt tost alés
C'a mangier a trové asés :
« Tot avrés, quanques vos plaira ;
Ja blance nape n'i faura. »   920
Cil li respont : « Di me tu voir,
Qu'a mangier poonmes avoir ?
Ce dist Robers : « Oïl, sans faille,
Car trové ai la repostaile
Des dous jaans qui sont ocis ;   925
A mangier avés a devis. »
Et cil maintenant se leva,
Les damoisseles i mena ;
L'une et l'autre a par la main prise.
Robers fu molt de biel service ;   930
L'iague donne a cascun li nains.
Quant il orent lavé lor mains,
Les napes ont sor l'erbe mises,
Si ont les puceles asises
Et li Descouneüs devant,   935
Qui molt lor faisoit biel sanblant.
Li nains les servoit et Robers,
Qui molt fu sages et apers :
Il estoit kels et senescaus
Et botilliers et marissaus   940
Et canbrelens et escuiers ;

ils ont maintenant de quoi manger à leur faim. C'étaient les deux
géants, ceux qui venaient d'être tués et qui avaient dévasté le pays, qui
avaient apporté là toutes les provisions que Robert et le nain avaient
découvertes. Cet antre leur servait de refuge mais leur destin avait
changé ; comme dit le paysan : « *Par saint Martin, tel soigne la vigne
Qui ne cueille pas le raisin*[1]. » Robert s'était dépêché d'aller annoncer
aux autres qu'il avait trouvé beaucoup de nourriture : « Vous aurez
tout ce que vous voudrez et même une nappe blanche. – Est-ce que tu
es en train de me dire, répondit le chevalier, que nous allons pouvoir
manger ? – Mais oui, c'est bien vrai : j'ai trouvé la cachette des deux
géants que vous avez tués. Vous avez de quoi manger autant que vous
le voudrez. »

L'Inconnu se leva immédiatement et, prenant par la main les deux
jeunes filles, les conduisit jusqu'au lieu du repas. Robert servait de
façon parfaite, tandis que le nain apportait l'eau à chacun des
convives[2]. Quand ils se furent lavé les mains, une fois les nappes
étalées sur l'herbe, l'Inconnu s'assit en face des deux jeunes filles et
s'occupa d'elles avec beaucoup de courtoisie. C'était le nain qui les
servait à table, avec l'aide de l'homme habile et avisé qu'était Robert,
à la fois cuisinier et sénéchal, sommelier et maréchal, chambellan et
écuyer[3] :

---

[1] v. 916 *cuit*, ici troisième personne du présent de l'indicatif de *cuillir* : *cueillir*.

[2] v. 931 se faire présenter l'eau pour se rincer les mains avant de manger (avec les
doigts) est le signe d'un repas soigné.

[3] vv. 939-941 Dans une cour seigneuriale, le *sénéchal* (étymologiquement le plus âgé
des serviteurs), est le surintendant et a la charge du service de table, le *maréchal* est
l'officier chargé des chevaux, le *sommelier* est chargé de l'approvisionnement, l'écuyer,
enfin, s'occupe des armes et accompagne son seigneur dans ses déplacements et ses
combats. A la cour d'un grand seigneur ou d'un roi , toutes ces charges, quoique
subalternes, sont assez honorifiques (cf. Keu, sénéchal et frère de lait du roi Arthur),
mais Robert, homme à tout faire, n'est qu'un homme libre de modeste origine, comme
le montre son parler, tout empreint de sagesse populaire.

I s'entremet de tos mestiers
Et de cascun molt biel servoit ;
Et li nains molt biel li aidoit,
Molt les savoient biel servir.   945
Quant ont mangié a lor plaisir,
Li nains vint les napes oster
Et celes lievent dou souper.
Et cil qui savoient servir
Ront mangié a molt grant loissir,   950
Si les servent les damoisseles.
Ne tienent pas longes novieles :
Quant ont mangié tot maintenant,
S'en vont a lor cevals corant
Et bien et biel les atornerent   955
Et blé a plenté lor donerent,
Que li jaiant avoient quis,
Qui gasté orent le païs.
Li preus Robers pas ne s'oublie :
D'erbe n'avoit encore mie   960
Que il donnast a ses cevals,
Garde les lui, vit une faux.
Quant il estoit entrés el pré
Et de faucier fu apresté,
Si vit venir trois chevaliers,   965
Armés sor lor corans destriers ;
Rengié venoient et seré,
De totes armes bien armé.
Icil trois furent conpaignon ;
Bien sai coment orent a non :   970
Li uns estoit Elins de Graies,
Li secuns li sires de Saies ;
Et li tiers ert de Salebrans
Willaumes, qui molt ert vaillans ;
Le Biau Descouneü sivoient,   975

il était capable d'occuper tous ces offices avec la même habileté. Le nain l'aidait bien, et tous deux servaient parfaitement.

Quand ils eurent mangé à leur faim, le nain vint ôter les nappes et les jeunes filles se levèrent de table. Les serviteurs purent alors se rassasier à leur tour, servis par les jeunes femmes. Ils ne se perdaient pas en bavardages et dès qu'ils eurent mangé, ils se dépêchèrent d'aller apporter tous leurs soins aux chevaux et de leur donner à profusion le blé qu'avaient amassé les géants en dévastant le pays.

Le sage Robert pensait à tout : il manquait d'herbe pour les chevaux et c'est en regardant autour de lui qu'il aperçut une faux. Alors qu'il était déjà entré dans le pré et qu'il allait se mettre à faucher, il vit venir trois chevaliers, armés de pied en cap, montés sur leurs rapides chevaux de combat et avançant en bon ordre. Il s'agissait des trois compagnons, dont je connais bien les noms : Elins de Graies en tête, puis le seigneur de Saies, en troisième, le vaillant Guillaume de Salebrant ; ils étaient à la poursuite du Bel Inconnu

Prendre u ocire le voloient.
Robers les vit vers lui venir ;
Si s'en comença a fuïr
Et vint tot droit a son signor
Qui se gisoit sor la verdor,   980
Tres devant les dous damoiseles
Qui molt furent gentes et bieles.
Et cil maintenant l'esvilla
Et a une part l'apiela :
« Sire, fait il, tost vos armés,   985
De desfendre vos aprestés ;
De bien faire apensés soiés,
Ne de rien ne vos esmaiés.
Ci voi venir trois chevaliers
Trestos armés sor lor destriers ;   990
Je pens, et voir vos en cuic dire,
Prendre vos vienent u ocire.
Il vienent cha ; or t'en apense,
Que fiere truissent ta desfensse. »
Lors retornent as damoisseles,   995
Si lor conterent les novieles.
Robers li dist : « Trop demorés ;
Por l'amor Diu, car vos hastés :
Li demorers forment me grieve. »

Li sires maintenant se lieve ;   1000
Ja vausist qu'il fust atornés,
Mais, ançois qu'il fust aprestés,
Vinrent poingnant li robeor
Les le roce de Valcolor.
Li premiers venoit a desroi,   1005
As autres dist : « Jel voi ! jel voi ! »
Il vint a lui, si dist : « Vasal,
Fait nos avés et honte et mal.
Mar veïstes Gué Perillous !

avec l'intention de le faire prisonnier ou de le tuer. Dès que Robert les vit s'avancer vers lui, il se mit à fuir tout droit vers son maître qui reposait sur l'herbe verte en face des deux charmantes et belles jeunes femmes. Robert l'éveilla et lui parla discrètement : « Seigneur, dépêchez-vous de vous équiper et préparez-vous à vous défendre : pensez à bien combattre et n'ayez aucune crainte. Je vois venir trois chevaliers bien équipés sur leurs chevaux de combat. Je pense – j'en suis sûr, même – qu'ils viennent s'emparer de vous ou vous tuer. Ils arrivent par ici. Prépare-toi donc, pour qu'ils trouvent en toi un rude adversaire ! »

Ils retournèrent alors vers les jeunes femmes pour leur apprendre ce qui arrivait, mais Robert dit au chevalier : « Vous perdez du temps ; dépêchez-vous pour l'amour de Dieu, je ne supporte pas que nous perdions du temps. »

Son maître se leva aussitôt : il aurait voulu être déjà tout équipé, mais avant qu'il ait eu le temps de se préparer, les bandits surgirent au galop près de la roche de Valcolor.

Celui qui était en tête arriva à toute vitesse, criant aux autres : « Je le vois, je le vois ! » Il s'approcha du jeune homme et lui dit : « Chevalier, vous nous avez causé un grave préjudice ; vous n'auriez pas dû vous approcher du Gué Périlleux,

Ja vos ferrai tot a estros. »   1010
Pris u ocis fust maintenant,
Quant Helie lor vint devant.
Molt estoit preus la damoissele ;
En haut le chevalier apiele :
« Signor, por Diu, ce dist Helie,   1015
Coment pensés tel vilonnie
D'asalir honme desarmé ?
Molt vos serra a mal torné
Se vos desarmé le tociés.
Gardés, signor, ne comenciés   1020
Cose dont vos soiés honni,
C'onques si lait blame ne vi.
Or le laissiés, signor, armer ;
Ce ne li devés vos veer.
Il n'a pas force vers vos trois,   1025
Se Dius ne li aiut manois ;
Plus biel le poés armé prendre,
Ne cuic qu'il se puisse desfendre ;
Et la u on puet sormonter
Doit on bien merchi esgarder. »   1030
Li chevalier sont aresté,
Willaumes a premiers parlé :
« Signor, fait il, ele dist voir,
Laissié le armer, ne puet caloir ;
De nos ne se puet escaper. »   1035
Cil respondent : « Don s'aille armer. »
Li chevaliers se traist ariere.
Del fu i fu grans la lumiere,
Et de la lune qui luissoit,
Que de cler jor rien n'i avoit.   1040
Li Biaus Descouneüs s'arma ;
Il vest l'auberc, l'elme laça,
Et Helie li çaint l'espee.

je vais vous attaquer séance tenante. » L'Inconnu aurait été capturé ou tué si Hélie ne s'était avancée vers eux. La jeune femme ne manquait pas de courage ! Elle hurla au(x) chevalier(s) : »Seigneurs, pour l'amour de Dieu ![1] Vous n'y pensez pas ! Quelle honte que d'attaquer un chevalier désarmé ! On vous reprochera beaucoup de vous en être pris à lui alors qu'il n'avait pas d'armure ! Prenez garde, seigneurs, de vous lancer dans une entreprise qui vous déshonorerait : je ne sais rien de plus honteux. Seigneurs, laissez-le donc revêtir son armure : vous ne pouvez le lui refuser ! A moins que Dieu n'intervienne maintenant pour l'aider, il lui est impossible de vous vaincre tous les trois. Je ne pense pas qu'il puisse vous résister et, s'il est armé, votre victoire n'en aura que plus de prix : *Qui est sûr de gagner doit se montrer généreux.* »

Les chevaliers s'étaient arrêtés et Guillaume prit la parole : « Seigneurs, elle a raison. Laissez-le revêtir son armure, c'est de peu d'importance : il ne peut nous échapper. – Qu'il aille donc s'armer », répondirent ses compagnons, et le chevalier s'éloigna.

Vive était la lumière du feu et la lune brillait : l'aube était encore loin. Le Bel Inconnu s'arma : il revêtit son haubert, attacha son heaume et Hélie lui mit l'épée au côté.

---

[1] vv. 1014 -1015. Contradiction dans le texte. Hélie interpelle un chevalier, mais s'adresse à tous : *signor* et non *sire*.

« Garde, fait ele, c'oubliee
N'i soit ma dame au ferir,   1045
Et proie Diu, par son plaisir,
Que il vos doinst force et vigor
De li secorre et de s'onor. »
Es vos son ceval c'on amainne,
Il i sailli de terre plainne.   1050
La pucele l'escu li tent
Et il par le guince le prent ;
Au col le mist, puis prist sa lance ;
Diu reclama, par sa puissance,
Que cele nuit li doinst honnor   1055
Et le desfende de dolor.
A genillons sont les puceles ;
Molt prient Deu les damoiseles
Que lor chevalier doinst honnor
Et le maintiengne en cel estor.   1060
Et cil qui point nes redouta,
Le ceval point, avant ala
Encontre les trois chevaliers.
Willaumes vint a lui premiers,
Bien atornés, pres de bataille ;   1065
Tos sels i vint, sans nule faille,
Et a cel tans costume estoit
Que quant uns hom se conbatoit,
N'avoit garde que de celui
Qui faissoit sa bataille a lui.   1070
Or va li tans afebloiant
Et cis usages decaant,
Que vint et cinc enprendent un ;
Cis afaires est si comun
Que tuit le tienent de or mes.   1075
La force paist le pré adiés :
Tos est mués en autre guisse ;

« Attention, dit-elle, n'oubliez surtout pas ma maîtresse pendant le combat. Moi, je demande à Dieu de bien vouloir vous donner le courage et la force de lui porter secours, à elle et à sa terre[1]. »

On lui amena alors son cheval : d'un bond, il se mit en selle[2]. La jeune fille lui tendit son bouclier, qu'il prit par la courroie et passa à son cou. Puis il saisit sa lance et adressa une prière au Seigneur tout Puissant pour que, cette nuit-là, il lui évite d'être blessé gravement et qu'il lui donne la victoire. A genoux, les jeunes filles priaient Dieu qu'il soutienne leur chevalier et lui accorde de vaincre. Et l'Inconnu, qui n'avait pas peur de ces hommes, éperonna son cheval dans leur direction. Guillaume s'avança le premier vers lui, équipé, prêt à se battre, vraiment seul. – A cette époque, la coutume voulait qu'un homme qui se battait n'eût à se préoccuper que de son adversaire. De nos jours, en ces temps de décadence, cet usage se perd : on se bat à vingt-cinq contre un, façon de faire si générale que tous l'adoptent. Mais *Toujours faux parvient à tondre pré*[3] et les choses ont changé :

---

[1] v. 1048 *Onor* : terme ambigu puisqu'il désigne aussi bien la considération à laquelle quelqu'un peut prétendre (v. 190, 312, 495, 1055, 1059...) que le fief, la terre (v. 2293, 4035). Dans les cas où il s'agit de *l'onor* de Blonde Esmerée, et *d'en faire l'onor* (v. 3614, 3618, 5107) au roi Arthur, nous avons choisi par notre traduction de mettre en évidence le rôle des chevaliers arthuriens qui étendent le pouvoir du roi Arthur sur les terres dont ils peuvent devenir les maîtres (cf. Köhler, *L'aventure chevaleresque*).

[2] v. 1050 *de terre plainne* : voir la note du vers 514.

[3] v. 1076 Que signifie ce proverbe : « La raison du plus fort l'emporte » ou « Tout finit par arriver » ? Ne faut-il pas y voir aussi une allusion à Robert, occupé à faucher au début de l'épisode ?

Mais dont estoit fois et francisse,
Pitiés, proece et cortoisie,
Et largece sans vilonnie,   1080
Or fait cascuns tot son pooir,
Tot entendent au decevoir.
Mais ce vos laisserai ester,
Que d'autre cose veul parler :
Del Bel Descouneü dirai,   1085
La bataille vos conterai
De lui et des trois chevaliers.
Willaumes vint a lui premiers,
Ensi con vos contai devant.
Tos sels i vint, tot vraiement,   1090
Ainc n'i ot per ne conpaignon,
Et sist sor un ceval gascon ;
Bien fu armés a son talent.
Lors s'entrevinrent fierement ;
Sor les escus se vont ferir,   1095
Fer font brisier et fust croisir.
Molt fu dure lor asanblee,
L'uns en avra la destinee.
Willaumes l'a premiers feru,
Desor le bocle de l'escu ;   1100
Le fer en fist par mi passer,
Si que l'auberc fist desierrer.
L'aubers fu fors, point ne faussa ;
La lance dusqu'es puins froissa.
Bon chevalier furent andui.   1105
Li Biaus Descouneüs fiert lui ;
L'escu perce, l'auberc desront,
Dedens le cors le fer repont ;
Mort le trebuce del ceval :
Cil ne li fera huimais mal.   1110
Es vos poingnant celui de Graies ;

de ce qui était fidélité, noblesse, pitié, valeur, courtoisie et générosité sans vilenie, chacun fait maintenant ce qu'il veut, tous ne cherchent qu'à tricher. Enfin n'en parlons plus : je veux revenir au Bel Inconnu et à son combat avec les trois chevaliers.

Donc, comme je l'ai déjà dit, Guillaume s'avança le premier. Il se présenta seul, absolument seul, sans compagnon, sans suite, monté sur un cheval gascon, bien équipé à sa convenance. Aussitôt, violemment, ils se ruèrent l'un sur l'autre : le choc sur les boucliers brisa les fers de leurs lances et en fit craquer les bois. Violente rencontre, qui sera fatale à l'un d'eux ![1] Guillaume, le premier, atteignit la bosse du bouclier : le fer passa et s'enfonça dans le haubert, mais le haubert était solide et résista ; c'est la lance qui se fendit dans les mains de Guillaume. Les deux hommes savaient se battre ! A son tour, le coup du Bel Inconnu perça le bouclier, rompit le haubert, pénétra dans le corps et fit tomber Guillaume de son cheval, mort. Et en voici un, désormais, qui ne pourra plus lui nuire !

Voici que se précipite maintenant à toute vitesse le seigneur de Graies,

---

[1] v. 1098 *destinée* : effet du destin, de l'ordre des événements fixé à l'avance ; cf. v. 2462, 4982, 5423.

Ariere remaint cil de Saies.
Quant vit son conpaignon morir,
Vait le Descouneü ferir
Molt ruiste cop sor son escu :   1115
Trestout li a frait et fendu
Et l'auberc malmis et fausé ;
A molt petit l'eüst navré,
Quant li fers d'autre part glaça ;
Nel navra mie ne bleça.   1120
Et cil ra si tres bien feru
Helin de Graies par vertu
De sa lance ens el pis devant,
L'auberc li ront et vait fausant ;
Vausist u non, au departir,   1125
Del bon ceval le fist caïr.
Si durement jus le porta
Que le braç destre li brissa.
De dous en a la pais sans faille ;
Fors qu'a un sol n'a mais bataille.   1130
Quant vit blecié celui de Graies,
Es vos poingnant celui de Saies,
Bon chevalier et conbatant,
Des armes preu et travillant ;
Sor Gramadone fu armés.   1135
Por ses conpaignons fu dervés ;
Taint ot le vis de mautalant.
Par mi la lande vint poingnant.
Quant li Descouneüs le voit,
Vers lui s'adrece, et vint tot droit ;   1140
Si laissent tost cevals aler :
Molt durment veulent encontrer.
Li uns a l'autre si feru
C'andoi se sont entrabatu.
De la terre sont relevé,   1145

tandis que le seigneur de Saies reste en arrière. Ayant vu mourir son compagnon, il va porter un rude coup qui fracasse et fend le bouclier de l'Inconnu. Le haubert en fut endommagé et le coup aurait pénétré dans les chairs si le fer n'avait dévié : l'Inconnu ne fut ni blessé, ni même touché. Alors, de toute la force de sa lance, il frappa à son tour Henin de Graies en pleine poitrine, faussa et déchira le haubert et, au moment où ils se séparaient, le fit, bien contre son gré, tomber de son robuste cheval, si rudement qu'il lui cassa le bras droit. L'Inconnu était maintenant sûr de s'être débarrassé des deux premiers : il ne lui restait plus qu'un combat singulier à mener.

Quand le seigneur de Saies, ce bon chevalier, ce guerrier accompli, vit que le seigneur de Graies était blessé, il s'élança sur son cheval Gramadone[1], bien protégé par son armure et fou de colère à cause de ses compagnons. Le visage rouge de fureur, il piqua des deux à travers la lande. Ce que voyant, l'Inconnu se dirigea droit sur lui. Pour que le choc soit le plus violent possible, ils laissèrent s'élancer leurs chevaux et sous ce choc, tous deux tombèrent. Ils se relevèrent,

---

[1] v. 1135 *Gramadone* est vraisemblablement le nom du cheval ; il est fréquent de trouver les noms de chevaux introduits sans préalable.

Li uns a l'autre regardé ;
Les mains ont mises as espees,
Ki bonnes sont et acerees,
Sor les elmes se vont ferir,
L'aciers faisoit l'elme tentir.   1150
Molt se boutent et molt se fierent,
Sovent et menu se requierent,
Si s'entrefierent durement
A genillons vienent souvent.
Lor elme sont tuit esfondré   1155
Et lor escu tot decopé.
Dusqu'al jor dura la bataille,
C'onques ne fu la desfinaille.
Li jors s'espant, l'aube creva ;
Li Descouneüs s'aïra,   1160
Celui de Saies vait ferir ;
Cil se cuida molt bien covrir.
Li cevals en un crues marcha,
Si qu'a la tere trebucha.
Li Descouneüs sor lui vait,   1165
Et cil s'eslonge et son pié trait
Et il se cuide relever :
Ja ne l'en covenist pener,
Que cil le tint qui nel laissa
Tant que prison li fiancha ;   1170
Si tres durement le tenoit
Que cil lever ne se pooit.
L'elme li desront et deslace,
Aprés li desarme la face ;
Puis li a dit qu'il l'ocirra,   1175
U tost prison fiancera.
Cil de Saies voit bien, sans faille,
Qu'il est vencus de la bataille,
Et morir ne veut encor mie ;
Molt docement merchi li crie.   1180

se regardèrent, portèrent les mains à leurs bonnes épées d'acier tranchant et commencèrent à se donner des coups retentissants sur leurs heaumes. Ils ne cessaient de se frapper, de se porter des coups drus et répétés, de s'attaquer avec violence ; souvent, ils en tombaient à genoux. Leurs heaumes étaient cabossés, leurs hauberts tailladés. Le duel dura jusqu'au lever du jour, interminablement.

L'aube parut, la lumière se répandit. L'Inconnu s'impatientait, il alla porter un coup au seigneur de Saies qui essaya de se protéger, mais son cheval buta[1] dans une irrégularité de terrain et tomba. L'Inconnu se précipita sur son adversaire ; pour se relever, l'autre tentait de se dégager en tirant sur sa jambe coincée. Peine perdue ! l'Inconnu s'empara de lui et ne le lâcha pas tant qu'il n'eut pas juré qu'il se reconnaissait prisonnier : le jeune homme le tenait si fort que le seigneur de Saies ne pouvait se relever. L'Inconnu lui brisa et lui arracha son heaume[2] et, le lui ayant arraché, lui dit qu'il le tuerait s'il ne se rendait pas immédiatement. Le seigneur de Saies se rendait compte qu'il était vaincu et ne voulait pas mourir : humblement, il demanda grâce.

---

[1] v. 1163. Les combattants sont donc remontés sur leurs chevaux.

[2] v. 1173 *deslace* : le heaume (casque) était attaché (lacé) au haubert (cuirasse).

Cil li dist : « Se vels escaper,
Fiance prison a torner
Ens en la cort Artu le roi,
Iras apres moi de par moi.
Se tu nel fais, a ceste espee   1185
Avras ja la teste copee. »
Cil de Saies prison fiance
Qu'il en ira, sans demourance,
Droit a la cort Artus le roi,
Et cil en a prisse la foi.   1190
Grant joie font les damoisseles.
Or comandent metre les sieles.
La bataille est ensi finee ;
Li jors s'espart par la contree.
Cil de Saies monter ala ;   1195
Li Descouneüs l'arainna,
Se li demande sa convine,
Coment il va, par quel destine,
Li doi conpainnon qui estoient
Qui asali l'ont, que querroient ?   1200
Cil de Saies respont atant :
« Sire, fait il, tot vraiemant
Vos en dira la verité ;
Ja mos ne vos en ert celé.
Je sui, fait il, sire de Saies ;   1205
Cil qui gist la sire est de Graies,
Heluins a non, molt est grevés,
Car l'uns des bras li est copés ;
Et l'autres est de Salebrans
Willaumes, dont molt sui dolans.   1210
Ci venimes par mon signor,
– Par lui avons ceste dolor -
Blioblïeris, que trovastes,
Quant le Gué Perillous passastes,

L'Inconnu répondit : « Si tu veux la vie sauve, jure-moi d'aller, comme je l'ai fait avant toi, à la cour du roi Arthur pour te constituer prisonnier de ma part. Sinon, cette épée va te couper la tête. » Le seigneur de Saies donna sa parole : il se rendrait sans tarder à la cour du roi Arthur pour s'y constituer prisonnier. L'Inconnu accepta sa parole et les deux jeunes femmes, folles de joie, firent seller les chevaux. Ainsi se termina le combat.

La lumière du jour brillait maintenant partout. Le seigneur de Saies remonta à cheval et l'Inconnu s'adressa alors à lui : quelles avaient été ses intentions, comment était-il venu, dans quel but, qui étaient les deux compagnons qui l'avaient assailli et que voulaient-ils ?

« Seigneur, sincèrement, répondit le seigneur de Saies, je vais vous dire toute la vérité sans rien vous cacher. Je suis le seigneur de Saies, celui qui est étendu là est le seigneur Elins de Graies ; le voici bien blessé et il a perdu un bras[1]. L'autre, hélas ! est Guillaume de Salebrant, dont la mort me désole. Nous avons été envoyés ici par notre seigneur, à qui nous devons ce malheur : il s'agit de Blioblïeris que vous avez rencontré au passage du Gué Périlleux

---

[1] v. 1208 *copés* : le bras du seigneur de Graies n'était que cassé au vers 1128.

Cui vos laidistes malement.   1215
Ça nos tramist il vraiement
Por vos prendre u por vos ocire.
Males novieles li puis dire !
Quant revenrai a mon signor,
Se li acroistrai sa dolor.   1220
Tels cuide sa honte vengier,
Ki porcace son enconbrier ;
Qui plus monte que il ne doit,
Ains trebuce qu'il ne vaudroit. »
Cil de Saies monter ala ;   1225
Heluin de Graies enporta.
Li Biaus Descouneüs li prie
Que aveuc lui enmaint Clarie.
Par lui a ses parens l'envoie.
La pucele en demainne joie.   1230
D'autre part Helie et li nains
Et Robers, qui n'est pas vilains,
Et sé sire si atornerent
Et de cevaucier s'apresterent.
Vers la Cité Gaste s'en vont :   1235
Asés orés que il feront.

— Or m'escoutés, voir vos dirai ;
Ja, mon veul, mon mal n'i querrai ;
Qui que s'oublit, je nel puis faire.
Celi dont ne me puis retraire   1240
Ne vel je mie ore oublier,
Mais Dius me gart de li fauser.
Ce dient cil qui vont trecant,
Li uns le va l'autre contant :
« Peciés n'est de feme traïr » ;   1245
Mais laidement sevent mentir :
Ains molt grans peciés est, par m'ame !
Or vos penerois d'une dame

et que vous avez vaincu et déshonoré. Il nous a vraiment envoyés ici pour vous faire prisonnier ou vous tuer. Quand je m'en retournerai vers lui, je ne pourrai lui porter que de mauvaises nouvelles : j'accroîtrai sa douleur. *Tel croit venger son honneur, Qui court après son malheur. Qui monte plus qu'il ne faut, Rapidement tombe de haut !* »

Le seigneur de Saies retourna à son cheval, emportant le seigneur de Graies. Le Bel Inconnu le pria d'emmener Clarie et de la conduire jusque chez ses parents, ce qui remplit de joie la jeune fille.

De leur côté, Hélie et le nain, ainsi que le noble Robert et son maître s'équipèrent pour chevaucher[1] : ils s'en vont vers la Cité en Ruines[2] et vous allez entendre toutes leurs aventures.

– Maintenant, écoutez-moi : je vous dirai la vérité. De toutes mes forces, jamais je ne me fierai à mon malheur. Si certains prennent leurs amours à la légère, moi, je ne puis le faire. Celle dont je ne peux me détacher, je ne veux pas l'oublier à présent – au contraire, Dieu me garde de la trahir ! Ils le disent, ceux qui mentent, ils se le répètent entre eux : « *Ce n'est péché que de femme trahir.* » Quel ignoble mensonge ils profèrent là ! Non, sur mon âme, c'est au contraire un grand péché. Ainsi, vous vous intéresseriez à une dame

---

[1] v. 1233 *sé* pour *ses* : omission de la consonne finale, même désinentielle, graphie fréquente du texte (voir aussi v. 3782).

[2] v. 1235 *Gaste* : ravagé ; le thème des civilisations en ruine hante l'imaginaire médiéval. Cf. la *Terre Gaste* des légendes arthuriennes, terre devenue stérile par la blessure/la faute/ l'impuissance de son roi.

Qui n'avera talent d'amer ;
Vos li irés tant sermonner   1250
Que serra souprisse d'amor.
Tant li prierés cascun jor,
Bien li porés son cuer enbler.
De ço nos viene Dius garder !
Por vos tos ses amis perdra   1255
Et son mari qui l'amera.
Quant en arés tot vo voloir,
Adont le vaurés decevoir.
Mal ait qui si acostuma,
Et qui jamais jor le fera !   1260
Cil qui se font sage d'amor,
Cil en sont faus et traïtor.
Por ce mius vel faire folie
Que ne soie loiaus m'amie.
Ço qu'ele n'est l'ai apielee ;   1265
Que dirai dont ? La molt amee ?
S'ensi l'apiel, voir en dirai ;
S'amie di, lors mentirai,
Car moi ne fait ele sanblant.
Las ! por li muir, et por li cant ;   1270
Tos jors serai en sa merchi. -

  Or vos redirai je par chi
Del Descouneü, qui s'en vait.
La pucele les li se trait,
Une aventure va contant,   1275
Par le forest vait chevaucant.
Li chevalier se regarda :
Un cerf vit qui les lui passa ;
Langue traite vait esfreés,
De seize rains estoit armés ;   1280
Devant lui tressailli le voie,
N'i a celui qui ne le voie.

qui n'aurait pas l'intention d'aimer, vous lui feriez tant de beaux discours qu'elle se laisserait surprendre par l'amour ; à force de la supplier tous les jours, vous pourriez lui voler son cœur – Que Dieu veuille nous en garder ! – pour vous, elle perdrait tous ses amis, l'affection de son mari et quand vous auriez obtenu d'elle la satisfaction de votre désir, vous la trahiriez ! Malheur à ceux qui agissent toujours ainsi ! Malheur à qui, une seule fois, agira ainsi ! Ceux qui se prétendent habiles en amour, ceux-là sont des menteurs et des traîtres[1]. C'est pourquoi je préfère me conduire maladroitement et ne pas être déloyal envers mon amante[2].

Mais je viens de lui donner un nom qui ne lui convient pas ! Comment l'appellerai-je donc ? La bien-aimée ? Il serait plus juste que je l'appelle ainsi : si je disais mon amante, je mentirais, puisqu'elle ne s'intéresse pas à moi. Hélas, pour elle je meurs, pour elle je chante -et je serai toujours à sa merci. –

Mais maintenant, je vais reprendre pour vous l'histoire de l'Inconnu, qui s'éloigne. La jeune fille s'approche de lui, et, tout en chevauchant dans les bois, elle lui raconte une aventure. C'est alors que, regardant autour de lui, le chevalier aperçoit un cerf de seize andouillers qui, affolé, langue pendante, surgit devant lui sur la route, bien visible de tous,

---

[1] vv. 1243-1262 Ce thème des faux amants, des « abuseurs », pour reprendre le terme de Molière, est aussi celui de la chanson attribuée à Renaut de Beaujeu que nous reproduisons en annexe.

[2] vv. 1264 et 1268 *amie* désigne ici la femme qui aime en retour – peut-être même la maîtresse. Le *topos* du nom d'*amie*, avec effet d'auto-dialoguisme (boucle réflexive), se trouve aussi dans *Le chevalier à la charrette* (Pochothèque, 4360-4364). Sur la polysémie de ce mot, se reporter à la note du vers 750.

Aprés le sivent lïement
Bracet, viautre qui vont saillant,
Qui vont aprés le cerf braiant.   1285
Detriers vait uns bracés corant :
Plus estoit blans que nule nois,
Orelles noires come pois,
De li qui fu au les senestre ;
De l'autre part, sor le flanc destre,   1290
Ot une tace tote noire ;
Petis estoit, ço est la voire,
Graindres un poi d'un erminet ;
Nus hom ne vit si biel bracet.
Devant la pucele passa,   1295
En mi la voie s'aresta ;
El pié ot ficie une espine.
La pucele vers lui se cline
Et por lui prendre a pié descent ;
Le bracet prist isnelement,   1300
Puis est hastivement montee
Et chevauca tote l'estree.
Le bracet dist qu'en portera
Et a sa dame le donra.
Es vos poingnant un veneor   1305
Deseur un ronci caceor.
Ses ciens sivoit, son cor tenoit,
En sa main un espiel avoit,
Corte cote avoit d'un burel,
Le cors ot avenant et biel,   1310
D'unes houses estoit hosés ;
Estrangement estoit hastés.
Quant il vit prendre le bracet
A la pucele, qui le met
Sous son mantel et reponnoit,   1315
Et quant li veneres le voit,

suivi de chiens, braques et vautres[1], qui le poursuivaient allègrement en bondissant et en aboyant à qui mieux mieux. En arrière courait un petit braque, plus blanc que neige, avec les oreilles – surtout la gauche – noires comme poix et une tâche noire sur le flanc droit : vraiment petit, à peine plus grand qu'une hermine on n'avait jamais vu un aussi joli petit braque !

Il passa devant la jeune fille et s'arrêta au milieu du chemin : il s'était planté une épine dans la patte. La jeune fille se pencha vers lui, mit pied à terre pour le prendre, s'en saisit rapidement, remonta vite à cheval et continua sa route, disant qu'elle emportait le petit chien pour le donner à sa maîtresse.

Mais voici que, suivant ses chiens à la trace, arrive au galop, sur son cheval de chasse, un cor dans une main, un épieu dans l'autre, un chasseur, botté, vêtu d'une courte tunique de bure[2], bien bâti, agréable d'aspect – et particulièrement pressé ! Quand il vit la jeune fille prendre le petit chien et le cacher sous son manteau – quand il vit cela,

---

[1] v. 1284 *viautre* : le vautre est un chien courant pour la chasse au gros gibier.

[2] v. 1309 *burel* : drap grossier de couleur brune.

Si vint poignant a la pusele,
Se li a dit : « Amie biele,
Laissiés, laissiés mon cien ester ;
Damoissele, laissié le haler   1320
Aprés les autres qui s'en vont. »
La damoissele li respont
Que del bracet n'avra il mie,
Car biaus est, si en a envie,
Et por ce si l'en velt porter,   1325
A sa dame le velt donner.
Cil li respont : « Ma damoissele,
Ci avroit molt male novielle.
Rendés le moi, n'i avés droit. »
Cele li dist : « N'i avrés droit ;   1330
C'est li ciens que vos mais n'avrois,
Por quantques vos dire saçois. »
Li veneres se coreça,
Et le chevalier apiela :
« Sire, fait il, estés, caele ;   1335
Dites a cele damoissele
Qu'ele mon bracet n'en port pas. »
Et cil li prie en es les pas :
« Doce amie, c'or li rendés. »
Cele dist : « Ja plus n'en parlés ;   1340
C'est li bracés que mais n'avra.
Sive son cerf qui tost s'en va,
Que le bracet pas ne randrai.
– Sire, dist li venere, or sai
Que mon cien en faites porter.   1345
Faites le moi abandonner,
Que mon cien, la u est, presisse ;
Certes, ja plus ne vos quesisse.
Vostre force l'en fait porter ;
Por ce le vos doi demander.   1350

il se précipita sur elle et lui dit : « Belle amie, laissez mon chien tranquille, lâchez-le, demoiselle, laissez-le courir derrière les autres, là-bas. » La jeune femme lui répondit qu'il n'aurait pas le petit braque, qui était très mignon et qu'elle avait envie d'emporter pour le donner à sa maîtresse. « Ma demoiselle, répondit le veneur, ce serait une bien mauvaise idée ! Rendez-le moi, il n'est pas à vous. – Il n'est plus à vous, rétorqua-t-elle, voici un chien qui ne vous appartiendra plus, quoique vous puissiez en dire ! »

Le chasseur se mit en colère et s'adressa alors au chevalier : « Allons, seigneur, arrêtez-vous ![1] Dites à cette jeune dame de ne pas emporter mon chien. » Et l'Inconnu demanda aussitôt : « Douce amie, rendez-le lui donc. – Ne dites pas un mot répondit-elle, ce petit chien ne lui appartient plus, qu'il suive donc son cerf qui est en train de s'éloigner à toute allure ! Je ne lui rendrai pas le petit chien. – Je vois bien, seigneur, dit le chasseur, que c'est vous qui faites emporter mon chien. Dites-lui de me le rendre. Permettez-moi de reprendre mon chien là où il est, je ne vous demande rien d'autre. C'est grâce à votre valeur qu'elle l'emporte, c'est donc à vous que je dois le demander :

---

[1] v. 1335 *caele* : interjection d'encouragement ou d'insistance.

Del bracet n'en portera mie,
Se vos ne li faites aïe. »
Et cil au veneor respont :
« Por nule rien qui soit el mont
Ne l'abandonneroie mie,   1355
Car se serroit grans coardie.
Mais biel me serroit, se vausist,
Qu'ele le bracet vos rendist.
Car li rendés, france pucele. »
Lors respondi la damoisele :   1360
« Parler vos oi de grant folie,
Car le bracet n'ara il mie. »
Li venere s'en vait atant
Sans congié prendre maintenant,
Et dist entre ses dens : « Sans faille,   1365
Ne l'en menrés pas sans bataille. »
Chevalier fu de haut parage ;
Petit prisse son vaselage,
S'ensi en laist son cien porter.
Son harnas faissoit sejorner   1370
A un castiel, qui siens estoit,
Molt pres de la u il caçoit.
Le castiel i avoit fait faire :
Quant il voloit cacier ne traire
Par le forest u il caçoit,   1375
Adont el castiel sejornoit.
Au castiel vint molt tost poingnant,
Encontre lui vont si serjant :
« Alés, fait il, mi escuier,
Amenés moi mon bon destrier   1380
Et mes armes, si m'armerai ;
Gardés que n'i faites delai. »
Cil les vont querre isnelement,
Ses aportent hastivement.

elle n'emportera pas le petit braque si vous ne l'y aidez pas. »
L'Inconnu répondit au chasseur : « Pour rien au monde je ne vous
l'abandonnerai, ce serait d'une grande lâcheté ! Mais si elle veut bien
accepter de vous rendre le petit braque, cela me ferait plaisir. Rendez-
le lui donc, ma généreuse amie. » Et la jeune fille de répondre :
« Vous dites des sottises ! Il n'aura pas le petit chien. » Le chasseur
s'en retourna donc sans les saluer, grommelant entre ses dents :
« Assurément, vous ne l'emmènerez pas sans avoir à livrer un combat
singulier. »

C'était un chevalier de haut lignage et il se serait méprisé de laisser
ainsi emporter son chien. Il avait fait construire un château, non loin
de l'endroit où il chassait, pour y laisser son équipement de combat :
c'était là qu'il séjournait quand il voulait chasser à courre ou à l'arc
dans cette forêt. Il galopa donc jusqu'au château. Ses hommes d'armes
vinrent à sa rencontre. « Allez, mes écuyers, amenez-moi mon cheval
de combat et mes armes pour que je m'équipe. » Vite, les hommes
courent chercher les armes et les rapportent.

Li uns les cauces li laça,   1385
Vest son hauberc, l'elme ferma.
Au les senestre çainst l'espee,
Qui bonne estoit et aceree
Puis est montés sor son destrier ;
Le bracet cuide calengier.   1390
Son esscu prist, au col le mist,
A l'arestil sa lance prist.
Del castiel ist, pongnant se vait :
Molt tient a honte et a grant lait,
S'ensi en laist son cien porter,   1395
Qu'il nel face cier conperer.
Par la forest s'en vait poingnant ;
Si lor est venus au devant,
Par une voie qu'il savoit.
Et quant il le chevalier voit,   1400
A haute vois lors li escrie :
« Vasal, vasal, or est folie,
De mon cien qu'en faites porter !
Or le vos estuet conperer ;
En pardon pas ne l'en menrés,   1405
Je vos desfi, or vos gardés. »
Quant cil le veneor entent,
Son escu prist isnelement,
Et puis aprés reprist sa lance.
Point le ceval qui tost li lance ;   1410
Si se comande au Creator,
Por joster muet au veneor.
Molt orent andui bieles armes ;
Les escus prendent as enarmes,
Chevals poingnent por tost aler,   1415
Baissent les lances por joster ;
Fendent escus, fausent haubers,
Des estriers vont ploier les fers,

L'un d'eux lui lace ses chausses, l'aide à mettre son haubert, lui fixe son heaume. Le seigneur attache au côté sa bonne épée bien tranchante, puis il monte sur son cheval : il compte disputer chèrement le petit braque. Son bouclier suspendu à son cou, sa lance bien en main[1], il sortit au galop du château : ce serait un déshonneur pour lui que de laisser emporter son chien sans le faire payer très cher .

Au galop à travers bois, il les devança par un sentier qu'il connaissait et, quand il se trouva en face du chevalier, il hurla : « Chevalier, chevalier, vous êtes fou de laisser ainsi emporter mon chien. Vous allez me le payer, vous ne l'emmènerez pas comme ça ! Je vous défie ! En garde ! »

A ces mots, le jeune homme s'empara vivement de son bouclier et de sa lance, éperonna son cheval qui s'élança aussitôt, puis, se recommandant à Dieu, il se dirigea vers le chasseur pour combattre. Comme leurs armes étaient belles ! Ils passèrent les bras dans les courroies intérieures de leurs boucliers[2], éperonnèrent leurs chevaux pour prendre de la vitesse, baissèrent les lances pour la charge. Et les étriers de plier,

---

[1] v. 1392 *arestil* : entaille permettant de tenir la lance bien en main.
[2] v. 1414 *enarmes* : courroies intérieures du bouclier. Lors du combat, le chevalier y passe l'avant-bras gauche.

Des lances les esclices volent.
De nule amisté ne parolent : 1420
Des tronçons donent grans colees,
Aprés revienent as espees,
Si s'en vont tost entreferir.
Lors oïssiés elmes tentir,
L'un enforcier, l'autre pener, 1425
Vasals ferir, cevals süer.
Molt fiert bien cascuns de l'espee,
Molt est dure d'els la mellee,
Molt sont vasal, fier caple font ;
Lor elme tot enbaré sont 1430
Et lor escu tot decopé ;
Si furent andoi molt lassé,
Tos li plus fors vait molt lassant,
Et quant ne poent en avant,
As bras s'aerdent demanois, 1435
Et laissent les brans vïenois.
Li uns tint l'autre durement ;
Li ceval se vont eslongnant,
Tornent sieles, ronpent poitrals,
Guerpir lor estuet les chevals : 1440
A la terre caient andui ;
Molt prioit Diu cascuns por lui.
Li veneres lever cuida ;
Mais cil durement le saca,
Adens l'abati mantenant. 1445
Ce pesa celui duremant,
Qui molt legiers et fors estoit ;
De relever molt s'enforçoit,
Mais ne le laisse relever.
Que que il li doie grever, 1450
Le refist jus caïr sans faille,
Si le sace par la ventaille ;

les lances de voler en éclat. Ils n'étaient certes pas en train d'échanger des propos amicaux : même des tronçons[1] de leurs lances brisées, ils continuaient à se donner de grands coups[2] !

Puis, vite, ils prirent leurs épées et se jetèrent à nouveau l'un contre l'autre. Imaginez le bruit des heaumes qu'on frappe, les efforts et la peine des hommes, la hardiesse des coups, la sueur des chevaux. Tous deux étaient bons à l'épée et leur corps à corps était violent. Bons combattants, ils se portaient de rudes coups d'épée. Leurs heaumes étaient défoncés, leurs boucliers mis en pièces. Mais même le plus fort finit par s'épuiser et quand ils n'eurent plus la force de se jeter l'un sur l'autre, ils se prirent à bras le corps et, fermement cramponnés l'un à l'autre, lâchèrent leurs épées d'acier viennois. Mais les chevaux s'écartèrent peu à peu, les selles tournèrent, les sangles du poitrail se rompirent : ils ne purent se maintenir sur leurs chevaux et ils tombèrent tous les deux à terre, implorant l'un et l'autre la protection divine.

Le chasseur essaya de se relever, mais l'autre, brutalement, le fit aussitôt retomber à plat ventre. Le chasseur, qui était robuste et agile, en fut contrarié et tenta à nouveau de se relever. Mais l'Inconnu ne le laissa pas faire : il le fit aisément retomber par terre, puis, le tirant par la ventaille[3],

---

[1] v. 1421 *tronçon,* ou *trons, trous* : lieu commun épique ; une fois la lance brisée, le chevalier continue le combat avec le morceau qui lui reste en main.

[2] v. 1421 *colees* : le ms, qui omet volontiers les finales (voir les notes des vers 66, 316, 883) présente ici la forme *colee* que nous avons corrigée, ainsi qu'aux vers 1722 *rose,* 2153 *espee,* 2414 *janbe,* 3000 *chevalier,* 3543 *drecié,* 4463 *delitable,* 4805 *baissier,* 5097 *chevalier,* 5433 *bien.* Nous avons aussi corrigé *grant* en *grans* aux vers 2780 et 2816. Graphie inverse : 2242 *la gorges.*

[3] v. 1452 *ventaille* : voir la note du vers 822.

Le cief li desarme et la face.
Lors voit jesir en mi la place
S'espee, que il bien conut ;   1455
Isnelement por li corut,
Mais ne laist pas le veneor,
Ançois le tient par grant vigor.
Quant s'espee avoit recouvree,
Ja li eust la teste copee,   1460
Se il n'otriast son voloir.
Li veneres set bien le voir
Que il escaper ne puet mie ;
Molt doucement merchi li crie,
Dist que il fera son plaissir,   1465
A son plaissir n'i puet faillir.
Cil respont : « Ne pues escaper
Ne fians prison a torner
Ens en la cort Artus le roi ;
Et se li dites, de par moi,   1470
Je vos envoi en sa prison,
Car molt me dona rice don,
Quant m'envoia la dame aidier
Qui bessong en a et mestier. »
Li vasals dist : « Bien li dirai ;   1475
Et de cui pris me clamerai ?
– Biaus dols amis, bien le sarois :
Del Biel Descouneü dirois. »
Del veneor a la foi prisse ;
Une autre cose li devisse.   1480
Li Biaus Descouneüs dist : « Sire,
Mon non m'avés rové a dire ;
Or vel je vostre non savoir. »
Et cil li regehist le voir :
Faire l'estuet ço qu'il comande.   1485
« J'ai non l'Orguillous de la Lande :

il lui désarma la tête et le visage. C'est alors qu'il aperçut son épée, tombée sur les lieux du combat : la reconnaissant, il se précipita vers elle, sans lâcher le chasseur qu'il tenait fermement, et la ramassa. Il aurait prestement coupé la tête de son adversaire si celui-ci ne lui avait accordé ce qu'il voulait. Mais il était évident pour le chasseur qu'il ne pouvait lui échapper : très humblement, il lui demanda grâce en disant qu'il se soumettrait sans se dérober au bon plaisir de son vainqueur. L'Inconnu répondit : « Tu ne peux pas avoir la vie sauve, à moins que tu ne jures d'aller te constituer prisonnier[1] à la cour du roi Arthur. Et dis-lui de ma part que je t'adresse à lui pour le remercier du don inestimable qu'il m'a fait en m'envoyant au secours d'une dame qui en a le plus grand besoin. – Je le lui dirai volontiers, répondit le chevalier, mais par qui dirai-je que j'ai été fait prisonnier ? – Vous allez le savoir, très cher ami : vous vous direz prisonnier du Bel Inconnu. » Après avoir reçu l'engagement sur parole du chasseur, le Bel Inconnu ajouta : « Seigneur, vous m'avez demandé de vous dire mon nom, je veux savoir le vôtre. » Et l'autre fut bien obligé de dire à son tour la vérité comme on le lui commandait : « Je m'appelle l'Orgueilleux de la Lande[2],

---

[1] vv. 1467-1468 *Ne pues... ne fians* : cf. construction identique aux vers 5925-5926. Construction étudiée par G. Moignet (*Grammaire de l'Ancien Français*, Klincksieck, 1976) avec emploi du subjonctif pour exprimer la conséquence d'un procès nié et absence ici du subordonnant *que*, caractéristique surtout du style épique (p. 238 D et 239 2b.) : « Ja mais n'iert an altretel ne vos face » (*Roland*, v. 653)
G. Moignet avait aussi noté cette tournure (avec *que* exprimé ou non) dans son *Etude de langue et de syntaxe* (p. 286, édition du *Roland*, Bordas, 1969). On pourrait aussi citer : « Carles li magnes ne poet muer n'en plurt. » *(Roland*, v. 841) « Cele nel veit vers lui ne s'esclargisset. » (*ibid* ; v. 958) (I.W.)

[2] 1486 *L'Orguoillous de la Lande*, chevalier figurant dans *Erec* et *Perceval*.

De la prison que plevi ai,
Ains un mois m'en aquiterai. »
Li uns a l'autre congié prent ;
Es cevals montent errament.   1490
Li venere s'en retorna,
De son cien mie n'en porta.
Et li Descouneüs s'en vait,
Et Robers, qui grant joie en fait,
Li nains et la dame ensement   1495
Le grant cemin s'en vont anblent.

    Le jor ont faite grant jornee ;
Et quant ce vint a l'avespree
Si issirent d'un bos foillu,
Un castiel de pres ont veü,   1500
Qui molt esteit et bons et bials ;
Becleus avoit non li castials.
Tot entor cort une riviere,
Por poissons nul millor ne quiere,
Et si porte l'iaue navie,   1505
Par la i vient la marcandie,
Dont li pasages molt valoit.
De molins plenté i avoit
Et rivieres et praeries,
Et si ot grans gaaigneries ;   1510
D'autre part les viegnes estoient,
Qui plus de dous liues tenoient.
Li castials fu clos de fosés
Grans et parfons et lons et les ;
Sor les fosés hals murs avoit,   1515
Dont li castials tos clos estoit.
Li Descouneüs s'aresta,
La damoisselle en apiela,
Se li a le castel mostré.
Por l'esgarder sont aresté   1520

avant un mois, je payerai ma rançon pour m'acquitter de cette captivité sur parole. » Ils prirent congé l'un de l'autre et remontèrent rapidement à cheval. Le chasseur s'en retourna sans son chien et l'Inconnu s'en alla avec Robert, tout joyeux, ainsi que la dame et le nain, à vive allure, sur le grand chemin.

Ils firent une longue étape, ce jour là. A la fin du jour, ils sortirent d'un bois[1] touffu. Tout près de là, ils virent une très belle et très puissante place-forte nommée Becleu. La ville était entourée par une rivière navigable extraordinairement poissonneuse, par où arrivaient des marchandises dont les droits de passage rapportaient beaucoup. Aux alentours, on voyait quantité de moulins, de gras pâturages au bord de l'eau et de prairies[2], ainsi que de grands champs cultivés. De l'autre côté de la rivière, des vignes s'étendaient sur deux lieues.

La place-forte était entourée de fossés profonds, longs et larges, surmontés de hautes murailles. L'Inconnu s'arrêta et appela la jeune suivante pour lui montrer la ville. Ils firent une pause pour la regarder,

---

[1] v. 1499 *bos* pour *bois* : voir la note du vers 479.

[2] v. 1509 *riviere* : ici terrain au bord de l'eau.

Et dient que bials est et gens,
Millor n'en ot ne rois ne quens.
Vers le castiel s'en vont corant ;
Li vespres va molt aprocant.
Encontré ont une pucele   1525
En lor voie, qui molt ert biele ;
D'un drap de soie estoit vestue,
Si bele riens ne fu veüe :
La pene d'edres fu bendee
D'ermine, de gris geronee ;   1530
Li sebelins molt bons estoit,
En nul païs millor n'avoit.
Molt fu la damoissele gente ;
Sa crans biautés molt atalente
A cels qui virent la pucele ;   1535
Onques nus hom ne vit tant biele ;
Le front ot large et clier le vis
Et blanc con est la flors de lis,
Les sorcils peu noirs et vautis,
Delgiés et grailles et traitis ;   1540
Le vis avoit si colouré
Come la rose el tans d'esté,
Bien faite boce, dens petistes,
De plus biele parler n'oïstes ;
Les crins ot blons et reluissans,   1545
Come fin or reflanboians ;
D'un fil d'argent fu galonnee,
Si cevaucoit escevelee ;
Lé iols ot vairs, le front bien fait ;
Mains ot blances, cors bien portrait ;   1550
Plus bel cors n'ot nule pucele.
Mais grant dol fait la damoissele :
Ses puins tort, ses cevels detire
Cele qui a et dol et ire.

se disant que c'était là une belle et noble ville, digne d'un comte ou d'un roi. Puis ils s'élancèrent au galop vers la citadelle. La nuit tombait.

En chemin, ils rencontrèrent une très belle jeune fille, portant des vêtements d'une soie magnifique[1]. Sa pelisse doublée[2] de zibeline, d'une incomparable qualité, était bordée de duvet de cygne[3], avec des bandes obliques de petit gris et d'hermine[4]. La noble jeune femme était très jolie, sa beauté séduisait[5] tous ceux qui la voyaient : un grand front, le teint clair, blanc comme lys, des sourcils peu foncés, arqués, délicats et fins, bien dessinés, des joues roses comme rose d'été, une jolie bouche avec de petites dents – on ne vous en a jamais décrite d'aussi jolie ! Ses blonds cheveux brillants flamboyaient comme de l'or fin, simplement retenus par un fil d'argent[6] car elle chevauchait nu-tête.

Ses yeux étaient clairs, son front bien fait, ses mains blanches, et elle avait le plus joli corps du monde. Mais cette jeune personne semblait en proie à un immense chagrin, elle tordait ses mains et s'arrachait les cheveux, triste et éplorée.

---

[1] v. 1528 L'hyperbole semble un tic d'écriture, il est impossible de maintenir dans la traduction tous ces « on n'a jamais vu rien (ou comme ici, personne) de plus beau ».

[2] v. 1529 *pene* : fourrure doublant un vêtement.

[3] v. 1529 *edres* : duvet de cygne

[4] v. 1530 *géronee* (ou *gironee*) : soit « bordée », soit « ornée de girons, panneaux triangulaire ». C'est ce sens que nous choisissons, les fourrures travaillées à damiers, en bandes ou en girons étant des plus appréciées. Il n'empêche que les vers 1329 – 1331 sont assez obscurs et ce mélange de cygne, d'hermine, de petit gris et de zibeline assez difficile à imaginer.

[5] v. 1534 *crans* pour *grans* : confusion *c* et de *g* fréquente dans le texte (voir aussi 2124, 3067).

[6] v. 1547 *galonnee* : cf. v. 3982 ; au lieu d'être tressés, les cheveux sont retenus par un ruban enroulé sur toute leur longueur. L'absence du voile (*guimple*, voir la note du vers 2395) chez cette jeune voyageuse, est sans doute ici un signe de sa détresse.

Del castiel vint la damoissele, 1555
Et li Descouneüs l'apiele
Et a l'encontre tost li va ;
Molt gentement le salua.
Son salu li rent en plorant,
Con cele qui a dol molt grant. 1560
Cil demanda a la pucele :
« Por coi plorés, amie biele ?
S'il vos plast, je le vel savoir »
Cele respont : « Dol doi avoir,
Ne je ja mais joie n'orai, 1565
Car la rien c'onques plus amai
Ai je perdue hui cest jor.
Sire, fait ele, por ce plor,
Por mon ami que perdu ai ;
Ocis m'est hui, de dol morrai ; 1570
Li cuers me crieve de dolor.
Lasse ! Coment vivrai mais jor ? »
Quant cil l'oï, pitié en a.
A la pucele demanda
Coment estoit mors ses amis ; 1575
S'il estoit a armes ocis
U autrement, qu'ele li die.
La pucele respont marie :
« Sire, ocis l'a uns chevaliers,
Qui molt est orguillous et fiers ; 1580
Si est sires de cest castiel.
Il a en la vile un oissiel,
Esprevier bien mué et biel.
. . . .
En un plain, dalés un mostier, 1585
Illuec ont asis l'esprevier,
Sor une perce tote d'or.
Li espreviers vaut un tresor.

Elle arrivait de la ville. L'Inconnu l'interpella, partit à sa rencontre et la salua courtoisement. Elle lui rendit son salut tout en pleurant, éperdue de douleur. « Pourquoi pleurez-vous, belle amie ? lui demanda-t-il. J'aimerais bien le savoir, si vous acceptez de me le dire. » Elle répondit : « Il n'est pas étonnant que je sois triste, privée de joie à tout jamais, car j'ai perdu aujourd'hui même ce que j'aimais le plus au monde. Seigneur, ajouta-t-elle, voici pourquoi je pleure : je pleure mon ami bien-aimé que j'ai perdu. On me l'a tué aujourd'hui même ; j'en mourrai de désespoir. Mon cœur éclate de chagrin. Hélas ! Comment vivrai-je un jour de plus ? »

Emu par ces paroles, l'Inconnu demanda à la jeune fille comment était mort son ami : avait-il été tué dans un combat ou était-il mort d'une autre façon ? Qu'elle le lui dise !

« Seigneur, c'est le maître de cette place-forte, un chevalier arrogant et cruel, qui l'a tué. Dans la ville, il a un oiseau, un bel épervier mué, d'une valeur inestimable, [...][1] qu'on a installé au milieu d'un champ clos, derrière une église, sur un perchoir en or ;

---

[1] v. 1584 vers considéré, sans certitude, comme manquant sans indication de lacune par P.W. : séquence de trois vers sur la même rime.

Cele qui l'esprevier ara,
Et a le perce le prendra,   1590
Si ara los de la plus biele ;
Et si couvient a la pucele
Qui vaura avoir l'esprevier,
Que maint o soi un chevalier
Por desrainnier qu'ele est plus biele   1595
Que nule dame ne pucele ;
Car cil qui del castiel est sire
Maintenant li va contredire,
Et le desfent de par s'amie,
Et dist que si bele n'est mie   1600
Con s'amie est, ce dist, sans faille.
Issi conmence la bataille.
Sire, mes amis i ala,
Por l'oissel prendre m'i mena.
Quant je vauc prendre l'esprevier,   1605
Li sire le vint calengier
Que je ne le presisse mie.
Li miens amis me dist : « Amie,
Prendé le tost hardiement ;
Por demostrer sui en present   1610
Que vos estes asés plus biele
Ne soit la soie damoissele »
A l'autre molt en anuia,
Et dist que il l'en dessdira.
Ensi enprisent la bataille.   1615
Ocis fu mes amis, sans faille,
Qui faire me voloit honnor ;
Si m'est torné a grant dolor.
Tot ont juré cil del castiel
De deseur le cors saint Marcel,   1620
Un cier cors saint quist en la vile,
Qu'envers celui ne feront gille

celle qui obtiendra l'épervier et l'emportera de son perchoir sera réputée la plus belle. Mais pour remporter l'épervier, cette jeune fille devra se faire accompagner d'un chevalier qui soutiendra qu'elle est plus belle qu'aucune autre, femme ou jeune fille. En effet, le seigneur de la ville ira immédiatement lui infliger un démenti et défendre l'épervier au nom de sa propre amie : nulle n'est plus belle qu'elle[1], assure-t-il. Ainsi commence le combat.

« Seigneur, mon ami y est allé et m'y a menée pour prendre l'oiseau. Mais quand j'ai voulu saisir l'épervier, le seigneur de la ville est venu s'y opposer par les armes. « Ma bien-aimée, n'ayez pas peur, prenez-le vite, me dit mon ami, je suis ici pour prouver que vous êtes beaucoup plus belle que la jeune femme qu'il aime. » Cela déplut beaucoup au seigneur, qui s'écria qu'il allait obliger mon ami à se rétracter. Et c'est ainsi que le combat a commencé. Et, bien évidemment, mon ami, qui voulait me faire honneur, ne put échapper à la mort : je n'ai retiré de tout cela qu'un immense chagrin.

« Les habitants de la place-forte ont juré, sur le corps de Saint Marcel, dont les saintes reliques sont en cette ville, qu'ils seront loyaux envers celui

---

[1] v. 1595 *desrainier* : soutenir par les armes (voir aussi les vers 1702 et 1748). Pratique assez voisine du combat judiciaire : la vérité s'établit au terme d'un combat pour lequel on estime que Dieu, seul à tout connaître, donne la victoire à celui qui soutient le droit. Dans une société batailleuse cette pratique devient abusive et l'on se battra sans autre vraie raison que celle de montrer sa vaillance.

Qui au signor se conbatra.
Se il l'ocist, garde n'ara ;
Ne l'en covient avoir paor   1625
Ne nule dote ne cremor,
Ne ja nus tort ne l'en fera ;
Tos seürs aler s'en porra. »
Cil li respont qui se li dist :
« Bon gré l'en saroies, je cuit,   1630
Qui vos rendroit cel esprevier
Et vostre ami porroit vengier. »
Cele respont : « Sire, por voir,
Bon gré l'en devroie savoir ;
Grant cose i vauroie avoir mise   1635
Qu'il fust vengiés a ma devise.
Qui mon ami porroit vengier,
Cil me porroit bien ensgagier
En tos païs, » ce dist la biele.
Et cil respont a la pucele :   1640
« Venés o moi, je vos en pri.
Ne lairai pas, je vos afi
Que vostre ami n'aille vengier
Et ne vos rende l'esprevier. »
Et la pucele li respont :   1645
« Cil Sire qui forma le mont
Vos doinst qu'a cief le puissiés traire !
Se vos certes le poés faire,
Saciés molt grant honor avrois,
Car molt grant proece ferois.   1650
O vos vel aler cele part.
Dius, se lui plaist, de mal vos gart ! »
Ceste pucele fu montee ;
Margerie estoit apielee.
Ensi vers le castiel s'en vont ;   1655
Passent les lices et le pont,

qui se battra avec leur seigneur : s'il tue leur maître, qu'il ne s'inquiète pas, qu'il n'ait ni doutes, ni crainte, ni peur : personne ne lui fera le moindre mal et il pourra s'en aller en sécurité. »

L'Inconnu lui répondit en ces termes : « Vous seriez reconnaissante, j'imagine, à celui qui vous ferait obtenir cet épervier et qui réussirait à venger votre ami ? – Assurément, seigneur, je lui en serais infiniment reconnaissante. Je pourrais tout donner afin qu'il fût vengé selon mes désirs : celui qui le vengerait pourrait bien disposer de moi à son gré, n'importe où. » Ainsi parla la belle. Et lui, il répondit à la jeune fille : « Venez avec moi, je vous en prie. Je ne manquerai pas, je vous le jure, d'aller venger votre ami et de vous faire obtenir l'épervier. – Que Dieu, qui créa le monde, vous accorde de réussir, dit alors la jeune fille. Certes, si vous y parvenez, ce sera une grande prouesse, dont vous retirerez gloire et honneur, sachez-le. Je vous accompagnerai volontiers là-bas. Dieu veuille vous garder du malheur. »

Comme la jeune fille, qui s'appelait Margerie[1], était à cheval, ils partirent vers la ville. Ils franchirent les murs d'enceinte et le pont-levis

---

[1] v. 1654 *Margerie* : personnage inconnu par ailleurs. Il en va de même de son frère Agolan.

Vers le cort vont, et Margerie
Tot droit vers l'esprevier le guie.
Grant gent le vont aprés sivant,
Chevalier, borjois et sergant ;   1660
Dames et puceles issoient
De lor ouvroirs, et demandoient
Del chevalier qui il estoit,
Qui l'esprevier querre venoit.
Pluisor respondent : « Ne savons ;   1665
Mais itant dire vos poons
Que ses elmes est effondrés ;
Bien pert qu'il a esté portés :
Maint chevalier i ont feru.
Molt est encle en son escu,   1670
De cols d'espees est orlés,
Et ses haubers est descloés. »
Ce dist cascuns sans devinaille :
« Il est bons chevaliers, sans faille.
Ha ! Dius, qui sont ces damoiseles   1675
Qu'il mainne o lui, qui tant sont bieles ? »
Dist un borjois : « A mon sanblant,
La pucele qui va devant,
Ele amena le chevalier
Qui fu ocis por l'esprevier ;   1680
Hui main aprés messe cantant
L'ocist me sire voiremant ;
Molt en fu dure la bataille. »
Ce dist cascuns : « C'est voirs, sans faille. »
Aprés le vont trestot sivant,   1685
Et li chevaliers vait devant,
Si est venus a l'esprevier,
En la place les un vergier.
Molt fu la place biele et gente :
En mi liu ot planté une ente,   1690

et se dirigèrent vers l'enclos : Margerie menait le jeune homme tout droit à l'épervier. Une grande foule – chevaliers, citadins et hommes d'armes – les suivait. Dames et jeunes filles sortaient des pièces où elles s'occupaient à tisser et à coudre et demandaient qui était ce chevalier qui venait prendre l'épervier. On leur répondait : « Nous ne le savons pas. Nous pouvons seulement dire que son heaume est tout cabossé : on voit bien qu'il a servi, que plusieurs chevaliers ont frappé dessus. Son bouclier a été tailladé, découpé tout autour par des coups d'épée et son haubert est déchiqueté. » Et tous de constater : « Assurément, voici un bon chevalier. Mais, mon Dieu, qui sont ces si belles jeunes femmes qu'il mène avec lui ? » Un des habitants de la ville répondit : « A mon avis, la première jeune femme, c'est celle qui accompagnait le chevalier qui a été tué par notre seigneur à cause de l'épervier, ce matin, après la messe. Le combat a été très dur. » Tout le monde acquiesça et on se mit à le suivre.

Le chevalier, en tête de la troupe, arriva dans le champ où se trouvait l'épervier, près d'un jardin. C'était un beau champ clos, bien agréable, planté en son centre d'un arbre fruitier

Qui a tos jors florie estoit,
Une perce d'or i avoit,
U li espreviers fu asis ;
Le trait d'un arc, ce m'est avis,
Estoit a conpas ordenee   1695
Environ et bien delivree ;
Li espreviers en mi estoit.
Et tantost come cil le voit,
En haut apiele Margerie :
« Venés avant, ma douce amie,   1700
Prendre a la perce l'esprevier ;
Por vos le vel je desrainnier.
Vos le devés molt bien avoir,
Tant avés biauté et savoir,
Ensement et pris et valor,   1705
Et biel cors et biele color. »
Et cele vint par mi la place
A l'esprevier, si le deslace.
Et li sires i vient poingnant,
Armés sor un ceval ferrant.   1710
Ses escus a argent estoit,
Roses vermelles i avoit,
De sinople les roses sont.
Bien fu armés sur le gascont,
Un bel ceval de molt grant pris.   1715
L'escu par les enarmes pris,
Venoit armés molt gent et biel.
De roses avoit un capel
En son elme, qui biaus estoit.
Ses cevals tos covers estoit   1720
D'un samit, et si ot vermelles
Unes roses, et a mervelles

toujours fleuri sur lequel se trouvait le perchoir d'or de l'épervier. Pour autant que je puisse en juger, ce champ était parfaitement circulaire, d'un rayon équivalent à la portée d'un arc, avec l'épervier juste au milieu.

Aussitôt qu'il le vit, le jeune homme s'adressa à Margerie de façon que tous l'entendissent : « Avancez, douce amie, et prenez l'épervier sur son perchoir. Je veux le revendiquer pour vous : vous méritez de l'avoir par votre beauté et votre sagesse, votre valeur et votre noblesse, la grâce de votre corps et l'éclat de votre teint. » Et la jeune fille s'avança au milieu de la place, jusqu'à l'épervier, qu'elle détacha. Alors, au grand galop, arriva, en armes, sur un cheval gris fer, le seigneur de la ville. Son bouclier était d'argent à roses de sinople[1], des roses vermeilles. Monté sur un cheval gascon de grande valeur, tenant son bouclier par les courroies intérieures, il s'avançait, beau et élégant dans son armure : son heaume était magnifiquement couronné de roses, son cheval, couvert d'une soie brodée où des roses vermeilles

---

[1] v. 1713 *sinople* : peut désigner soit le rouge soit le vert ; il s'agit ici du rouge des roses « vermeilles ».

Estoit esgardés ; et s'amie,
Qui avoit non Rose Espanie,
En coste celui cevaucoit   1725
Un palefroi, qui buens estoit.
Molt estoit et laide et frencie.
N'i a celui cui ne dessie
Qu'il le maintint por le plus bele.
Tot s'esmervellent cil et cele   1730
K'Amors li fait son sens müer.
Mais nus hom ne se puet garder
K'Amors nel face bestorner ;
La laide fait biele sanbler,
Tant set de guille et d'encanter.   1735
....
Li chevaliers vint a esploit
Envers le pucele tot droit ;
A molt halte vois li escrie
Que l'esprevier ne prenge mie,   1740
Qu'a li n'afiert pas qu'ele l'ait.
Li Biaus Descouneüs se trait
Avant, se li a dit : « Biaus sire,
Por quel cose volés vos dire
Que l'esprevier ne doie avoir ?   1745
N'a ele biauté et savoir ?
Plus bele de li je ne sai,
Et je por li desrainnerai
Qu'ele doit avoir l'esprevier,
Se ne li faites delaier. »   1750
Cil li respont : « N'en ara mie,
Qu'asés est plus bele m'amie,
Qu'aveuc moi ai ci amenee ;

étaient d'un effet admirable. Et son amie, qui s'appelait Rose Epanouie, chevauchait à ses côtés sur un beau palefroi : c'était une femme toute ridée et très laide ! On s'accordait à trouver déplaisant que le seigneur de la ville soutînt qu'elle était la plus belle ; tous, hommes et femmes, s'étonnaient qu'Amour lui eût fait perdre la raison. *Mais nul homme ne se peut garder Qu'amour ne le fasse égarer : Tant il emploie ruse et magie Qu'il sait faire la laide jolie.* [...]¹

A toute allure, le seigneur s'élança sur la jeune fille, lui hurlant de ne pas prendre l'épervier : elle n'était pas digne de l'emporter ! Le Bel Inconnu s'avança alors et dit : « Cher seigneur, pour quelle raison voulez-vous soutenir qu'elle ne mérite pas l'épervier ? N'a-t-elle pas beauté et sagesse ? Je ne connais pas de plus belle jeune femme qu'elle et je revendiquerai l'épervier pour elle. Ne la faites donc pas attendre. » Le seigneur répondit : « L'épervier n'est pas pour elle ! Bien plus belle est mon amie, que j'ai menée ici avec moi ;

---

¹ v. 1736 y a-t-il vraiment une lacune non indiquée, comme le suggère P.W. à la fin de cette séquence de rimes ? Le sens ne semble pas l'exiger.

Onques si biele ne fu nee,
Sans mentir et sans devinaille.   1755
De mostrer sui pres, par bataille,
Que porter n'en doit l'esprevier. »
Desfïent soi li chevalier ;
Come homme iré les cevals poignent,
Et por joster si s'entr'eloignent.   1760
Tant con ceval püent aler
Muet l'uns a l'autre por joster,
Si s'entrevont entreferir
Que les escus se font croissir.
Ronpent et çaingles et poitrals ;   1765
Andoi s'abatent des cevals.
Ne furent navré ne blecié ;
Isnelement sont redrecié,
Et traient les brans vïenois,
Si s'entrefierent demanois.   1770
Sor les elmes s'en vont ferir,
Si que le fu en font salir ;
Des puins as trencans des espees
S'entredonnent molt grans colees ;
En tos sanblans bien se requierent :   1775
Sor les elmes souvent se fierent ;
As puins souvent se vont sacier,
Les las des elmes esracier ;
Fiere et grans est molt la mellee.
Li Biaus Descouneüs s'espee   1780
Tint, si le fiert bien a devisse,
Et tote sa force i a mise ;
Si grant colee li donna
Que li chevaliers trebuca ;
Tos estordis ciet en la place,   1785

jamais plus belle femme ne vint au monde, je peux l'affirmer sans hésitation ni mensonge et je suis prêt à prouver par un combat singulier que cette jeune femme-ci ne doit pas emporter l'épervier. »

Les chevaliers se défièrent alors. Avec fureur, ils éperonnèrent les chevaux et prirent du champ pour la charge. De toute la vitesse de leurs chevaux, ils se précipitèrent l'un sur l'autre et le coup de lance qu'ils se portèrent fut si violent qu'il fit craquer les boucliers et que les sangles et harnais de poitrail se rompirent. Tous deux tombèrent de cheval, mais ils ne furent ni meurtris ni blessés : ils se relevèrent vivement et, tirant leurs épées d'acier viennois, ils recommencèrent à se battre. Les chocs, sur leurs heaumes, faisaient jaillir des étincelles ; ils s'assenaient de grands coups du tranchant de leurs épées qu'ils tenaient à deux mains. Tous les coups leurs sont bons : qu'ils cognent sur les heaumes ou que, s'accrochant de leurs mains libres, ils tentent d'en arracher les liens, le corps à corps était féroce.

Soudain, Le Bel Inconnu, de toute sa force, porta à son adversaire un coup d'épée si bien assené que le chevalier tomba tout étourdi sur le sol,

Sor une piere fiert sa face
Que ses vis trestos en torbla.
Cil maintenant sor lui ala,
Tant durement le tire et sace
Que l'elme del cief li esrace ;   1790
Cil n'a pooir de relever.
Que que il li doie grever,
Li convient dire et otroier :
« Conquis m'avés, nel puis noier. »
Mais cil, qui desous lui le tient,   1795
Li dist : « Sire, el i covient ;
A tant n'en irés vos plus cuites,
Vostre estre et vostre non me dites,
Et si fiancerés prison
Que vos irés sans oquison   1800
Ens en la cort Artus le roi. »
Li chevaliers plevi sa foi,
Puis li a dit aprés son non :
« Sire, Giflet m'apele on ;
Giflés, li fius Do, sui nonmés   1805
En cest païs et apielés.
Vostre sui tos d'or en avant,
Car molt vos sa preu et vaillant. »
A tant se lievent de la place ;
L'uns acole l'autre et enbrace.   1810
Giflés, li fius Deon l'en mainne
En la soie sale demainne ;
Tant debonnarement pria
C'o lui cele nuit herberga.
Molt lor fist bon ostel la nuit   1815
Et molt i orent grant deduit.

où une pierre heurta son visage qui blêmit. L'Inconnu se précipita alors sur lui, tirant et secouant son heaume si violemment qu'il le lui arracha ; l'autre n'eut pas la force de se relever. A son grand regret, force lui fut donc de dire : « Vous m'avez vaincu, je ne peux le nier[1]. Mais notre héros, tout en le maintenant sous lui, répondit : « Seigneur, ce n'est pas tout, vous n'en serez pas quitte pour autant : dites-moi votre nom, qui vous êtes, et jurez-moi que vous irez docilement vous constituer prisonnier à la cour du roi Arthur. »

Le chevalier donna sa parole, puis il révéla son nom : « Seigneur, mon nom est Giflet[2] ; Giflet, fils de Do, c'est ainsi qu'on m'appelle et me nomme dans ce pays. Je me rends à vous aujourd'hui[3], je reconnais votre valeur et votre courage[4]. »

Alors, ils se relevèrent et se donnèrent l'accolade. Giflet, fils de Do, emmena le jeune homme dans la grande salle de son château et le pria courtoisement d'accepter son hospitalité pour la nuit. Il offrit à ses hôtes un gîte confortable où ils passèrent une agréable soirée :

---

[1] v. 1797 *cuites* graphie pour *quites*.

[2] v. 1804 *Giflet* : figure dans *Erec* et *Perceval*.

[3] v. 1808 *sa* pour *sai* à la première personne, voir la note du vers 887.

[4] v. 1808 *prué* : lire *preu* ; le scribe a noté *preu* par l'abréviation *pe* et *u* en suspension dans un vers par ailleurs entièrement fautif.

Cele nuit traisent au castel,
Et furent servi bien et bel.

Bien matinet a l'ajornee,
Que li jors pert par la contree,   1820
Li Bials Descouneüs leva,
Isnelement et tost s'arma,
Si se remetent a la voie.
Giflés, li fius Do, les convoie,
Et Margerie la pucele,   1825
Que li Descouneüs apiele,
Se li demande qu'el fera.
Et dist que ele s'en ira
En Escoce, dont fu ses pere ;
Rois Agolans il est ses frere.   1830
Sor son puig porte l'esprevier
Qu'ele ot conquis, si l'ot molt cier.
Quant li Descouneüs l'entent
Qu'ele estoit de si haute gent
Et qu'ele estoit fille de roi,   1835
Giflet a apielé a soi ;
Se li dist que il envoiast
Un chevalier qui l'en menast
La damoissele en sa contree ;
Et Giflés bonnement li gree,   1840
Se li dist que bien le fera ;
A tant a Diu le comanda.
Et quant la parole ot Helie,
Qu'ele estoit d'Escoce norie,
Si l'a molt bien reconeüe,   1845
Car maintes fois l'avoit veüe
Et si estoit pres sa parente.
Molt li est bon et atalente
Que ele en porte l'esprevier.
« Cosine, fait ele, acointier   1850

cette nuit-là ils dormirent au château où ils furent fort bien servis.

De bon matin, au point du jour, le Bel Inconnu se leva et se dépêcha de revêtir son armure. Et ils reprirent la route. Giflet, fils de Do, les accompagnait, ainsi que la jeune Margerie. L'Inconnu demanda à cette dernière ce qu'elle avait l'intention de faire. Elle répondit qu'elle s'en irait en Ecosse, le pays de son père ; son frère était le roi Agolans. Elle portait au poing l'épervier qu'elle avait gagné : il lui était très précieux. Quand l'Inconnu apprit qu'elle était de si haut lignage, qu'elle était fille de roi, il demanda à Giflet de s'approcher et lui dit d'envoyer un chevalier pour conduire la noble jeune femme dans ses terres. Giflet le lui accorda facilement et dit qu'il le ferait. Puis, il lui dit adieu.

Quant à Hélie, quand elle entendit que la jeune femme avait été élevée en Ecosse, elle la reconnut pour l'avoir vue souvent : c'était une proche parente. Aussi fut-elle ravie de la voir emporter l'épervier. « Cousine, dit-elle,

Vos deüssiés molt grant pieç'a ;
Car or m'en covient aler ça
Et vos en iré autre voie.
Molt desir qu'encor vos revoie ;
Ne sai se ja mais vos verrai,   1855
Mais en mon cuer vos amerai.
Or vos vel mon bracet laissier,
Porterés l'ent o l'esprevier :
Andoi sont conquis par bataille ;
N'a si bon cien en Cornouaille.   1860
Molt fu conquis par grant vigor
D'un mal chevalier veneor. »
Tot li conte come ele l'a,
Le bracet, et puis li bailla.
Li une a l'autre pren congié ;   1865
Andeus ploroient de pitié.
Li BiausDescouneüs s'en vait ;
Vers Helie li nains se trait,
Son palefroi aloit caçant.

Or me vait autre riens tirant :   1870
Del Biel Descouneü dirai
L'istoire, si con je le sai,
Qui tote jor avoit erré.
Li vespres lor fu apresté ;
Ill esgarde, voit un castiel,   1875
Onques nus hom ne vit si biel.
Molt fu li castials bien asis,
Molt ert rices et plentevis.
Uns bras de mer entor coroit,
Qui tote la vile açaingnoit.   1880
D'autre part la grans mers estoit,
Qui au pié del castiel feroit.
Molt i avoit rice castiel ;
Li mur en furent rice et biel

vous auriez dû vous faire connaître plus tôt car, maintenant, nos chemins vont se séparer[1]. J'ai très envie de vous revoir, mais je ne sais si je le ferai jamais. Je continuerai à vous aimer au fond de mon cœur. Je veux donc vous laisser mon petit braque, vous l'emporterez avec l'épervier : ils ont tous deux été gagnés dans des combats singuliers. Il n'y a pas de plus beau chien dans toute la Cornouaille, c'est un butin vaillamment conquis sur un odieux chasseur. » Elle lui raconta alors comment elle l'avait eu, ce petit braque, puis elle le lui donna. Elles prirent congé l'une de l'autre, pleurant tristement.

Et le Bel Inconnu reprit sa route ; le nain se dirigea vers Hélie pour faire avancer le palefroi de la jeune femme.

III . *L'Ile d'Or*

Maintenant, il me faut traiter d'autre chose : je raconterai, comme je la sais, l'histoire du Bel Inconnu. Il avait voyagé toute la journée. C'était le soir. Soudain, il[2] aperçut une place forte, la plus belle qu'on ait jamais vue. Elle était bien située, riche et opulente, un bras de mer l'entourait [à demi] : de l'autre côté, c'était la pleine mer qui battait les murailles. Quelle superbe place-forte ! Les murs d'enceinte étaient splendides :

---

[1] v. 1853 *iré* pour *irés* : chute des finales fréquentes dans le texte. Pour les deuxièmes personnes du pluriel voir aussi v. 4726, 4786, 5005).

[2] v. 1875 *Ill* graphie pour *il* : pour l'alternance *l* et *ll,* voir aussi *noviele* (868) et *novielle* (1328).

Dont li castials tos clos estoit :   1885
Nois, blances flors, ne riens qui soit,
N'est pas si bel con li mur sont
Qui tot entor la vile vont.
De blanc mabre li mur estoient
Qui le castiel entor clooient,   1890
Si hals con pooit uns ars traire.
Nus hom ne pooit engien faire
Qui peüst as cretials tocier ;
Traire n'i puet on ne lancier ;
Et tant estoient li mur halt   1895
Qu'il ne doutoient nul asaut.
En la vile ot cent tors vermelles,
Qui bieles erent a mervelles
Et furent de mabre vermel
Qui molt reluist contre solel.   1900
Cent conte ens en la vile estoient,
Ki dedens icés tors manoient
Et tot sont casé del castiel.
Un palais i ot bon et biel ;
Cil qui le fist sot d'encanter,   1905
Que nus hom nel puet deviser
De coi i fu, mais bials estoit.
Cristal la piere resanbloit
Dont li palais estoit tos fais
Et a conpas trestos portrais ;   1910
A vaute fu covers d'argent
Et par desus a pavement.
Une esclarboucle sus luissoit,
Plus que solaus resplendissoit
Et par nuit rent se grant clarté   1915
Con se ce fust en tans d'esté.
Vint tors sostienent le palais,
Plus bieles ne verrés jamais,

rien au monde, ni neige, ni fleur blanche n'était comparable aux murs qui entouraient la ville. Ces murailles étaient en marbre blanc et s'élevaient aussi haut qu'un arc peut porter. Personne n'aurait pu construire une machine de guerre qui atteignît les créneaux, hors d'atteinte des armes de trait comme des armes de jet : les murs étaient si hauts qu'ils ne redoutaient aucun assaut. A l'intérieur de la ville, cent tours vermeilles, en marbre rouge, d'une extraordinaire beauté, brillaient dans le soleil : cent comtes, qui tous dépendaient de la place, résidaient dans ces tours. Il y avait aussi un superbe palais seigneurial – celui qui l'avait construit n'ignorait pas la magie : on voyait qu'il était très beau, sans pouvoir dire de quelle matière il était fait ; il semblait construit en pierres de cristal, il était de proportions harmonieuses et avait pour toit des coupoles d'argent recouvertes de mosaïques. Au sommet luisait une escarboucle[1] plus brillante que le soleil : la nuit, elle répandait une telle clarté qu'on se serait cru en plein été. Vingt tours s'accotaient au palais – vous n'en avez jamais vu de plus belles ! –

---

[1] v. 1913 *esclarboucle* : (graphie pour *escarboucle* : addition de *l* par propagation selon P.W. qui cite aussi *pluple* v. 2501, mais aussi par analogie avec *clarté*). L'escarboucle, nom ancien du grenat, pierre précieuse d'un rouge très vif, est censée produire sa propre lumière et fait ainsi office d'éclairage municipal !

Totes indes d'une color ;
Ainc hom ne vit nule millor.   1920
Iluec vienent li marceant,
Qui d'avoir sont rice et manant,
S'i amainnent lor marchandie
Par la mer, qui illuec les guie,
Dont li passages molt valoit   1925
Que cele vile recevoit ;
De lor avoirs, qui i vient grans,
Est la vile rice et manans.
Icis castials dont vos oiés
A l'Isle d'or estoit nonmés.   1930
El palais ot une pucele,
Onques nus hom ne vit si biele ;
Les set ars sot et encanter
Et sot bien estoiles garder,
Et bien et mal, tot ço savoit ;   1935
Mervillous sens en li avoit.
Cele estoit dame del castiel ;
Molt ot le cors et gent et biel.
Ses pere n'ot oir fors que li.
Encor n'avoit ele mari.   1940
C'est la Pucele as Blances Mains,
De ço sui je molt bien certains,
Et molt estoit grans sa biautés.

  Li chevaliers s'est arestés,
S'apiele damoissele Helie,   1945
Qu'il menoit en sa conpaingnie,
Se li a le castiel mostré
Et del palais la grant clarté
Et un tré qu'il avoit veü,
Qui entr'els et le castiel fu,   1950
Qui molt grant place porprendoit.
Et une caucie i ravoit

toutes de la même couleur bleue : quoi de plus beau ?

De très riches et très puissants marchands venaient par la mer, qui les menait jusqu'à cette ville où ils débarquaient leurs marchandises : de ce fait, la ville percevait des droits importants et c'est des immenses biens de ces marchands que provenait son opulence.

La place-forte dont on vous parle s'appelait le château de l'Ile d'Or. Dans le palais seigneurial se trouvait la plus belle jeune fille qu'on ait jamais vue. Elle avait appris les sept arts libéraux[1], ainsi que l'art des enchantements, elle savait observer les étoiles, connaissait la magie blanche et la magie noire : elle savait tout cela, elle possédait un extraordinaire savoir. C'était la maîtresse de la ville, elle était gracieuse et belle, c'était l'unique héritière de son père, enfin, elle n'avait pas encore de mari. C'était la Belle aux Blanches Mains, je l'affirme avec certitude[2] – et grande était sa beauté.

Le chevalier s'était arrêté et avait appelé la jeune Hélie, qui l'accompagnait. Il lui avait montré la place forte et la lumière qui émanait du palais, ainsi qu'une tente de grande dimension qu'il avait vue, située entre la ville et eux :

---

[1] v. 1933 : *les set ars* : il s'agit des arts libéraux, enseignés dans les facultés des arts : le *trivium*, constitué par l'enseignement de la grammaire, de la dialectique et de la rhétorique et le *quadrivium* où s'enseignent l'arithmétique, la géométrie, la musique et l'astronomie. Science et magie sont liées. Voir aussi vers 4937-4940.

[2] vv. 1941-1942 : voir aussi (vers 525-526 et 5120-5125) les noms des compagnons de Blioblieris. Est-ce une référence à un texte source, aujourd'hui perdu, ou une pirouette où le narrateur se donne à voir dans son rôle de conteur, en sacrifiant au *topos* du récit antérieur ? Quoiqu'il en soit, la pucelle aux Blanches Mains n'est nommée ainsi que dans le *Bel Inconnu*.

Del pavillon dusques au pont
Por les iaugues qui defors sont.
Li pavillions au cief estoit ;   1955
Devant unes lices avoit
Molt bien faites de pels agus,
Aguisiés desos et desus.
En cascun pel ficie avoit
Une teste c'armee estoit :   1960
Cascune avoit l'elme lacié
Qui ens el pel estoit ficié ;
De chevaliers tot li cief sont,
Qui ens es pels erent amont.
Dedens le pavillon estoit   1965
Uns chevaliers, qui ja s'armoit
Et laçoit ses cauces de fer,
Que tot esté et tot iver
Atendoit iluec s'aventure
Qui molt estoit grevelse et dure.   1970
Quant vit le chevalier venir,
Son hauberc a pris a vestir ;
Quant l'ot vestu, son elme lace
Et vint ester en mi la place,
Espee bonne çainte avoit.   1975
Cil chevaliers amis estoit
A la pucele del castiel ;
De totes armes bien et biel
Estoit armés, et ses cevals.
Atant est venus li vasals   1980
Qu'on Bel Descouneü apiele ;
Dalés lui mainne la pucele.
Vers le tré vint, si vaut passer ;
Mais cil li osa bien veer,
Qui dedens ert, molt fierement,   1985
Si dist en halt hastivement :

entre la tente et le pont qui franchissait les eaux entourant la ville, il y avait une chaussée sur digue et la tente se trouvait au bout de la chaussée, séparée d'eux par une bonne palissade faite de pieux pointus aux deux extrémités. Sur chaque pieu était plantée une tête avec son armure : chaque tête, sur le pieu, avait gardé son heaume. Fichées sur les pieux, ce sont bien des têtes de chevaliers !

Dans la tente, un chevalier s'armait déjà, attachant ses chausses de fer : c'est que, été comme hiver, il attendait en ce lieu son aventure, sa pénible et douloureuse aventure. Dès qu'il vit l'autre chevalier, il commença à revêtir son haubert, puis à lacer son heaume et vint se camper au milieu du champ clos, une bonne et solide épée au côté. Ce chevalier était le prétendant de la jeune suzeraine de la ville ; il était armé de pied en cap, son cheval aussi bien équipé que lui.

Le vaillant chevalier qu'on appelle le Bel Inconnu s'approcha alors de la tente[1], la jeune suivante à ses côtés : il voulait passer. Mais l'autre, à l'intérieur, n'hésita pas à le lui interdire franchement et s'écria sans tarder :

---

[1] v. 1981 la leçon du ms. est *Que je Bel Descouneü apiele* : nombre de pieds et forme de 3° personne pour le verbe obligent à corriger ce lapsus, remarquable du fait de l'omniprésence du narrateur dans ce texte.

« Se vos par ci volés passer,
Molt vos estera ains lasser
As armes encontre mon cors,
U vos remanrés la defors. »   1990
« Sire, dist la pucele Helie,
Tels est l'usages, n'en ment mie ;
Et cil qui ici est conquis
Si puet estre de la mort fis ;
La teste a maintenant copee,   1995
Ne ja ne li ert desarmee,
A tot l'elme serra trencie
Et puis en un des pels ficie
Avec les autres qui la sont
Defors les lices de cel pont. »   2000
Set vint testes i ot et trois,
Tos fius de contes et de rois,
Que li chevaliers a conquis,
Qui ert a la pucele amis.
Ses amis a esté cinc ans,   2005
Onques de li n'ot ses talans ;
Mais s'encor puet deus ans durer,
Si le doit prendre et espouser.
La pucele l'a fiancie
Que se desfent si la caucie   2010
Set ans tos plains, que il l'avra,
Et s'il nel fait, il i faura.
Li usages itels estoit :
Quant nus de ses amis moroit,
Quant il estoit mors en bataille,   2015
Celui prendroit sans nule faille
Qui son ami ocis avoit ;
De celui ami refaisoit
Por qu'il peüst set ans tenir,
L'usage faire et maintenir.   2020

« Si vous voulez passer par ici, il vous faudra d'abord mener un dur combat contre moi. Sinon, vous resterez de l'autre côté. » « Seigneur, dit la jeune Hélie, sans mentir, telle est bien la coutume et celui qui est vaincu ici peut être sûr de mourir : on lui coupe la tête sans la désarmer ; tête et heaume sont tranchés ensemble et plantés avec les autres sur un des pieux de la palissade du pont, là-bas[1]. »

Il y avait déjà cent quarante trois têtes[2], toutes de fils de comtes ou de rois qu'avait vaincus le chevalier amoureux de la belle. Voilà cinq ans qu'il l'aimait, sans jamais avoir pu obtenir d'elle ce qu'il désirait, mais s'il pouvait tenir encore deux ans, elle le prendrait pour époux, elle le lui avait promis : s'il défendait la chaussée pendant sept ans, il l'aurait ; s'il n'y parvenait pas, il ne l'aurait pas.

Telle était la coutume : quand l'un de ses prétendants mourait, s'il était tué dans un combat singulier, elle était obligée de choisir le vainqueur pour en faire son nouveau prétendant, afin qu'à son tour il tînt sept ans en maintenant la coutume.

---

[1] v. 2000 *defors* : il faut comprendre que ce sont les pieux les plus éloignés qui sont encore vides ; cf. *Lancelot,* éd. Roques, v. 472 « cist dui lit ça defors. »

[2] v. 2001 Il y a cent quarante trois têtes : A Guerreau (1982) a calculé que, douze fois douze faisant cent quarante quatre, il ne manque plus que la tête de l'actuel attaquant.

Et qui set ans i puet durer
A celui se veut marïer,
De li ert sire et del manoir ;
En cel guisse le doit avoir.
Ele savoit bien, sans mentir,   2025
Que cil qui ce porra furnir,
Que tant est buens qu'avoir le doit ;
Por l'esprover iço faisoit.
Mais ele dist ja ne l'ara
Cestui, ains dist que ains morra,   2030
Qu'ele n'a cure ne talent,
Car il ert fel a tote gent.
N'avoit a garder que deus ans,
Mais trop est plains de mautalans :
Il estoit fel, cuvers et mals,   2035
Et trop tirans et desloiaus ;
Por che la dame le haoit.
Et por ce que haïs estoit,
Se il son terme fait avoit,
Tant durement mal li voloit,   2040
Que ja a nul jor n'en iert suens.
Car en cest monde nule riens
N'est que ançois ne devenist
Que de li ses talens fesist.
De totes gens haïs estoit,   2045
Car en la vile homme n'avoit
Qui liés n'en fust et ne vausist
Que cil en desus en venist.
Ço voloient grant et menor ;
Que nus a lui n'avoit amor,   2050
Mais por doutance le servoient,
Et nient por el ne le faissoient,
Qu'il n'estoit de nului amés.
Ses cevals li fu amenés

Et si l'un d'eux y parvenait, elle s'était engagée à l'épouser, à en faire
le maître de sa personne et de ses terres : telles étaient les conditions
pour devenir son époux. Elle était certaine que celui qui réussirait
serait assez vaillant pour être digne d'elle : c'est ainsi qu'elle le
mettait à l'épreuve.

Mais, de son actuel prétendant, elle disait qu'il ne l'aurait jamais,
qu'elle préférerait mourir, qu'elle n'éprouvait pour lui ni intérêt ni
désir car c'était un homme cruel avec tout le monde. Le chevalier
n'avait plus que deux ans de garde à faire, mais il était foncièrement
mauvais : c'était un homme malfaisant, pervers et brutal, un scélérat
sans foi ni loi. C'est pour cela que la maîtresse de la ville le détestait.
Et elle le détestait si fort, elle lui voulait tant de mal, que même s'il
avait achevé son terme, elle ne l'aurait jamais accepté, car il n'était
rien au monde qu'elle n'eût préféré subir, plutôt que de se soumettre
au désir de cet homme. Il était d'ailleurs haï de tous et on n'aurait
trouvé personne dans la ville qui ne souhaitât la victoire de l'Inconnu
et qui ne s'en réjouît. C'est ce que souhaitaient humbles et grands :
personne n'éprouvait d'affection pour le gardien de la ville et faute de
l'aimer, on ne le servait que par crainte.

On lui amena son cheval,

Covers d'un bon pale vermel,   2055
Ainc nus hom ne vit son parel,
Par mi ot unes blances mains ;
D'un samit blanc con flors de rains
Furent les mains et bien ouvrees
Et deseur le cendal posees.   2060
Ses escus a sinople estoit
Et mains blances par mi avoit ;
Sor son elme portoit uns gans ;
D'armes estoit preus et vaillans.
Tantost con il vint au destrier   2065
S'i est montés par son estrier.
Uns vallés son escu li tent,
Il tantost a son col le pent ;
Uns autres li baille la lance.
As armes avoit grant poissance ;   2070
Ainc nus ne fu de son pooir,
N'a armes peüst tant valoir.
Il s'eslaisse par mi les pres,
Puis est au pavillon tornés,
U li Descouneüs l'atent ;   2075
Faire le cuide tot dolent.
Quant li Descouneüs le voit,
Que il as armes l'atendoit,
Bien set qu'il avra la bataille.
Par el n'en puet aler, sans faille ;   2080
Par illuec l'en estuet aler,
Car par aillors n'en puet passer.
L'escu a pris, au col le pent ;
Isnelement la lance prent ;
Vers le caucie vint errant.   2085
Li chevaliers li vint devant.
Li Biaus Descouneüs dist : « Sire,
Proier le vos vauroie et dire

recouvert d'un drap de soie rouge d'une incomparable beauté ; au centre du drap se trouvaient incrustées deux blanches mains, découpées dans de la soie aussi blanche que la fleur de l'aubépine. Son bouclier était de sinople, orné de deux blanches mains ; son heaume aussi était orné d'une paire de gants. Il était d'une grande vaillance et bon combattant. Il mit le pied à l'étrier[1], sauta sur son cheval et pendit à son cou le bouclier que lui tendait un jeune homme tandis qu'un autre lui passait la lance. C'était un excellent chevalier dont jamais personne n'avait pu égaler ni la force, ni l'habileté aux armes. Il lança son cheval au galop à travers les prés, repartit vers la tente, là où se trouvait l'Inconnu qu'il comptait bien mettre à mal.

Quand l'Inconnu vit que l'autre l'attendait en armes, il comprit qu'il allait devoir combattre : il n'y avait pas d'alternative, pas d'autre voie possible, il fallait en passer par là. Il prit donc son bouclier, qu'il pendit à son cou, se saisit de sa lance et se dirigea vers la chaussée. Comme le chevalier lui coupait la route, le Bel Inconnu lui dit : « Je désirerais, seigneur, vous demander et même vous prier

---

[1] vv. 2064–2065 Maugier le Gris monte sur son cheval aussi agilement que le Bel Inconnu.

Que vos nos laissisiés aler :
Nos n'avons mestier d'arester. 2090
Ne me delaiés de ma voie,
Car li rois Artus m'i envoie. »
Cil li respont : « Or oi folie !

....

Par ci ne passerés vos mie ; 2095
Cest casement tieg de m'amie. »
Et cil al chevalier respont :
« Sire, fait il, por tot le mont
Ne vel avoir tel casement
D'ensi ocire tote gent. 2100
Quant je plus ne puis amender
Ne vos ne me laissiés aler,
J'esgarderai vostre voloir :
Desfendrai moi a mon pooir. »
Lors se desfïent a itant ; 2105
Eslongent soi plus d'un arpent.
Il ne remaint arme el castiel,
Li villart et li jovencel,
Les dames et li chevalier,
Et li clerc et li escuier, 2110
Que ne viengnent a la bataille.
Del signor vaussissent, sans faille,
Que mors i fust et desconfis,
Car molt estoit de tos haïs ;
Molt estoit sa mors desiree. 2115
La dame n'i est pas alee :
As estres de la tor ala
Et les puceles i mena ;
As fenestres en vint ester
Por la bataille resgarder 2120
De celui que püent haïr.
Des orre sont as cols ferir.

de nous laisser passer. Nous ne pouvons nous permettre de nous arrêter. Ne me retardez donc pas sur mon chemin car c'est le roi Arthur qui m'envoie ici. »

« Quelle outrecuidance ! répondit l'autre chevalier [...][1] vous ne passerez pas : ce droit sur le passage[2], je le tiens[3] de mon amie. – Seigneur, je ne voudrais pour rien au monde d'un droit qui consiste à tuer les gens. Puisque je n'y puis rien et que vous ne voulez pas me laisser passer, je ferai ce que vous voudrez et je me défendrai de toutes mes forces. »

Ils se lancent alors leur défi et s'éloignent d'un bon arpent. La ville se vide[4] ; jeunes et vieillards, dames et chevaliers, clercs et écuyers, tout le monde sort pour assister au combat, en souhaitant du fond du cœur la défaite du seigneur : il était haï de tous et on n'attendait que sa mort. Quant à la dame de la ville, elle ne s'est pas rendue sur les lieux du combat, elle est montée à la tour avec ses suivantes pour se mettre aux fenêtres et regarder combattre l'homme qu'elles ne peuvent que haïr.

Ils se préparent déjà à combattre,

---

[1] v. 2094 Lacune supposée par P.W. : séquence de trois vers sur la même rime.

[2] v. 2096 *casement* : au sens propre, fief. L'obligation de combattre pour défendre le pont est considérée comme une faveur, un droit accordé par la dame.

[3] v. 2096 *tieg* : graphie *g* , à la finale, pour *n mouillé*.

[4] v. 2107 *arme* : picard, âme.

Andoi furent de grant valor,
Les cevals poingnent par vicor ;
Tant con ceval püent aler   2125
Muet l'uns vers l'autre por joster.
Ansi vienent andoi fendant
Com esfoudres va vent caçant ;
Nus vens ne puet si tost aler
Com li uns vait l'autre encontrer.   2130
Baissent les lances com il viennent,
Sor les escus grans cols se fierent,
Ronpent les ais et li fus brise ;
Les lances metent a devise :
Par les hescus dusqu'as haubers   2135
Fisent ansdeus passer les fers.
Lances orent roides et fors ;
Si s'entrefierent par esfors,
Tument ceval et chevalier,
Desous els font tumer destriers.   2140
Andoi se sont entrabatu ;
Molt estoient de grant vertu.
A la terre gisent pasmé ;
Ne sont pas li ceval levé,
Car estonné sont li destrier ;   2145
Les els gissent li chevalier.
Tot cil qui cele joste virent
Molt durement s'en esbahirent,
Car molt estoit bonne et loee ;
Onques miudre ne fu jostee.   2150
Quant sont de pamisson venu,
Si se sont bien entreveü ;
Des fueres traient les espees,
Dont il se donnent grans colees.
Les escus trencent et esclicent,   2155
Haumes esfondrent et debrissent,

tous les deux sont des combattants de valeur. Ils éperonnent vigoureusement[1] leurs chevaux et se jettent à toute allure l'un sur l'autre pour charger. Fendant l'air à la vitesse de la foudre, plus rapides que le vent, ils s'élancent à la rencontre l'un de l'autre. En avançant, ils abaissent leurs lances pour frapper violemment les boucliers ; les planchettes se fendent, les bois se brisent : les lances ont bien porté car ils ont fait passer les fers à travers les boucliers jusqu'aux mailles du haubert. Les lances étaient si solides, le choc fut si violent que chevaux et chevaliers sont tombés à terre ; les chevaux de combat sous leurs cavaliers. Ils se sont abattus l'un sous l'autre, signe d'une grande force, et les voilà évanouis sur le sol : les chevaux tout étourdis ne peuvent se relever et les cavaliers gisent à côté d'eux. Et tous de s'étonner et de se répandre en louanges en voyant ce combat à la lance : c'était le meilleur qu'on eut jamais vu.

Dès qu'ils furent sortis de leur évanouissement, à peine s'aperçurent-ils qu'ils tirèrent leurs épées des fourreaux pour s'en donner de grands coups. Les boucliers étaient fendus et déchiquetés, les heaumes cabossés puis fracassés,

---

[1] v. 2124 *vicor* pour *vigor* : confusion *c* et *g* fréquente dans le texte (voir aussi 1534, 3067).

Les haubers ronpent et desmaillent ;
As espees souvent s'asaillent.
Sor les elmes tes cols feroient
Que estinceles en voloient.   2160
A genillons souvent se metent ;
Nostre Signor del ciel proumetent
Aumonnes et vels plenteïs,
Que lor sires i fust ocis.
Li chevaliers cuidoit de voir   2165
De ses hommes, sans decevoir,
Que il proiaissen Diu por lui ;
Mais il prient son grant anui.
Amors de force petit vaut :
Saciés que au besoig tost faut ;   2170
Por ce fait bon sa gent amer,
Que tost puet la roe torner.
Li Descouneüs tint s'espee,
Celui en donne grant colee.
Il savoit asés d'escremir ;   2175
Desor le col le seut ferir,
A un entrejet qu'il jeta
Les las del elme li trencha ;
Li elmes chaï en la place,
Desarmee remest la face.   2180
Puis le refiert en la cervele,
Li chevaliers tos en chancele ;
La coiffe del hauberc trencha,
Desi qu'al test li fers ala ;
Par la cervele met l'espee,   2185
Dusques es dens li est colee.
Les gens crïent et joie ont grant ;
Des que Jhesus forma Adant
Tel joie n'ot en une place,
N'i ot celui joie ne face.   2190

les hauberts déchirés et démaillés. Ils s'attaquaient sans relâche, frappant sur les heaumes de tels coups d'épées que les étincelles en volaient dans les airs, ils tombaient souvent à genoux[1]. Pendant ce temps, les spectateurs promettaient à Notre Seigneur, dans les cieux, des aumônes fastueuses et faisaient toutes sortes de vœux pour voir tuer leur maître qui, lui, était persuadé que ses gens priaient pour lui[2], alors qu'ils priaient pour sa perte. *Amour de force bien peu vaut, Sachez qu'au besoin fait défaut ; Aussi faut-il ses gens aimer, Car Fortune peut vite tourner.*

Soudain, l'Inconnu brandit son épée, assena un grand coup à son adversaire, en homme tout à fait versé dans l'art de l'escrime : il put l'atteindre en plein cou, fit glisser un peu la lame et parvint à trancher les lacets de cuir qui retenaient le heaume. Et comme le heaume, tombé à terre, ne protégeait plus la tête, l'Inconnu frappa, cette fois en pleine cervelle, son adversaire qui chancela. La coiffe du haubert se rompit, l'épée fendit le crâne et passa à travers le cerveau jusques aux dents. Les gens poussèrent des hurlements de joie. Depuis la création d'Adam, on n'avait jamais vu pareil spectacle : tous manifestaient leur joie !

---

[1] v. 2161 En dépit des rimes il est possible (il peut y avoir un saut du même au même) qu'il y ait une lacune après ce vers : le changement de sujet généralement signalé par *cil*, et on passe sans transition des combattants aux hommes de Mauger.

[2] v. 2167 *proiassen* : suppression de la finale de la 3° personne du pluriel (voir la note du vers 883).

Cil chevaliers, qui fu ocis,
Malgiers fu apielés li Gris.
Le cors en fisent aporter,
A l'autre se vont presenter.
« Sire, font il, molt as conquis   2195
Et tere et hommes et païs ;
Tot soumes tien, sans decevoir ;
Nus roiaumes ne puet valoir
Ço que tu as hui conquesté.
Molt t'a Nostres Sires amé.   2200
Mort as le millor chevalier
Qui onques montast en destrier ;
Dont nos avés mis en la joie.
Sire, metons nos a la voie :
Vien ton roiame recevoir   2205
Et le millor dame veoir
C'onques fust, que tu ameras,
Et, se Diu plaist, encor l'avras. »
Un ceval li ont presenté ;
Es vos celui desus monté.   2210
Or l'en mainnent vers le castel,
U receüs fu bien et bel
A crois et a porcession.
Grant joie en fisent li baron ;
El grant palais l'en ont mené   2215
Et maintenant l'ont desarmé.

A tant est la dame venue ;
Si bele riens ne fu veüe :
Ceste ne trove sa parelle,
Tant estoit biele a grant mervelle.   2220
Sa biautés tel clarté jeta,
Quant ele ens el palais entra,
Com la lune qu'ist de la nue.
Tele mervelle en a eüe

Le chevalier qui venait d'être tué s'appelait Mauger le Gris. Les gens firent emporter le corps et allèrent faire allégeance au vainqueur : « Seigneur, dirent-ils, c'est un domaine, des hommes, un pays tout entier que tu viens de conquérir : nous t'appartenons tous loyalement ; aucun royaume ne peut égaler ce que tu as aujourd'hui conquis. Notre Seigneur vient de te donner une preuve de son amour, car tu as tué le meilleur chevalier qui jamais montât à cheval ; tu nous as comblés de bonheur. Seigneur, mettons nous en route, viens recevoir ton royaume et voir la plus belle dame que la terre ait jamais portée ! Tu vas l'aimer et tu pourras même l'épouser, s'il plaît à Dieu. » Ils lui amenèrent un cheval et, une fois monté, on le conduisit vers la ville-forte où il fut accueilli dignement, avec croix et processions. On le mena dans la grande salle du palais et on le débarrassa de son équipement.

C'est alors qu'entra la dame de la ville : on n'avait jamais vu une telle beauté, si extraordinairement belle que nulle ne pouvait l'égaler. Quand elle pénétra dans la salle, le rayonnement de son éclat la rendait comparable à la lune émergeant des nuées. L'Inconnu éprouva un tel saisissement

Li Descouneüs, quant le vit,   2225
Qu'il chaï jus a bien petit.
Si l'avoit bien Nature ouvree
Et tel biauté li ot donnee
Que plu bel vis ne plus bel front
N'avoit feme qui fust el mont.   2230
Plus estoit blance d'une flor,
Et d'une vermelle color
Estoit sa face enluminee :
Molt estoit biele et coloree.
Les oels ot vairs, boce riant,   2235
Le cors bien fait et avenant,
Les levres avoit vermelletes,
Les dens petites et blancetes,
Boce bien faite por baissier
Et bras bien fais por enbracier.   2240
Mains ot blances con flors de lis
Et la gorge desous le vis.
Cors ot bien fait et le cief blont ;
Onques si bele n'ot el mont.
Ele estoit d'un samit vestue ;   2245
Onques si biele n'ot sous nue.
La pene en fu molt bien ouvree,
D'ermine tote eschekeree,
Molt sont bien fait li eschekier ;
Li orles fist molt a prisier ;   2250
Et deriere ot ses crins jetés,
D'un fil d'or les ot galonnés.
De roses avoit un capiel
Molt avenant et gent et biel.
D'un afremail sen col frema.   2255
Quant ele ens el palais entra,
Molt i ot gente damoissele ;
Onques nus hom ne vit tant biele.

qu'il manqua en tomber à la renverse. La Nature avait créé cette femme avec tant d'art, elle l'avait parée de tant de grâce qu'aucune femme au monde n'avait plus[1] beau front ni plus beau visage. Sa peau était plus blanche que lys, son visage délicatement teinté de rose : son teint était d'un grand éclat. Avec des yeux clairs, une bouche rieuse, un corps bien fait et séduisant, des lèvres d'un joli rouge, des dents petites et blanches, une bouche faite pour embrasser, des bras faits pour enlacer, des mains et une gorge blanches comme fleur de lys, un corps gracieux et des cheveux blonds, c'était bien la plus belle femme au monde, la plus belle sous les cieux.

Elle était vêtue d'un manteau de soie somptueusement doublé de fourrure d'hermine travaillée en damiers bien réguliers et bordé de façon luxueuse. Elle avait rejeté en arrière ses cheveux retenus par un fil d'or[2] et couronnés joliment de roses. Un fermail[3] agrafait le col de son manteau. C'était vraiment une élégante jeune femme qui entra dans la salle du palais, il n'y en avait pas de plus ravissante.

---

[1] v. 2229 *plu* pour *plus* : chute des finales en fin de mot.

[2] v. 2252 *galonee* : voir la note du vers 1547.

[3] v. 2255 *afremail* : fermail, agrafe fermant le col du manteau.

PBM gives self (to BD — abolishes custom of causeway
(elands)
He thanks her (but doesn't say yes)

La dame entre el palais riant,
Al Descouneü vint devant,   2260
Se li a ses bras au col mis ;
Puis li a dit : « Li miens amis,
Conquis m'avés, vostre serrai ;
Ja mais de vos ne partirai.
Un don vos vel orendroit faire,   2265
Dont venu sont molt de contraire ;
Le don orendroit vos donrai,
Je nel vel pas metre en delai.
De la caucie aval garder
L'uissage vel cuite clamer.   2270
Por vos, sire, cuites serra,
Que ja mais garde n'i ara.
Et si ferai de vos signor ;
Ma terre vos doins et m'amor.
A mari, sire, vos prendrai ;   2275
Millor de vos certes ne sai. »
Molt bonnement cil l'en merchie.
La dame par le main l'en guie ;
Sor une kiute de brun pale,
Qu'aportee fu de Tesale,   2280
Iluec se sont andoi asis.
Molt i ot chevaliers de pris
En la sale de totes pars.
La dame pensse engiens et ars,
Et molt en est en grant anguisse,   2285
Coment celui retenir puisse.
Ses cuers a lui s'otroie et donne.
Par le palais nus mot ne sonne
Fors qu'il doi, qui forment s'entraisent
De biaus dis qui forment lor plaissent.   2290
La dame dist que le prendra,
Et c'ainc la nuit en parlera

lady's offer of self & BE 3304

Toute souriante, la dame entra dans la salle, elle s'avança vers l'Inconnu et lui passa les bras autour du cou en lui disant : « Mon bien cher ami, vous m'avez conquise et je serai vôtre : jamais je ne me séparerai de vous. Je veux vous accorder tout de suite un don, à propos de quelque chose qui a causé bien des malheurs – et vous allez le recevoir sans attendre : la coutume de la garde à l'entrée de la chaussée, je veux proclamer qu'elle a pris fin ; grâce à vous, il n'y aura plus jamais de garde. Je vais faire de vous un puissant seigneur : je vous donne mes terres et mon amour. Je vais vous prendre pour époux, seigneur, car personne ne m'en paraît plus digne que vous. »

L'Inconnu l'en remercia avec courtoisie ; la dame le conduisit par la main et s'assit avec lui sur des coussins d'une soie brune qu'on avait rapportée de Thessalie. La salle était remplie de valeureux chevaliers. La dame imaginait mille ruses, mille sortilèges, et se demandait avec angoisse comment retenir le chevalier à qui elle avait donné tout son cœur. Personne ne disait mot par toute la salle, à l'exception de ces deux-là, qui trouvaient leur joie à échanger de doux et plaisants propos. La dame décide qu'elle le prendra pour époux et qu'avant la nuit, elle en parlera

PBM summons lords to wedding

A tos les princes de s'onor,
Si com il veut avoir s'amor ;
Al uitme jor soient ici,   2295
Qu'ele vaura prendre mari,
Et qu'il ne facent demoree ;
A tos le di par la contree.
Et quant ce vint a l'avespree,   *ceremony*
Por laver ont l'iaue portee.   *washing*   2300
Quant ont lavé, si sont asis
Et tos les sieges ont porpris ;
Et la dame s'i est asise,
Qui molt est sage et bien aprise.
Li Descouneüs siet les li   *seating plan*   2305
Et Helie tot autresi.
Molt font le valet grant honnor.
Trestote s'entente et s'amor
A mis la dame en lui servir,
Car faire voloit son plaisir.   2310
Par la vile font joie grant
Et li viellart et li enfant.
Quant mangié orent a loissir,
A Helie vint a plaissir
Que de la table se levast,   2315
Le Descouneü apielast.
Levee s'est, a lui l'apiele
A une part la damoissele ;
Se li a dit : « Biaus tres dous sire,
Une cose vos sai a dire,   2320
Que la dame a envoié querre
Trestous les barons de sa tere,
Qu'ele vos velt a mari prendre ;
Et se vos en volés desfendre

à tous les grands seigneurs de son domaine puisqu'il est disposé à recevoir son amour. « Qu'on soit ici avant neuf jours car elle a décidé de prendre mari et qu'on fasse diligence » : voilà ce qu'elle fait savoir à tous dans le pays[1].

Le soir tombait, on apporta l'eau, ils se lavèrent les mains et occupèrent tous les sièges autour de la table ; la dame, qui était instruite et bien élevée, s'était assise et avait fait asseoir l'Inconnu à côté d'elle, Hélie de l'autre côté. On traitait le jeune homme avec beaucoup d'égards et la dame employait tous ses efforts et tout son amour pour le servir car elle voulait lui être agréable. Dans toute la ville, enfants et vieillards menaient grande joie.

Quand ils eurent fini de manger, Hélie décida de se lever de table et de faire signe à l'Inconnu. La jeune femme l'entraîna à l'écart et lui dit : « Mon bien cher seigneur, j'ai une chose importante à vous dire : la dame a envoyé chercher tous les puissants seigneurs de son domaine car elle veut vous prendre pour époux ; et si vous refusez

---

[1] v. 2298 *le di* : il est vraisemblable qu'il s'agisse ici d'une forme de troisième personne non marquée (suppression de la consonne finale fréquente dans le texte, y compris dans ce cas, voir 4817, 892, 4522, 3807, 2914, 3187, 2914, 3183). On peut cependant aussi, *lectio difficilior*, y voir du discours direct « libre » (« Je le fais savoir à tous dans le pays ») et une séquence très moderne DIL, DD.

Que vos ne le veilliés avoir,   2325
Si serrés pris, jel sai de voir.
Sire, n'i pensés vilonnie,
Ne ma dame n'obliés mie. »
Et cil li respondi : « Amie,
Ce n'ert pas, por perdre la vie !   2330
Consilliés vos ent, damoissele,
Que nos ferons. » Et la pucele
Dist : « Bien nos en porons enbler,
Et par matin de ci torner.
La cose bien atornerai :   2335
A mon ostel gesir m'irai,
Qui laiens est en cele vile.
Faire nos couvient une gille.
A Robert vel conter l'afaire,
Qui bien le sara a cief traire.   2340
Le ceval main atornera ;
Ains que le jor veoir pora,
Arons nos cevals maintenant
A ceste porte ci devant
U a une biele capiele.   2345
Et vos levés matin, kaele.
Vos armes en ferai porter ;
Issi nos en porons aler.
Et quant vos venrés au portier,
Aler en volés au mostier ;   2350
Ice li porés vos bien dire,
Ce ne vos porra contredire. »
Et cil icel consel loa ;
A tant lor parlemens fina.
A la dame s'en est tornés,   2355
Et dalés li s'est acotés.
Elie congié demanda
Et dist qu'a son ostel gira.

de la prendre pour épouse, vous serez gardé prisonnier, j'en ai la certitude. Seigneur, pensez à ne pas faillir à l'honneur et n'oubliez pas ma maîtresse. – Amie, lui répondit-il, cela ne se produira pas, dussé-je en perdre la vie ! Réfléchissez, demoiselle, à ce que nous allons faire. – Nous allons nous enfuir discrètement, répondit la jeune fille, et quitter les lieux dès le matin. Je vais m'occuper de tout : je retournerai dormir à mon logis dans la ville. Nous devons ruser et je vais conter l'affaire à Robert, qui saura la mener à bien. De bon matin, il préparera votre cheval et avant qu'il fasse jour, nous trouverons nos chevaux devant la porte qui se trouve dans cette direction ; il y a là une jolie chapelle. Bon, il vous faudra vous lever tôt[1], et je m'occuperai de faire apporter votre équipement ; c'est ainsi que nous pourrons partir. Et quand vous vous présenterez devant le portier, vous désirerez vous rendre à l'église : c'est du moins ce que vous lui direz et il n'osera pas vous en empêcher. »

Ils mirent fin à leur conciliabule : après avoir approuvé cette décision, l'Inconnu quitta la jeune fille pour retourner s'asseoir près de la dame. Hélie prit congé pour aller coucher dans son logis.

---

[1] v. 2346 *kaele* : voir la note du vers 1335.

... .

Et aveuc li faire gesir,   2360
Mais ne puet faire nul sanblant
Que ele cangast son talant.
Robers ses armes en porta,
Et la pucele s'en ala.

  Au Descouneü font le lit,   2365
Onques nus hom plus cier ne vit,
De kiuetes pointes et de moles.
Que feroie longes paroles ?
Li lis fu fais ens el palés,
Plus bel ne verrés vos ja mais ;   2370
La soie et l'ors qu'el lit estoit
Plus de cent mars d'argent valoit ;
Et fu covers d'un drap de soie,
Ki l'a sor lui tos tans a joie.
Lors a la dame congié pris,   2375
Se li a dit : « Mes ciers amis,
Le terme desir que vos aie. »
De sa parole molt l'apaie,
Et ne vault pas a tant laissier ;
Ains le comenche a enbrachier   2380
Entre ses bras molt doucement.
A tant s'en par et congié prent,
En sa canbre s'en est entree ;
Plus biele feme ne fu nee.
Trestot s'en vont petit et grant,   2385
N'i a remés keu ne sergant.
Le Bel Descouneü coucierent,
A son coucier le feu tocierent ;
Por veoir li metent devant,
Puis dormir vont tuit li sergant.   2390
Et li Descouneüs pensa,
Vers l'uis de la canbre garda,

[...]¹ et la faire coucher chez elle, mais elle eut beau insister, la dame ne put la faire changer d'avis. Robert emporta l'équipement du chevalier et la jeune fille le suivit.

On prépara alors pour l'Inconnu un lit garni des plus précieuses et plus mœlleuses courtepointes. Que dire de plus ? C'est dans la salle du palais que fut préparé ce lit d'une splendeur incomparable : la soie et l'or dont il était orné avaient coûté plus de cent marcs d'argent et dormir sous le drap de soie qui le recouvrait était source d'une joie durable !

C'est en ces termes que la dame prit alors congé du chevalier : « Mon tendre ami, comme je vais attendre le moment où vous serez à moi ! » Ces mots le comblèrent de bonheur, tandis que, ne voulant pas encore se séparer de lui, elle se mettait à le serrer dans ses bras avant de prendre congé pour se retirer dans sa chambre. C'était vraiment la femme la plus séduisante du monde !

Puis, tous s'en allèrent, humbles et grands, suivis par les derniers cuisiniers et serviteurs qui allumèrent le feu pour le coucher du Bel Inconnu ; ils tirèrent le feu en face du lit afin qu'il y vît plus clair, puis tous les serviteurs s'en allèrent dormir.

L'Inconnu, tout pensif, dirigea son regard vers la porte de la chambre.

---

¹ v. 2359 lacune non indiquée, mais attestée par la rime et par le sens.

Par l'uis la dame voit venir ;
Lors cuide avoir tot son plaissir.
Sans guinple estoit, eschevelee,   2395
Et d'un mantiel fu afublee
D'un vert samit o riche hermine ;
Molt estoit biele la meschine.
Les ataces de son mantiel,
De fin or furent li tasiel.   2400
Desus sa teste le tenoit,
L'orle les sa face portoit ;
Li sebelins, qui noirs estoit,
Les le blanc vis molt avenoit ;
N'avoit vestu fors sa chemisse,   2405
Qui plus estoit blance a devise
Que n'est la nois quis ciet sor branche.
Molt estoit la cemisse blance,
Mais encore est la cars molt plus
Que la cemisse de desus.   2410
Les janbes vit, blances estoient,
Qui un petit aparissoient ;
La cemisse brunete estoit
Envers les janbes qu'il veoit.
A l'uis la dame s'apuia,   2415
Envers le lit adiés garda,
Puis demanda se il dormoit ;
En cel palais nului n'avoit.
« Dort il ? fait ele, qui se dist,
Est il ja couciés en son lit ? »   2420
Il li respont qu'il ne dort mie ;
Son cief dreça quant l'a oïe,
Et dist : « Dame, je ne dorc pas. »
Vers lui se trait trestot le pas,
Que molt ot le cors gent et biel.   2425
Son braç jeta fors del mantiel

Soudain, il vit la dame en franchir le seuil[1] et il crut alors que son désir allait trouver satisfaction. Sans voile pour retenir ses cheveux défaits[2], elle était vêtue d'un manteau de soie verte doublé de luxueuse hermine – c'était une très belle adolescente ! D'or pur étaient les attaches[3] du manteau qu'elle maintenait sur sa tête, la bordure encadrant son visage : la noire zibeline mettait joliment en valeur la blancheur de la peau ; elle ne portait sur elle que sa chemise, plus blanche que neige tombant sur branche. Si la chemise était blanche, la chair qu'elle cachait l'était bien plus encore ! Il pouvait apercevoir ses jambes, si blanches que la chemise en semblait grisâtre.

En s'appuyant sur le chambranle, la dame tourna ses regards vers le lit et demanda s'il dormait ; la salle du palais était déserte. « Est-ce qu'il dort, dit-elle comme en se parlant à soi-même, est-ce qu'il est déjà couché dans son lit ? » Au son de sa voix, il redressa la tête pour lui répondre qu'il ne dormait pas : « Ma dame, non, je ne dors pas. » Elle se dirigea tranquillement vers lui, élégante et gracieuse et, rejetant son manteau en arrière pour dégager ses bras,

---

[1] vv. 2393–2460 comparer cette scène à la visite nocturne de Blanchefleur dans *Le conte du Graal* (éd. Lecoy, vers 1930–2072).

[2] v. 2395 *guimple* : coiffure des femmes mariées ou coiffure de voyage pour les demoiselles arthuriennes passant leur vie sur les grands chemins. Il s'agit d'un voile d'un tissu léger porté sur la chevelure, encadrant le visage et pouvant le dissimuler en partie, qui se porte lâche et flottant au XIIe siècle et ajusté sur le menton au XIIIe siècle. Nous avons ici une scène de séduction où les cheveux détressés apparaissent sans guimple ; cf. les vers 3981 sq. où la fée porte un simple *chapelet*.

[3] v. 2400 *tasiel,* gland, frangé ou non, au bout d'un cordon de soie servant d'attache au *mantel* en l'absence de fermail.

Deseur celui qui se gisoit.
L'uns l'autre molt volentiers voit.
Ses mamieles et sa poitrine
Furent blances con flors d'espine ;   2430
Se li ot desus son pis mis.
Docement li dist : « Biaus amis,
Molt desir vostre conpaignie,
Se Damesdius me beneïe. »
Son pis sor le sien li tenoit,   2435
Nu a nu, que rien n'i avoit
Entr'els, non plus que sa cemisse.
En lui joïr a painne mise.
Les son menton li met sa face,
Et cil molt doucement l'enbrace.   2440
La dame li dist : « Bials amis,
Li mals d'amors m'a por vos pris ;
Iço saciés vos bien de voir
Que je vos aim outre pooir.
Plus ne me pooie soufrir   2445
De vos veoir, ne plus tenir. »
Et cil de bon oel l'esgarda ;
Un doç baissier prendre cuida,
Quant la dame ariere se trait,
Se li a dit : « Ce ne me plaist ;   2450
Tot torneroit a lecerie.
Saciés je nel feroie mie ;
Des que vos m'aiés esposee,
Lors vos serrai abandonnee. »
De lui se parti maintenant,   2455
Se li dist : « A Diu vos comant. »
En ses chanbres l'ont enfremee
Les puceles et ramenee.
Celui a laissié esbahi,
Qui molt se tint a escarni.   2460

elle se pencha au dessus de lui. Ils se dévorèrent du regard. Sa gorge
et ses seins avaient la blancheur de l'aubépine ; elle se serra contre lui
en murmurant : « Mon cher ami, si vous saviez, – que Dieu me
protège ! – comme j'ai envie d'être auprès de vous ! »

Elle appuyait sa poitrine contre celle du jeune homme, ils étaient
tous deux presque nus, seule la chemise les séparait. Elle le couvrait
de caresses. Alors qu'elle avançait son visage vers lui et qu'il la serrait
très doucement dans ses bras, elle lui dit : « Mon cher ami, le mal de
vous aimer m'a prise ; soyez persuadé que je vous aime outre mesure.
Je n'ai pas pu m'empêcher d'aller vous rejoindre. » L'Inconnu la
regarda avec tendresse et chercha à prendre un doux baiser. Alors, la
dame se rejeta en arrière : « Il n'en est pas question ! Quelle indécen-
ce ! je ne me donnerai pas à vous, sachez-le ; mais dès que vous
m'aurez épousée, je serai vôtre. » Et aussitôt elle s'éloigna de lui en
disant : « Dieu vous garde. » L'autre en resta tout désolé, pensant
qu'on s'était bien moqué de lui.

Quant la dame s'en fu alee,
Maudist sa male destinee,
Que trop a fait greveusse faille.
Amors le destraint et travaille,
Mais lasés est, si s'endormi.   2465
En dormant a veü celi
Por cui ses cuers muert et cancele ;
Entre ses bras tenoit la biele.
Tote nuit songe qu'il le voit
Et qu'entre ses bras le tenoit,   2470
Tros qu'al main que l'aube creva.
Isnelement et tost leva ;
A la porte vint maintenant,
Li portiers l'euvre isnelement.
Venus s'en est a la capiele,   2475
U il trove sa damoissele
Et son escuier et le nain
Qui son ceval tint par le frain.
Ses armes comande a porter
Isnelement por lui armer.   2480
Robers son elme li laça,
Hastivement et bien l'arma ;
Et puis se metent a la voie,
Si cevaucierent a grant joie.
Tot quatre grant oirre s'en vont.   2485
Li solaus resluist par le mont.
Helie s'en aloit cantant
Et molt grant joie demenant ;
Son palefroi caçoit li nains,
Et chevaucierent bos et plains.   2490
Vers le Gaste Cité en vont,
Dusques as vespres erré ont.

A tant un biel castiel coisirent,

Après le départ de la dame, il maudit le sort : il vient d'être affreusement trahi. Amour le tourmente et le torture, mais il est si fatigué qu'il s'endort. Pendant son sommeil, il a vu celle qui fait battre son cœur à en mourir : il tenait la belle dans ses bras. Toute la nuit, il rêva qu'il la voyait et qu'il la tenait dans ses bras et cela dura jusqu'au point du jour.

Vite, il se leva alors sans perdre de temps, vite, il pressa le pas en direction de la ville. Le portier s'empressa de lui ouvrir et le voilà parvenu à la chapelle où il retrouva sa compagne avec son écuyer et le nain qui tenait son cheval par le mors ; il réclama son équipement : qu'on l'arme au plus vite ! Robert se dépêcha de lui attacher son heaume ; une fois qu'il fut bien équipé, ils se mirent en route et tous quatre partirent allègrement à vive allure. Le paysage était inondé de soleil. Sur son palefroi que faisait avancer le nain, Hélie chantait et laissait éclater sa joie. Il chevauchèrent ainsi, jusqu'au soir, par bois et par champs en direction de la Cité en Ruine.

IV . La Cité en Ruine

Soudain, ils aperçurent une belle place-forte

LI BIAUS DESCOUNEÜS

Outre un pont et une eve virent.
Les tors estoient bien antisses, 2495
Bien faites environ asisses,
S'ert de haus murs clos li donjons.
Molt ot en la vile maissons,
Et li bos molt pres i estoit.
Molt rices borgois i avoit, 2500
Dont la vile estoit bien pluplee.
Molt estoit biele la contree
De vingnes, de bos et de plains,
Et si ot molt rices vilains.
De tos biens estoit raenplie ; 2505
Bien estoit la vile garnie.
Li castials ot non Galigans,
Ki ert molt biaus et avenans.
Li chevaliers dist : « Que ferons,
Damoissele, herbergerons 2510
En cest castiel ici devant ? »
Cele respondi mantenant :
« Sire, fait ele, nenil mie !
De la aler n'aiés envie,
Car tant en ai oï parler 2515
Que molt i fait mauvais aler.
Un usage vos en dirai
Dou castiel, que je molt bien sai :
Li borjois, qu'en la vile sont,
Ja homme ne herbergerunt. 2520
Tot herbergent ciés le signor,
Car il veut faire a tos honor.
Et Lanpars a a non li sire,
Dont je vos vel l'usage dire.
Il ne herberge chevalier 2525
Qui viengne armés sor son destrier,
Se premiers ne jostent andui

qui se dressait au-delà d'une rivière que franchissait un pont. De très anciennes tours solidement plantées entouraient la citadelle, de hautes murailles protégeaient le donjon. Toute proche d'un bois, la ville comptait de nombreuses maisons, elle était peuplée[1] d'un très grand nombre d'habitants fortunés. C'était une contrée couverte de bois et de champs en abondance, où les paysans semblaient à l'aise ; la ville était riche en ressources de toute sorte, vraiment bien défendue. Cette belle et agréable place-forte s'appelait Galigans.

« Que décidons-nous, ma demoiselle ? dit le chevalier. Allons-nous passer la nuit dans la place-forte qui se dresse là devant nous ? – Sûrement pas, seigneur, lui répondit-elle vivement. Inutile d'y penser car, d'après ce que j'ai souvent entendu raconter, il ne fait pas bon s'y rendre. Je vais vous conter une des coutumes qu'on observe dans cette ville, je la connais bien : les habitants de la ville ne reçoivent jamais personne pour la nuit. Tous les voyageurs sont reçus chez le maître de la ville, qui veut ainsi dignement traiter tout le monde. Ce seigneur, dont je vous expose la coutume porte le nom de Lampart et le chevalier qui passe armé, à cheval, il ne le reçoit jamais pour la nuit sans l'obliger d'abord à se battre à la lance contre lui

---

[1] v. 2501 *pluplee* pour *puplee, pueplee* : addition d'un *l* par propagation (cf. *esclarboucle*, vers 1913 et 3140).

Tant qu'il l'abatra u il lui.
Mais se Dius velt itant aidier
Celui qui i vient herbergier   2530
Que il abate le signor,
Ostel ara a grant honnor ;
Et se li sires abat lui,
Si s'en retorne a grant anui
Par mi la vile sans cheval.   2535
Asés i suefre honte et mal,
Car cil qui en la vile sont
Trestout a l'encontre li vont
Et portent torces enboees,
Qui sont de la boe loees,   2540
Et pos plains de cendre et d'ordure ;
Trop i reçoit tres grant laidure,
Que tot li ruent vers le vis
Les grans ordures qu'il ont pris.
Molt fait el castiel grief entrer ;   2545
Mius vos en vient defors aler
En tant come li murs açaint,
N'a chevalier, u en a maint,
Nes uns tot sels millor de lui ;
A mains hommes ont fait anui.   2550
Biaus sire, por ice, fait ele,
N'irons pas. » Cil li dist : « Pucele,
Por tel cose ne quier laissier,
Car Dius nos puet molt bien aidier ;
Ja ne m'en sariés tant dire.   2555
Mais, por Diu, nel prendés a ire
Que j'en i voise herbergier,
Et jostera au chevalier
Qui si cuide, par sa manace,
De sa maisson tenir la place   2560
Qu'o lui ne herbert chevalier.

jusqu'à ce que l'un deux ait jeté l'autre à terre. Si Dieu consent à secourir le nouvel arrivant et l'aide à jeter le seigneur à terre, ce chevalier sera logé et traité avec tous les honneurs possibles ; mais si c'est le contraire, c'est de façon bien humiliante qu'il s'en retourne sans cheval à travers la ville. Il doit s'attendre à se voir infliger bien des affronts et bien des souffrances car les habitants de la ville viennent à sa rencontre en portant des paquets d'immondices englués de boue grasse et des récipients débordant de cendre et de détritus. Quel déshonneur ne subit-il pas, car tous lui jettent à la figure les détritus les plus abjects qu'ils ont pu ramasser ! Il est donc dangereux d'entrer dans la ville-forte, il vaut mieux que vous vous contentiez de longer le mur d'enceinte sans entrer. En effet, parmi les nombreux chevaliers qui se sont présentés, il ne s'en est pas trouvé un seul pour surpasser Lampart et ils ont été nombreux, ceux que les habitants de la ville ont traités de façon déshonorante. C'est pour cette raison, cher seigneur, ajouta-t-elle, que nous ne passerons pas par là. – Jeune fille, répondit-il, ce n'est pas cela qui me fera reculer, car Dieu peut fort bien nous porter secours ; inutile de m'en dire davantage. Mais pour l'amour de Dieu, ne vous fâchez pas si je vais me loger là ; je combattrai le chevalier[1] qui essaye par ses menaces de protéger sa maison comme une place-forte et de dissuader ainsi les chevaliers qui passent d'aller loger chez lui.

---

[1] v. 2558 *jostera* pour *josterai* : voir la note du vers 887.

A lui me vel je asaier.
Or i alons, ne doutés mie. »
Dist la pucele : « Dius aïe !
Puis qu'il vos siet, or i alons ;   2565
Dius nos soit garde et li suens nons ! »
El castiel vienent maintenant ;
Par mi la porte entrent errant,
Par mi la grant rue s'en vont.
Les jans qui en la vile sont,   2570
Quant le virent, si vont riant ;
Li uns le va l'autre mostrant.
Tuit s'atornent, les torces font,
Lor pos de cendres enplir vont
Et drapias mollier en ordures   2575
Por faire au chevalier laidures.
Tot en parolent et consellent
Et de ferir tot s'aparellent,
Car il cuident de fi savoir
Qu'envers son signor n'ait pooir.   2580
Robers regarde lor ator,
Si le mostra a son signor
Que si vers le castiel s'en vont.
Le signor defors trové ont,
U as eschés avoit joé ;   2585
Un chevalier avoit maté.
Lanpars le voit, si s'est levés ;
De blanc poil ert entremelés ;
Robe ot d'eskerlate, por voir,
Et de vair a un seble noir ;   2590
Sans aligos la roube estoit ;
Uns estivals cauciés avoit
Et d'une coroie baree
Fu çains a argent bien ouvree.
Molt i avoit bon chevalier ;   2595

Je veux me mesurer à lui. Allons-y donc et n'ayez nulle crainte. – Que Dieu nous protège ! dit la jeune fille. Allons-y donc, puisque c'est ce que vous voulez. Que le nom du Seigneur nous protège ! »

Les voilà parvenus aux portes de la ville ; ils les franchissent rapidement et s'engagent dans la rue principale. Les gens de la ville se mettent à rire en voyant l'Inconnu et le montrent du doigt. Tous se mettent à confectionner leurs paquets d'immondices et vont remplir leurs récipients de cendre et imprégner leurs chiffons de divers détritus afin de traiter le chevalier de façon dégradante. Tout en discutant entre eux, ils se préparent tous à le viser car ils se figurent – ils en sont même certains – que le chevalier ne pourra résister à leur seigneur. Robert observe leurs préparatifs et fait remarquer à son maître que la foule avance ainsi vers le donjon[1].

Avant d'y parvenir, ils rencontrèrent le seigneur de la ville qui venait de battre un chevalier aux échecs. En apercevant l'Inconnu, Lampart se leva : c'était un homme aux cheveux grisonnants, portant un vêtement de drap précieux, sans bordure[2], doublé de petit-gris et de zibeline noire. Il portait des chaussures légères[3] et une ceinture ornée[4] de bandes transversales en argent.

---

[1] v. 2582 rupture du couplet ; nous avons compris *le* comme une prolepse annonçant la subordonnée : « il montre qu'ils avancent dans ces conditions. »

[2] v. 2591 *aligos* : A *haligot,* Tobler-Lommatszch renvoie à *harigot,* crevé, ornement tailladé ou découpé dans un vêtement en citant *Yvain* : « Et un mantel sanz harigot,/ Veir d'escarlate, au col li met... » (éd. Roques, v. 5422-5423). P. Williams, elle, rattachait le mot à *amigalt,* encolure d'un vêtement et proposait pour cette occurrence le sens de bordure ou collet. C'est plus vraisemblable : le texte ne parle nulle part ailleurs de crevés tandis que dans toutes les autres description, il est fait allusion à la qualité de la bordure ou du col des vêtements.

[3] v. 2592 *estivals* : souliers légers ou bottines de cuir ou de drap portés en été. Lampart est vêtu simplement.

[4] v. 2593 *coroie baree* : se dit d'une *robe,* d'un *écu* sur lesquels, en biais, se trouvent appliquées des bandes transversales ; cf. T.L., I, 853, et Godefroy, VIII, 295c.

En lui n'en ot que ensingnier.
Li Descouneüs le salue,
De son ceval ne se remue.
Lanpars respont come afaitiés :
»Bials sire, fait il, bien viegniés !   2600
Je cuic vos venés herbergier ;
Par sanblant en avés mestier.
Volentiers vos herbegerai
Selonc l'usage que je ai :
A moi vos estuet ains joster ;   2605
Et se jus me poés jeter,
Par raisson vos doi herbergier ;
Et se j'abat vos del destrier,
Sans ostel ariere en irois ;
Vilain convoi i troverois. »   2610
Et cil molt volentiers l'otroie ;
De rien nule ne s'en esfroie.
Et Lanpars l'en maine en la sale,
U tenoit la costume male.
La sale en bas vers terre estoit,   2615
Que lonc que lé molt porprendoit.
Illuec devoit a tos joster.
Un tapit a fait aporter ;
Quant a terre fu estendus,
Si est tost cele part venus,   2620
Puis est de l'une part asis
Sor l'image d'un lupart bis
Que el tapi estoit portraite.
De lui armer forment s'afaite.
Cauces de fer li font caucier   2625
Qui molt faissoient a proissier,
Plus sont blances que flors d'espine ;
Molt est la maille blance et fine.
Son ceval li ont amené,

C'était un chevalier irréprochable.

Comme l'Inconnu le saluait sans descendre de cheval, Lampart lui répondit avec politesse : « Soyez le bienvenu, cher seigneur. J'imagine que vous cherchez un logis pour la nuit, on voit bien que vous en avez besoin. C'est bien volontiers que je vous hébergerai selon la coutume qui est la mienne : il vous faudra tout d'abord accepter un combat à la lance avec moi et, si vous parvenez à me jeter à terre, j'aurai à vous loger pour la nuit, c'est la règle. Mais si c'est moi qui vous jette à bas du cheval, vous repartirez sans que je vous reçoive chez moi et vous serez raccompagné de façon infamante pour vous. »

L'Inconnu accepta ces propositions, en homme que rien ne pouvait ébranler, et Lampart le conduisit dans la salle où il observait cette mauvaise coutume. C'était dans une salle de plain-pied[1] aux vastes proportions qu'il avait l'habitude de combattre à la lance avec tous les chevaliers.

Après avoir fait apporter un tapis et l'avoir fait dérouler à terre, Lampart alla vite s'installer sur l'un des côtés, où était représenté un léopard gris. Il se fit équiper, on lui passa de splendides jambières de fer aux mailles serrées, plus blanches que fleur d'aubépine. Puis on lui amena son cheval

---

[1] v. 2615 Les salles sont en général un peu surélevées mais là il s'agit d'une salle où on entre obligatoirement à cheval ; cf. *Perceval*, « La sale fu par terre aval /Et longue autretant come lee. » (éd. Roach v. 903 et 906).

Quant de tot en tot l'ont armeé,   2630
Et li chevaliers est montés,
Qui molt ert prous et alosés.
Quant fu armés, son escu prist
Et sa fort lance aporter fist.
Quanques doi vallet porter porent   2635
Estes vos que totes les orent,
Grandes et roides et quarrees.
Quant les lances sont aportees,
Cascuns a tost la soie prisse,
Tele con vaut a sa devisse.   2640
Lor regnes tornent, si s'eslongent ;
Por tost aler lor cevals poingnent.
Molt aloient tost li ceval,
Si s'entrefierent li vasal
Des lances grans cols a devisse   2645
Dusqu'en ses puins cascuns lé brisse.
Ensanble hurtent li destrier ;
Bien se tinrent li chevalier
Que l'uns ne l'autres ne caï ;
Andoi furent preu et hardi.   2650
Et quant cascuns ot fait son tor,
N'i font demore ne sejor,
Lances reprendent por joster
Et laiscent tost cevals aler,
Et puis durement s'entrevienent ;   2655
Les lances alongnies tienent,
Si se fierent de tel angoisse
Que l'une lance l'autre froisse ;
Les esclices en font voler
Si haut que on poroit jeter.   2660
De grant fin sorent bien joster.
Cascuns vait lance demander,
Et Robers molt bien i eslist :

et, une fois armé de pied en cap, ce chevalier – un homme vaillant et estimé – se mit en selle, prit son bouclier et commanda de faire apporter de bonnes lances. Ils en eurent autant que deux jeunes gens purent en apporter, des grandes, des dures et des solides. Quand les lances arrivèrent, chacun des chevaliers se servit rapidement en choisissant celle qui lui convenait le mieux.

Tournant bride, ils s'éloignèrent l'un de l'autre, puis éperonnèrent leurs chevaux pour prendre de la vitesse. Lancés sur leurs chevaux rapides, les bons chevaliers se donnent de si rudes coups de leurs lances qu'ils les brisent au ras des poings. Les chevaux se heurtent mais les chevaliers, tous deux bons combattants, réussissent à éviter la chute. Après ce premier tour, ils ne prennent pas un seul instant de repos et se saisissent de nouvelles lances pour reprendre la joute. De toute la vitesse de leurs chevaux, ils s'élancent violemment l'un sur l'autre ; ils tiennent leurs lances à l'horizontale et se frappent avec une telle force que les deux lances se fracassent l'une contre l'autre : les éclats en volent dans les airs comme des traits de javelot. Il n'y a pas de doute, c'étaient là d'habiles combattants ! Comme chacun d'eux redemande une lance, Robert en choisit une avec soin ;

La millor et le plus fort prist
Et vint corant a son signor,   2665
Se li tendi par grant amor,
Et dist : « Sire, n'obliés mie,
Por amor Diu le fil Marie,
Les laides torces ne les pos ;
Ne soiés pas de joster sos.   2670
Molt vos cuident tost malbaillir,
Ja sont tot prest de vos laidir
Et les grans gens et les menues ;
Plainnes en sont totes les rues.
– Amis, fait il, ne t'esmaier !   2675
Dius nos en puet molt bien aidier ! »
Lors retorne sans demorance
Contre le chevalier sa lance,
Et li chevaliers point vers lui ;
Lors s'entrefierent anbedui.   2680
Mais Lanpars l'a premiers feru
Molt ruiste cop en son escu.
De l'autre part fait fer paser,
De l'anste fist les tros voler.
Mais cil a Lanpart ne faut mie ;   2685
Desus la boucle u l'ors clarie
L'a si feru del fer trencant
Que l'escu li perce devant.
La lance fu et roide et fors,
Et il l'enpaint par tel esfors   2690
Que les estriers li fist gerpir,
Que il ne s'i pot plus tenir.
Il ne fu navrés ne bleciés,
Isnelement est redreciés ;
Al Descouneü est alés.   2695
« Sire, fait il, ça descendés,
Par droit avés l'ostel conquis,

il s'empare de la meilleure et de la plus solide pour courir, en serviteur fidèle, la porter à son maître : « Seigneur, dit-il, pour l'amour de Dieu, le fils de Marie, n'oubliez pas les paquets et les récipients remplis d'immondices ; ne vous montrez pas maladroit dans cette joute. Ces gens s'imaginent pouvoir vous maltraiter sans attendre ; les rues sont toutes remplies de gens, humbles et grands, qui sont déjà tout prêts à vous traiter de façon dégradante. – Ami, répondit l'Inconnu, ne t'inquiète pas ! Dieu peut nous porter secours. »

Alors, il retourne sans tarder sa lance contre le chevalier, qui se précipite sur lui et tous deux se frappent l'un l'autre. Lampart touche le premier son adversaire, d'un coup si violent que le fer passe à travers le bouclier et que les tronçons de la lance en volent dans les airs. Mais l'Inconnu ne manque pas son coup, il frappe si bien Lampart au dessus de la boucle d'or brillant qu'il transperce le bouclier en plein milieu. Il donne à son adversaire une telle poussée de sa solide lance qu'il le contraint à vider les étriers.

Comme Lampart n'était ni blessé ni contusionné, il se releva rapidement et se dirigea vers l'Inconnu. « Seigneur, dit-il, descendez de cheval. Vous avez bien légitimement gagné un logis pour la nuit,

Vos l'averés a vo devis. »
Et cil isnelement descent,
Uns damoisials son ceval prent.   2700
Lors furent vallet apresté,
Qui maintenant l'ont desarmé.
Aprés redesarment Lanpart.
Elie se trait d'une part
Et Lanpars l'enbrace et acole ;   2705
A une part a li parole.
Andoi molt grant joie faisoient,
Que molt bon chevalier estoient,
Car senescals sa dame estoit :
Lanpars por ce molt l'oneroit.   2710
Puis li demande qu'ele fait.
Cele li respont entresait :
« Le roi Artus a cort trova
A Carlion, a lui parla
A ma damoisele en aïe ;   2715
Dou tot cuida estre esbahie,
Quant cest chevalier me carca
Qui orendroit a vos josta.
Il me siet bien, tot a mon gré.
Bien l'ai en la voie esprové   2720
Es grans estors u veü l'ai ;
Certes, milor de lui ne sai.
Or li portés molt grant honnor,
Car il est molt de grant valor. »
Quant Lanpars l'ot, grant joie en a.   2725
Vers lui maintenant s'en ala,
Maintenant le va acoler ;
Molt bel sanblant li fait mostrer :
« Sire, molt avés enduré
Et molt travillié et pené ;   2730
Molt avés fait a mon plaisir

et vous l'aurez, tel que vous le désirez »

L'Inconnu descendit aussitôt de son cheval, qu'emmena un jeune noble ; d'autres jeunes gens se précipitèrent pour débarrasser le chevalier de son équipement et pour s'occuper ensuite de Lampart. Hélie s'écarta du groupe et Lampart alla la serrer dans ses bras et l'embrasser, l'entraînant à l'écart pour lui parler. Tous deux se congratulaient : on venait de voir à l'œuvre deux excellents chevaliers. Il faut savoir que Lampart était le sénéchal de la maîtresse d'Hélie et que c'était pour cela qu'il traitait la jeune fille avec respect. Puis il lui demanda pourquoi elle se trouvait là. : « Je viens d'aller trouver le roi Arthur[1] à Charlion, répondit-elle, pour lui demander de l'aide pour ma jeune maîtresse. J'ai été bien près de sombrer dans le désespoir quand le roi m'a confié ce chevalier, celui qui vient de combattre contre vous. Mais il se trouve qu'il me convient parfaitement. J'ai eu tout loisir de le mettre à l'épreuve en route, au cours des terribles combats que je l'ai vu livrer, et je peux dire que je n'en connais pas de meilleur. Traitez-le donc avec tous les honneurs possibles car c'est un homme d'une valeur exceptionnelle. »

Lampart, tout heureux d'entendre ces mots, se dirigea aussitôt vers l'Inconnu pour lui donner l'accolade et ordonna qu'on lui prépare le meilleur accueil : « Seigneur, vous venez d'endurer bien des fatigues, bien des tourments et des souffrances.

---

[1] vv. 2713, 2714, 2716 *trova, parla, cuida* pour *trovai, parlai, cuidai* : voir la note du vers 887.

As estors que savés furnir.
Or est bien tans de reposer. »
Adont s'asisent au souper.
Molt sont bien servi a devise,   2735
Et si ont mes de mainte guisse.
Aprés souper tot maintenant
Font porter vin a respandant,
....
Car reposer vellent aler   2740
Et matin se veulent lever,
La messe oïr et Diu prier.
Puis resont a l'ostel venu,
U li dingners aprestés fu :
Lanpars l'avoit fait atorner,   2745
Capons cras et oisiaus torner.
Li chevalier sist au mangier,
Un petitet, por esforcier ;
Et quant sont levé del digner,
Les cevals fisent ensieler.   2750
Lanpars au chevalier conselle
Priveement, ens en s'orelle,
Cele fois que ne sejornast,
Ne nul encontre ne doutast ;
Mestier avra d'armes porter.   2755
Tot son harnas a fait torser.
Des ore dist qu'il s'en ira,
Et ses escuiers tot torsa.
Li ceval furent apresté,
Et il sont maintenant monté.   2760
Ensanble o els Lanpars s'en vait,
Pres de la pucele se traist,
Se li consele par amor
Au nain qui tint le misaudor :
Li nains le palefroi caçoit   2765

Vous avez su mener à bien les combats que vous avez livrés d'une façon qui ne peut que me réjouir. A présent, il est grand temps d'aller vous reposer. »

Ils passèrent à table pour le souper, où il furent largement servis de toutes sortes de plats différents. Aussitôt après souper, ils firent apporter du vin à profusion [...][1] car ils avaient décidé d'aller se reposer pour pouvoir se lever de bon matin, entendre la messe et prier Dieu. Après la messe, ils retournèrent à leur logis où les attendait le repas, pour lequel Lampart avait fait mettre à la broche volailles et chapons gras. Le chevalier ne resta à table que le temps de reprendre quelques forces ; dès qu'ils furent levés de table, ils firent seller les chevaux. Lampart prit le chevalier à part pour lui demander à l'oreille de ne pas s'attarder cette fois-ci, qu'il n'y avait aucune rencontre à craindre, mais qu'il aurait besoin de ses armes[2].

L'Inconnu fit donc charger tout son équipement et annonça qu'il était disposé à partir. Dès que l'écuyer en eut terminé et que les chevaux furent prêts, ils montèrent et Lampart les accompagna. Il s'était placé près de la jeune fille et échangeait avec elle des propos amicaux[3] en compagnie du nain qui tenait par la bride le superbe cheval : il faisait avancer le palefroi

---

[1] v. 2739 lacune non indiquée, mais attestée par le sens dans un groupe de quatre vers sur la même rime.

[2] v. 2755 *avra* : le manuscrit présente la forme *avras*. Nous avons maintenu la correction de P.W., mais, comme au v. 2298, on peut choisir de maintenir la forme et de considérer le vers comme une attestation précoce de discours direct libre « Tu auras besoin de tes armes ». L'emploi de *tu* serait cependant gênant car Lampart ne tutoie pas le Bel Inconnu. Il est donc préférable de voir là du discours indirect libre.

[3] vv. 2763-2765 La construction fait difficulté. Nous l'avons corrigée selon Meiller (1997) qui propose de donner à la préposition *a* une valeur d'accompagnement.

Que la pucele cevaucoit.
Tot trois aloient consillant,
Li Descouneüs vait devant
Aveuc Robert son escuier.
Ariere les voit consillier ;   2770
N'est mervelle se paor a,
Ses aventures redouta.

Et quant ce vint a l'avesprer,
Une forest ont a passer,
Et la Cité Gaste ont veüe.   2775
Onques si biele de veüe
Ne vit nus con cele ert jadis :
Or est gaste, ce m'est avis.
Entre deus augues molt bruians
Sist la cités, qui molt fu grans.   2780
Les tors virent et les maisons,
Et les clociers et les dongons,
Les bons palais qui resplandoient,
Et les aigles qui reflanboient.
Quant ont veüe la cité,   2785
Tot maintenant sont aresté.
Lors descent cascuns de la sele.
Lanpars ploroit et la pucele.
Les armes font avant porter
Por le Descouneü armer.   2790
A bonnes coroies de cer
Li lacent les cauces de fer ;
Le hauberc li ont el dos mis,
Le hiaume aprés el cief asis.
Et quant il l'orent bien armé,   2795
Si l'a Lanpars araisonné :
« Sire, fait il, or en irois,
Que conpaignie n'i menrois ;
Car cil qu'iront ensanble vos

que montait la jeune fille. Pendant qu'ils bavardaient ainsi tous trois, l'Inconnu marchait devant avec son écuyer Robert. En se retournant, il les vit mener une conversation animée. Il ne faut pas s'étonner s'il ne peut s'empêcher de redouter le danger qui l'attend !

Le soir, après avoir traversé une forêt, ils virent la Cité en Ruine. Impossible de rencontrer une cité plus belle que cette ville le fut jadis : mais, pour autant que je puisse en juger, elle n'était plus alors que ruines. La cité s'étendait entre deux torrents impétueux et on pouvait en apercevoir les tours, les maisons, les clochers, les donjons, les somptueux palais qui reluisaient et les aigles qui étincelaient au soleil.

Dès qu'ils virent la cité, ils s'arrêtèrent et chacun descendit de cheval ; Lampart et la jeune fille avaient éclaté en sanglots. On fit apporter l'équipement pour armer l'Inconnu. On lui laça des jambières de fer à l'aide de solides courroies de cuir de cerf, on lui fit enfiler son haubert et on lui fixa le heaume sur la tête. Dès qu'il fut entièrement équipé, Lampart lui tint ce discours : « Seigneur, maintenant vous allez partir et c'est seul qu'il vous faut le faire car ceux qui vous accompagneraient

Serront ocis tot a estros.   2800
Quant vos venrés en la cité
Les murs verés d'antiquité
Et les portals et les clociers
Et les maisons et les soliers,
Les ars volus dé ouvreors,   2805
Les cretials des palais auçors ;
Trestous destruis les troverois,
Homme ne feme n'i verrois.
Icele rue adés alés ;
Gardés ja ne vos retornés   2810
Des qu'en mi liu de la cité,
U vos verrés d'antiquité
Un palais molt grant et marbrin ;
Laiens irés tot le cemin.
La sale est molt grans et molt lee,   2815
Et li portels grans a l'entree.
Vos verrés asés bien les estres :
El front devant a mil fenestres,
En cascune a un jogleor,
Et tot sont de molt riche ator ;   2820
Cascuns a divers estrument
Et devant lui un cierge ardent.
De trestotes les armonies
I a molt doces melaudies.
Tantost con venir vos verront   2825
Trestout biel vos salueront.
Vos respondés : « Dius vos maudie ! »
Ceste orison n'obliés mie,
Et en la sale en entrerois ;
Vostre aventure i atendrois.   2830
Et tant con vos amés vo vie,
Si gardés que vos n'entrés mie
En la canbre que vos verrois.

seraient tués sans pitié. Quand vous entrerez dans la cité, vous verrez les vénérables murailles, les portes à double battant, les clochers, les grandes maisons, les étages d'apparat, les voûtes des ateliers des artisans, les créneaux des palais élevés : tout cela, vous le trouverez détruit et vous ne rencontrerez ni homme ni femme. Suivez cette route jusqu'à ce que vous aperceviez, au centre de la ville, un grand palais de marbre fort antique. C'est là que vous dirigerez vos pas. Attendez-vous à trouver une salle aux vastes proportions, après avoir franchi d'importantes portes d'entrée. Il vous sera facile d'examiner les lieux : en façade, il y a mille fenêtres et dans l'embrasure de chacune se tient un jongleur. Chacun est habillé de façon somptueuse, chacun possède un instrument de musique différent et, devant chacun, brûle une chandelle de cire. Tous ces instruments s'accordent en de très harmonieuses mélodies.

Dès qu'ils vous verront entrer, ils ne manqueront pas de bien vous saluer, mais vous, répondez-leur alors : « Que Dieu vous maudisse ! » N'oubliez pas de prononcer cette prière avant d'entrer dans la salle où vous allez attendre votre aventure. Mais, si vous tenez à la vie, ne pénétrez pour rien au monde dans la chambre que vous apercevrez

Quant vos en la sale serrois,
Tres en mi liu vos arestés,   2835
Vostre aventure i atendés.
Or montés en vostre destrier,
Que n'i avés que atargier. »
Et cil sor son ceval monta ;
Trestos a Diu les comanda,   2840
Et il i recomandent lui.
Mais molt lor torne a grant anui
Que il l'en ont veü aler,
Si comencierent a plorer,
Ja mais nel cuident reveoir.   2845
Or le gart Dius par son pooir !
Lanpars ploroit et la pucele ;
Robers ciet pasmés a la tere.
De l'autre part ploroit li nains,
Les cevals traioit a ses mains,   2850
D'estrange guisse grant dol fait.
Et li Descouneüs s'en vait
Tant que il vint a la cité ;
Sor une iaugue a un pont trové,
Qui devant la porte coroit ;   2855
D'une part la cité clooit.
Cinc liues duroit la cités,
Close de murs et de fosés.
Li mur estoient bon et biel ;
De mabre sont tot li quarriel,   2860
Li un es autres entaillié
Et a ciment entrelacié ;
Et furent de maintes colors,
Taillié a bietes et a flors,
Et sont li quarriel bien asis,   2865
Indes et vers, gaunes et bis,
Et a cinc toisses tot entor

quand vous vous trouverez dans la salle ; arrêtez-vous en plein milieu et attendez-y ce qui doit vous arriver. Et à présent, montez sur votre destrier sans tarder. »

L'Inconnu se mit à cheval et leur fit ses adieux. Eux aussi le recommandèrent à Dieu, mais son départ les plongeait dans le désespoir. Ils se mirent à pleurer car ils s'imaginaient qu'ils ne le reverraient plus jamais. – Que Dieu tout puissant le protège, maintenant ! – Lampart et la jeune fille pleuraient, Robert tomba évanoui à terre, le nain pleurait aussi et s'arrachait les cheveux avec toutes les marques d'une douleur inexprimable.

L'Inconnu s'avança vers la cité, trouva le pont permettant de franchir la rivière qui coulait devant la porte de la ville, qu'elle protégeait sur un de ses côtés – cinq lieues de murailles et de fossés lui servaient aussi d'enceinte. Les murs, puissants et beaux, étaient faits de pierres taillées dans du marbre, solidement ajustées entre elles par du mortier ; c'étaient des pierres disposées avec régularité, de diverses couleurs, bleues et vertes, jaunes et grises, sculptées de bas-reliefs de fleurs et d'animaux. Tout le long de l'enceinte, toutes les cinq toises,

Ot adiés une haute tor,
Si que on i puet bien aler
Et li uns a l'autre parler.   2870
En la cité homme n'avoit ;
Tote gaste la vile estoit.
Quant il le vit, si se saingna,
Par la porte dedens entra.
Le porte a trové abatue ;   2875
Il s'en vait adiés la grant rue,
Regardant adiés les grans rues,
Dont les fenestres sont marbrues ;
Chaoit en sont tuit li piler.
Il ne se vaut mie arester   2880
Tant qu'a la sale en est venus,
U les jogleors a veüs
Sor les fenestres tos asis,
Devant cascun un cierge espris ;
Et son estrument retenoit   2885
Cascuns itel con il l'avoit.
L'un voit as fenestres harper,
L'autre delés celui roter ;
L'uns estive, l'autre vïele,
Li autres gigle et calimele   2890
Et cante cler comme serainne,
Li autres la citole mainne,
Li uns entendoit au corner
Et l'autres au bien flahuter ;
Li un notoient lais d'amor ;   2895
Sonnent tinbre, sonnent tabor,
Muses, salteres et fretel,
Et buissines et moïnel ;
Cascuns ovre de son mestier.
Et quant voient le chevalier   2900
Venu sor son destrier armé,

on trouvait une haute tour : pour ceux qui y montaient, il était facile de se faire entendre d'une tour à l'autre.

Pas un être humain dans la cité : la ville n'était qu'un champ de ruines ; l'Inconnu se signa en constatant tout cela. Il avait franchi l'entrée, dont il avait trouvé les portes renversées ; il avançait en suivant la rue principale, jetant un coup d'œil au passage sur les autres rues, avec leurs fenêtres aux linteaux de marbre, dont toutes les colonnes s'étaient écroulées sur le sol. Il se refusa à s'arrêter avant d'être parvenu jusqu'à la salle ; il put alors voir les jongleurs assis dans les embrasures des fenêtres, une chandelle de cire allumée devant chacun d'entre eux, chacun utilisant l'instrument qui lui était dévolu. Il les vit, devant les fenêtres, l'un jouer de la harpe tandis que son voisin jouait de la rote, l'un jouer de l'estive et l'autre de la vièle, le suivant de la viole et du chalumeau avant de chanter d'une voix de sirène, tandis qu'un autre s'exerçait à la citole, l'un s'appliquait à jouer du cor, un autre à bien jouer de la flûte. Les uns chantaient des lais d'amour pendant que résonnaient tambourins et tambours, musettes, psaltérions et flageolets, trompettes et cors[1] ; chacun faisait de son mieux dans sa partie.

Quand ils virent le chevalier qui était arrivé, tout équipé sur son cheval de combat,

---

[1] vv. 2886-2898 La *rote* est un instrument à corde et à archer, du genre de la *vièle* (voir la note des vers 22-23) ancêtre du violon ; l'*estive* est un instrument à vent ; la *gigle* est aussi une sorte de violon ; le *chalumeau* une flûte champêtre ; la *citole* instrument à corde à corps allongé et à manche très court, la *musette* (muse) une sorte de cornemuse, le *psaltérion* (*salteres*), un instrument à cordes que l'on touche avec des baguettes en bois, le *moïnel*, un cor de taille moyenne ; *frestel* peut se traduire par *flageolet*, instrument à vent de sonorité faible, *buissine* par *trompette* ; *timbre*, enfin, est le mot qui désigne le *tambourin*.

A hautes vois sont escrié :
« Dius saut, Dius saut le chevalier, *they wish him well*
Qui est venus la dame aidier,
De la mainnie Artus le roi ! »　　　　　　　　　　　2905
Adont fu il en grant esfroi,
Et neporquant si lor respont :
« Cil Damesdius, qui fist le mont, *he curses them*
Vos doinst a tos malaventure ! »　*(as instructed)*
Outre s'en va grant aleüre　　　　　　　　　　　　2910
Par mi la sale cevaucant,
Que de rien ne se va targant.
Derier l'uis ot un gougleor
Qui en sa main tin un tabor ;
Cil li a l'uis aprés fermé.　　　　　　　　　　　　2915
En la sale avoit grant clarté
Des cierges qui laiens ardoient
Que tuit li jogleor tenoient.
Li palais molt rices estoit.
Une grant table en mi avoit,　　　　　　　　　　　2920
Qui seoit desus set dormans.
Li Biaus Descouneüs laiens
En mi la sale s'aresta
Et a sa lance s'apuia ;
Iluec atendoit s'aventure.　　　　　　　　　　　　2925

　A tant voit d'une canbre oscure
Issir un chevalier armé
Sor un destrier bien acesmé,
L'escu au col, qui vers estoit, *plain green shield*
Autre devisse n'i avoit,　　　　*2397*　　　　2930
Et sist deseur un destrier ver ;
Hanste ot molt grosse a trencant fer.
Quant il voit le Descouneü,
Il point a lui de grant vertu.
Quant cil le vit vers lui venir,　　　　　　　　　　2935

ils s'exclamèrent à tue-tête : « Dieu sauve, Dieu sauve le chevalier de la maison du roi Arthur qui vient au secours de la dame ! » Bien que ces paroles l'eussent terrifié, il leur répondit : « Que Notre Seigneur Dieu, lui qui créa le monde, vous plonge tous dans le malheur ! » Et il franchit rapidement le seuil pour traverser la salle au grand galop sans perdre un seul instant. Un jongleur qui brandissait un tambour se trouvait derrière la porte[1], il la verrouilla après le passage du jeune homme. Les chandelles de cire que les jongleurs tenaient allumées devant eux répandaient dans ce lieu clos une grande clarté.

Au milieu de la splendide salle du palais se trouvait une table posée sur sept pieds fixes. C'est là, au milieu de la salle, que s'arrêta le Bel Inconnu et qu'il prit appui sur sa lance. Et, là, il attendit son aventure.

Il vit alors sortir d'une salle obscure un chevalier en armes, sur un cheval tout équipé pour le combat, qui portait, suspendu à son cou, un bouclier vert sans aucune marque distinctive, montait un cheval pommelé et tenait une forte lance munie d'un fer tranchant. Dès qu'il aperçut l'Inconnu, il éperonna avec vigueur son cheval pour se porter à sa rencontre.

Mais l'Inconnu, en le voyant venir,

---

[1] v. 2914 *tin* pour *tint* : non expression des finales à la 3° personne du sing.

Vers lui reguencist por ferir.
Cascuns d'esperonner ne fine,
Molt s'entrevienent de ravine.
Sor les escus haut se requierent ;
Des lances tels cols s'entrefierent   2940
Que des cevals s'entr'abatirent.
....
Il se relievent maintenant,
Cascuns tint l'espee trencant ;
Sor les elmes, sor les escus,   2945
Ont grans cols et pesans ferus.
De nule rien ne s'espargnoient,
Sovent a genillons venoient.
Cil voit bien que riens ne li vaut.
Car li Descouneüs l'asaut,   2950
Et tant le voit bon chevalier
Que plus ne s'i velt asaier.
Plus tost que pot vers l'uis se trait
Et en sa canbre s'en revait.
En la canbre cil s'en entra ;   2955
Cil va aprés qui l'encauça.
Par mi l'uis ens voloit entrer,
Quant vit destendre et enteser
De haces grans por lui ferir ;
Par deseur lui les vit venir.   2960
Ariere maintenant se trait,
Mors fust se il n'eüst ço fait.
En mi la sale s'aresta,
Une grant piece i demora,
Que goute n'i pooit veoir :   2965
Tant i faisoit oscur et noir
Que son ceval ne pot trover.
Diu comencha a reclamer
Que fors de laiens le jetast,

obliqua aussi vers lui afin de le frapper. Eperonnant sans relâche leurs chevaux, ils arrivèrent l'un sur l'autre du même impétueux élan et portèrent leur attaque à bonne hauteur sur les boucliers, se donnant de tels coups de leurs lances qu'ils se firent tomber l'un l'autre de leurs chevaux [...][1]. Mais ils ne tardèrent pas à se relever en brandissant leurs épées acérées dont ils frappaient à coups redoublés heaumes et boucliers. Ils ne se ménageaient en aucune façon et se trouvèrent souvent contraints de tomber à genoux.

Le nouvel arrivé se rendit bientôt compte de l'inutilité de ses efforts car l'Inconnu l'attaquait sans relâche ; il le vit si brave qu'il renonça à se mesurer plus longtemps avec lui et s'enfuit à toute vitesse pour retourner dans la chambre dont il était sorti. L'Inconnu le poursuivit. Il allait passer la porte[2] quand il aperçut de grandes haches prêtes à le frapper, qu'il vit descendre au dessus de sa tête ; il n'eut que le temps de se rejeter en arrière pour ne pas mourir.

Il s'arrêta alors au milieu de la salle et resta longtemps immobile : il n'y voyait goutte, la salle était si obscure et si noire qu'il ne pouvait retrouver son cheval. Il se mit à prier Dieu de le faire sortir de ce lieu

---

[1] v. 2942 lacune non indiquée mais attestée par la rime.

[2] vv. 2957–2960 Cette porte rappelle celle qui, dans *Le chevalier au lion*, protège le château de Laudine (éd. M. Roques vers 932–955).

Que mal ne honte n'encontrast.   2970
Entrols qu'il se demente ensi,
Li uns des jogleors sailli,
A tos les cierges fu touca ;
A tant la clartés repaira
Des cierges qui alumé sont.   2975
Li jogleor lor mestier font ;
Cascuns sonnoit son estrumant
Ansi con il faisoit devant.
Quant venue fu la clartés,
De rien ne s'est espaventés.   2980
Cele part vint corant tot droit
U vit que ses cevals estoit,
Par le regne tantost le prent.
Sa lance voit el pavement,
Puis l'a prise, si est montés,   2985
En mi la sale en est alés ;
Iluec estoit tot a estal,
Liés fut quant il ot son ceval.
A tant est de la canbre issus
Uns chevaliers grans et corsus.   2990
Bien fu armés li chevaliers,
Et tos armés est ses destriers.
Molt est bons et ciers ses cevals,
Si oil luissoient cum cristals ;
Une corne ot el front devant,   2995
Par la gole rent feu ardant ;
N'ainc hom ne vit si bien movant,
L'alainne avoit fiere et bruiant.
Li sire fu et grans et fiers,
Molt fu corsus li chevaliers ;   3000
Il vint bruiant come tonnoires,
Ses armes furent totes noires.
La sale fu a pavement

et de lui éviter le malheur et le déshonneur. Comme il se lamentait ainsi, l'un des jongleurs se dressa et ralluma toutes les chandelles de cire : ainsi, la clarté revint. Les jongleurs reprirent leur rôle et refirent résonner leurs instruments comme ils l'avaient fait auparavant.

Dès qu'il put à nouveau voir clair, l'Inconnu n'eut plus peur de rien et se précipita là où il avait vu que se trouvait son cheval, pour le prendre par la bride. Voyant aussi sa lance sur les dalles du sol, il la ramassa et, montant sur son cheval qu'il était tout content d'avoir retrouvé, il prit position au milieu de la salle.

C'est alors que surgit de la chambre un chevalier d'une stature gigantesque ; il était bien équipé, ainsi que son cheval, un destrier d'une puissance et d'une valeur exceptionnelle, aux yeux flamboyant comme des cristaux, avec une corne plantée en plein front et des flammes jaillissant des naseaux ; il était doué d'une agilité non pareille et soufflait bruyamment une horrifique haleine. Quant à son maître, c'était un chevalier gigantesque, robuste et féroce. Il se précipita, bruyant comme le tonnerre dans son armure toute noire, à travers la salle pavée.

Et li cevals ne vint pas lent,
Des quatre piés si fort marcoit   3005
Que tot le pavement brisoit
Et fu et flame en fait salir ;
Tot en fait le païs tonbir.
La piere dure en esmioit
Desous ses piés, si fort marcoit.   3010
Quant li Descouneüs le voit,
De sa façon s'esmervilloit.
Diu reclama, le Roi de glore,
Que vers celui li doinst victore.
Por joster muet au chevalier,   3015
Des esperons fiert le destrier,
Et li chevaliers point vers lui.
Lors s'entrevienent anbedui
Des lances, de totes leur forces.
Ne leur valurent deus escorces   3020
Li escus qui as cols lor pendent ;
Li cuir ronpent et les ais fendent.
Les mailles ronpent des haubers,
Par les cors se metent les fers.
Si durement se sont feru   3025
Que andoi se sont abatu.
Ne furent pas a mort blecié,
Isnelement sont redrecié ;
Cascuns a sa lance a lui traite :
Il n'i ot cele quin fust fraite,   3030
El pavement les ont jetees.
Del fuerre traient les espees ;
Grans cols se fierent des brans nus,
Sor les elmes, sor les escus ;
Molt s'entrerendent grant bataille.   3035
Onques cele de Cornouaille,
Del grant Morholt ne de Tristant,

Le cheval galopait rapidement : de ses quatre sabots, il frappait si fort le sol qu'il en brisait les dalles, en faisait jaillir feu et flammes, dans un fracas qui se répercutait partout. La violence de son galop faisait éclater en miettes la dure pierre.

A sa vue, l'Inconnu fut frappé de stupeur. Il supplia Dieu, le Roi de gloire[1], de lui accorder la victoire et s'avança vers le chevalier pour l'attaquer à la lance, éperonnant son cheval, tandis que l'autre s'élançait aussi vers lui. De toute leurs forces, ils se heurtèrent tous deux de leurs lances. Les boucliers pendus à leurs cous ne purent les protéger ; les cuirs se déchirèrent, les bois se fendirent, les mailles des hauberts se brisèrent et le fer des lances entra dans les chairs. Le choc fut si rude qu'ils tombèrent de cheval tous les deux, mais ils n'étaient pas mortellement blessés. Ils se relevèrent rapidement, ils ramassèrent leurs lances, mais comme elles étaient toutes deux en miettes, ils les rejetèrent sur les dalles du sol. Ils tirèrent alors leurs épées des fourreaux et se mirent à se porter, sur les heaumes et les boucliers, de grands coups de leurs épées nues. Jamais le combat de Cornouaille, entre le géant Morholt et Tristan,

---

[1] vv. 3013, 3014 *glore, victore* : voir la note du vers 479.

Ne d'Olivier ne de Rollant
Ne de Mainnet ne de Braimant,
De chevalier ne de gaiant,   3040
Ne fu tels bataille veüe ;
Onques si grant n'ot sos la nue.
Tant se sont andoi conbatu,
Et si grans cols entreferu
Que molt furent andoi lassé.   3045
Molt a li uns l'autre grevé,
Molt se dolen et molt sont las ;
Neporquant ne recroient pas.
Li Descouneüs le requiert
De l'espee, si bien le fiert   3050
L'elme li fait del cief voler ;
Cil s'en cuide, si vaut torner,
Qu'il ot la teste desarmee ;
Mais cil au trencant de l'espee
L'a si bien de son cop ataint,   3055
Le test del cief li brisse et fraint ;
La coife ne le pot tenir
Que le cief n'en fesist partir.
Donné li a si grant colee
Que mort l'abat, guele baee,   3060
Del cors li saut une fumiere,
Qui molt estoit hideusse et fiere,
Qui li issoit par mi la boce.
Li Bials Descouneüs le toce,
Por savoir s'il ert encor vis,   3065
Sa main li met deseur le pis ;
Tos fu devenus claire pure,
Qui molt estoit et laide et sure.
Isi li canja sa figure,
Molt estoit de male nature.   3070
Quant il ço voit, si se segna,

ni le combat entre Olivier et Roland, ni celui entre Mainet et Braimant[1], jamais entre chevaliers et géants, on ne vit un tel combat :
jamais sous les cieux on n'en vit de si grand.

Ils se sont tant battus, se sont tant porté de coups que tous deux sont
épuisés ; tous deux sont couverts de plaies, ils sont à bout de force[2]
– mais ils ne s'avouent pas vaincus. L'Inconnu attaque encore de
l'épée et porte à son ennemi un tel coup qu'il fait sauter son heaume ;
l'autre s'en est rendu compte et a voulu s'éloigner, parce que sa tête
n'était plus protégée, mais l'Inconnu, d'un coup du tranchant de
l'épée, l'a si bien atteint qu'il lui a brisé le crâne : la coiffe du haubert
ne peut empêcher qu'il ne lui fende la tête en deux, il l'abat mort,
bouche béante. De son corps jaillit une hideuse et repoussante fumée
qui s'échappe par la bouche. Pour savoir s'il est encore vivant, le Bel
Inconnu le touche, lui pose la main sur la poitrine : il s'est décomposé
en matière glaireuse, sale et aigre – changement d'apparence qui
témoigne de sa nature maléfique ! A cette vue, l'Inconnu se signe

---

[1] v. 3039 *Mainet* : désigne, dans de très nombreux récits, le jeune Charlemagne banni
de la cour de France ; « soudoier » du roi sarrasin Galafre sous le nom de *Mainet,* il le
délivre d'un terrible ennemi nommé *Braimant.* Cf. *Mainet,* éd. par G. Paris, *Romania,*
IV, 1875, pp. 304-337 et du même auteur : *Histoire Poétique de Charlemagne,* Paris,
1905, p. 227 sq (I.W.).

[2] v. 3047 *dolen* pour *dolent* : non représentation des finales, ici à la 3° personne du
pluriel voir la note du vers 887.

Vers son ceval aler cuida.
A tant s'en vont li jogleor :
Cascuns enpaint par tel vigor
Sa fenestre, quant il s'en part,   3075
Que li palais tos en tresart.
Si durement batent et hurtent
Que tot li uis qui laiens furent
Qu'a poi qu'il n'abatent la sale
De la noise hidouse et male.   3080
Li cierge furent enporté,
Si i faisoit grant oscurté
Que on n'i pooit rien veoir,
Tant i faisoit oscur et noir.
Cil ne se puet plus soustenir,   3085
A tere le couvient venir.
Vis fus que cius et tere font,
Des cols que les fenestres font,
A celui qui laiens estoit.
De sa main souvent se sainnoit ;   3090
Diu reclama, l'Esperitable,
Mal ne li facent li diable.
Et quant il fu en piés levés
Si s'en est maintenant alés
Tot droit a la table dormant ;   3095
Trestot i va a atastant,
Si come aventure le mainne,
Trovee l'a a quelque painne.
Quant il i fu, si s'apuia.
La noise molt li anuia.   3100
Diu son signor aeure et prie
Que secors li face et aïe.
« A Dius ! fait il, ne sai que dire,
Mais livrés sui a grant martire.
Jamais iço ne me faura,   3105

et tente de retourner vers son cheval.

Alors, les jongleurs s'en allèrent. Chacun d'eux poussa en partant sa fenêtre avec tant de vigueur que tout le palais en fut ébranlé[1] : portes et fenêtres du palais battent et claquent si violemment que pour un peu l'épouvantable bruit ferait s'écrouler la salle. Les chandelles de cire furent emportées, l'obscurité était telle, si sombre et si noire qu'on ne pouvait plus rien voir. Le jeune homme ne pouvait plus tenir sur ses pieds, il tomba à terre. Les fenêtres qui battaient donnaient à celui qui était à l'intérieur l'impression que le ciel et la terre s'écroulaient ; il se signait souvent et priait Dieu, le Père Spirituel, que les démons ne lui fassent pas de mal. Dès qu'il fut relevé, il se dirigea vers la table fixe, à tâtons, au hasard. Il eut du mal à la trouver et quant il l'eut atteinte, il s'y appuya, terrifié par le tumulte, implorant et suppliant encore Dieu de le secourir et de l'aider.

« Ah, Dieu, dit-il, je ne sais que dire, je suis au martyre : cela ne cessera jamais

---

[1] v. 3076 *tresart* correction de P.W., le manuscrit présente *s'entresart*. Godefroy cite *s'entresart* au sens de brûler avec la citation du *Bel Inconnu* ; mais il n'y a pas d'incendie. On pourrait comprendre *s'entr'esart* avec *essardre* au sens de se dessécher donc se craqueler, se fendiller et ici se lézarder. Mais il vaut mieux corriger comme l'éditeur et comprendre *tresalt* avec une alternance r/1 ; cf. *arme/aime* et *harigot/aligot* (v. 2591) et dans les textes picardisants, *mur/mul* pour mulet *(Escoufle*, éd. Franklin Sweetser, 1974, v. 3761). (I.W.)

Ne jors, je cuic, mais ne serra.
Bien sai ne puis longes durer,
Car je ne sai quel part aler,
Ne mon destrier mie ne sai,
Et neporeuc por ce m'esmai ?   3110
De rien ne me doi esmaier ;
Ce n'afiert pas a chevalier
Qu'il s'esmait por nul aventure,
Por qu'est armés, tant ne l'ait dure.
Entemes cil qui a amor   3115
Ne doit avoir nule paor.
Bien me devroie aporpenser
Por celi qui tant doi amer,
La Damoissele as Blances Mains,
Dont je parti come vilains.   3120
Jo l'en irai merchi rover,
Se de ci me puis escaper ;
Se Diu plaist, encor le verrai,
Ne jamais jor n'en partirai.
S'Amors me donne ja vigor,   3125
De rien que je voi n'ai paor. »

   A tant vit une aumaire ouvrir
Et une wivre fors issir,
Qui jetoit une tel clarté
Con un cierge bien enbrasé ;   3130
Tot le palais enluminoit.
Une si grant clarté jetoit,
Hom ne vit onques sa parelle,
Que la bouce ot tote vermelle.
Par mi jetoit le feu ardant,   3135
Molt par estoit hidosse et grant.
Par mi le pis plus grosse estoit
Que un vaissaus d'un mui ne soit.
Les iols avoit gros et luissans

et jamais, non plus, le jour ne reviendra. Je sais bien que je ne peux pas survivre longtemps, car je ne sais ni où aller, ni comment retrouver mon cheval. Mais aurai-je peur pour autant ? Je ne dois pas avoir peur : un chevalier ne doit pas avoir peur, quoi qu'il advienne, quel que soit le danger, s'il porte ses armes. D'autant plus que, *Qui aime ne doit pas craindre.* Je devrais mettre toutes mes pensées en celle que je ne peux qu'aimer, la demoiselle aux Blanches Mains, que j'ai quittée comme un rustre. J'irai la supplier de me pardonner, si je peux m'échapper d'ici et, s'il plaît à Dieu, je la reverrai et ne la quitterai plus jamais. Déjà, son amour me redonne de la force et je n'ai plus peur de ce que je vois.

Alors, il vit s'ouvrir une armoire d'où sortit une guivre, qui répandait autant de lumière qu'un cierge embrasé, illuminant toute la salle des lueurs qu'elle jetait – une lumière comme on n'en avait jamais vu de semblable : sa bouche crachait du feu. Elle était énorme, gigantesque : son poitrail était plus gros qu'un tonneau d'un muid[1]. Ses gros yeux brillaient

---

[1] v. 3138 *muid* : mesure de capacité, variable selon les régions et les matières mesurées (entre 250 et 900 litres environ).

Come deus esclarbocles grans.   3140
Contreval l'aumaire descent,
Et vint par mi le pavement.
Quatre toisses de lonc duroit ;
De la keue trois neus avoit,
C'onques nus hom ne vit grinnor.   3145
Ains Dius ne fist tele color
Qu'en li ne soit entremellee ;
Desous sanbloit estre doree.
Vers le chevalier s'en venoit ;
Cil se saine quant il le voit.   3150
Apoiés estoit sor le table,
Et quant il vit si fait dyable
Vers soi aproimier et venir,
Isnelement, por soi garnir,
A misse la main a l'espee.   3155
Ançois qu'il l'eüst fors jetee,
Et la grans wivre li encline
Del cief dusqu'a la poiterine ;
Sanblant d'umelité li fait.
Et cil s'espee plus ne trait :   3160
« Jo ne le doi, fait il, tocier,
Puis que le voi humelïer. »
La guivre adés vers lui venoit,
Et plus et plus s'en aproimoit.
Et cil adonc se porpensa   3165
Que s'espee adonques traira
Por icel fier serpent ferir,
Que il veoit vers lui venir.
Et li serpens le renclina
Et sanblant d'amisté mostra ;   3170
Il se retint, ne le trait pas ;
Et li serpens eneslespas
Desi es dens li est alee.

comme deux grandes escarboucles. Elle glissa le long de l'armoire et atteignit le sol ; elle mesurait quatre toises, sa queue faisait trois boucles – jamais personne n'en avait vu de si grande. Sa queue était un mélange de toutes les couleurs de la création, par-dessous, son ventre semblait doré. Elle se dirigeait vers le chevalier, qui se signa à ce spectacle.

Il était toujours appuyé à la table et, quand il vit cette espèce de démon qui s'approchait de lui, vite, il porta la main à son épée pour se défendre. Mais, avant qu'il ne l'ait sortie du fourreau, la guivre géante s'inclina devant lui, de la tête jusqu'au poitrail, en signe de soumission. Du coup, il ne tira pas son épée : « Je ne dois pas la toucher, se dit-il, puisqu'elle se soumet à moi ». La guivre géante continuait à s'approcher. Le jeune homme pensa qu'il allait sortir son épée pour frapper ce féroce serpent qu'il voyait s'avancer vers lui. Et de nouveau, le serpent s'inclina devant lui, en signe de soumission. Il se retint à nouveau de tirer l'épée. Aussitôt, le serpent s'éleva jusqu'à sa bouche.

Et cil trait del fuere l'espee,
Ferir le vaut par la potrine.   3175
La guivre autre fois le rencline,
Vers lui doucement s'umelie ;
Il se retint, ne le fiert mie,
Il l'esgarde, pas ne s'oublie,
Ne de rien nule ne fercele ;   3180
Et si a il molt grant mervele
De la bouce qu'a si vermelle.
Tant s'enten en li regarder
Que d'autre part ne pot garder.
La guivre vers lui se lança   3185
Et en la bouce le baissa.
Quant l'ot baissié, si se retorne.
Et li Descouneüs s'atorne,
Por li ferir a trait l'espee ;
Et la guivre s'est arestee,   3190
Sanblant d'umelité li fait,
Encliné l'a, puis si s'en vait.
Et cil a soi son cop retint.
De molt grant francisse li vient
Que il ferir ne le valt mie   3195
Por ce que vers lui s'umelie.
Ensi s'en est la guivre alee,
En l'armaire s'en est rentree,
Et l'aumaires aprés reclot.
Ainc puis tabarie n'i ot   3200
Ne nule autre malaventure,
Fors que la sale fu oscure.
Et cil del baissier fu pensis :
Delés la table s'est asis.
« Dius, Sire, fait il, que ferai   3205
Del Fier Baissier que fait i ai ?
Molt dolerous baisier ai fait ;

Lui, tira l'épée du fourreau et voulut le frapper en plein poitrail. Une fois encore, la guivre s'inclina avec soumission et affabilité. Il se retint et ne la frappa pas : il la regardait, attentif, immobile, fasciné par cette bouche vermeille, si absorbé par cette contemplation qu'il ne pouvait regarder ailleurs. Et voici que la guivre s'élança et l'embrassa sur la bouche, puis après l'avoir embrassé, s'en retourna.

Et l'Inconnu se prépare ; pour la frapper, il a déjà tiré son épée. Mais la guivre s'est arrêtée ; en signe de soumission, elle s'est inclinée devant lui, puis s'en est allée. Et lui s'est retenu de la frapper : sa générosité lui interdit de la frapper, puisqu'elle reconnaît son autorité. Ainsi s'en est allée la guivre : elle est entrée dans l'armoire, qui s'est refermée. Il n'y a plus eu de tapage, plus rien de mal n'est arrivé : simplement, la salle est restée dans l'obscurité.

Le jeune homme était inquiet de ce baiser. Il s'assit près de la table. « Seigneur Dieu, se disait-il, que va-t-il m'arriver à cause du Cruel Baiser que je viens de recevoir ?[1]

---

[1] vv. 3205-3210 Embrasser un païen (ou une païenne) un démon (ou une démone), c'est transgresser un interdit et risquer la damnation.

Or sui je traïs entresait.
Li diables m'a encanté,
Que j'ai baissié otre mon gré.   3210
Or pris je molt petit ma vie. »
A tant a une vois oïe
Qui bien li dist apertement
Dont il estoit et de quel gent.
En haut crie, non pas en vain :   3215
« Li fius a mon signor Gavain,
Tres bien le savoie de voir
Que chevalier n'aroit pooir ;
Nus ne peüst pas delivrer ;
Nus ne peüst tant endurer   3220
Ne le baisier, ne l'aventure,
Qui tant est perilleuse et dure ;
El monde n'a un chevalier
Tant preu, ne tant fort ne tant fier,
Qui osast enprendre sor soi,   3225
Fors ton pere Gavain et toi.
Autres nel pooit delivrer
Ne de son grant peril jeter.
Estorsse as, par grant vaselage,
La dame qui preus est et sage.   3230
Li rois Artus mal te nonma :
Bel Descouneü t'apiela,
Guinglains as non en batestire.
Tote ta vie te sai dire :
Mesire Gavains est tes pere ;   3235
Si te dirai qui est ta mere :
Fius es a Blancemal le fee ;
Armes te donnai et espee,
Au roi Artus puis t'envoia,
Qui cest afaire te donna   3240
De secorre la dameissele.

J'ai reçu là un atroce baiser, me voici trahi ; le diable, que j'ai embrassé contre mon gré, m'a ensorcelé. Je ne donne pas bien cher de ma vie, maintenant ! »

C'est alors qu'il entendit une voix qui lui révélait ses origines et son lignage. La voix ne murmurait pas, elle criait : « Fils de monseigneur Gauvain, je savais bien que nul chevalier n'aurait pu ni opérer cette délivrance, ni supporter ce baiser et la cruelle et dangereuse aventure qui l'a précédé. Aucun chevalier au monde n'aurait été assez vaillant, assez fort et indomptable pour avoir cette audace et ce courage – à part Gauvain, ton père et toi-même. Personne ne pouvait délivrer cette haute dame de grand mérite du terrible péril où elle se trouvait : par ta vaillance, tu l'as sauvée !

« Le roi Arthur s'est trompé quand il t'a appelé le Bel Inconnu : ton vrai nom de baptême est Guinglain. Je peux te raconter tout ce qui te concerne : ton père, c'est monseigneur Gauvain et je te dirai aussi qui est ta mère, tu es le fils de la fée Blanchemal. C'est moi qui t'ai donné[1] ton armure et ton épée, puis elle t'envoya au roi Arthur qui te confia la mission de secourir cette demoiselle.

---

[1] v. 3238 *donnai* : dans le reste du texte, la confusion entre la première et la deuxième personne a toujours lieu dans l'autre sens : *a* pour *ai* (cf. v. 887, 1808, 2713 et peut-être 4198). Il peut donc s'agir d'une graphie inverse (cf. *mairine*, v. 5158, *pailais*, v. 5181), mais on peut aussi maintenir le texte : « Cest moi qui t'ai donné ton armure et ton épée ». Dans ce cas, ce vers ambigu qui s'opposerait au vers 4973 *Vostre mere vos adoba*, serait un argument, comme l'attribution des prénoms, à deux phonèmes près semblables (Blanchemal/Blanchemain), pour une possible confusion, sans doute onirique, entre la mère et l'amante (voir introduction et Perret, 1988).

Bien as conquise ta querele. »
A tant s'en est la vois alee,
Quant ele ot sa raisson finee ;
Et cil remaint, grant joie fist   3245
De ço qu'il ot que la vois dist :
Bien li a dit en sa raisson
Qui ses peres est et le non.
D'ore en avant vos vel traitier
De Guinglain le bon chevalier   3250
L'istoire, qui mais ne faurra
Tant con li siecles durera.

      Molt estoit Guinglains travilliés ;
Deseur la table s'est couciés.
A son cief a son escu mis.   3255
De dormir li est talens pris,
Car lassés est et travilliés.
Dormi a, puis est esvilliés.
Grant jors estoit quant s'esvilla,
En la sale grant clarté a.   3260
A son cief trova une dame
Tant biele c'onques nule fame
Ne fu de sa biauté formee ;
Tant estoit fresse et coloree
Que clers ne le saroit descrire   3265
Ne boce ne le poroit dire
Ne nus ne le poroit conter.
Tant le sot bien Nature ouvrer
C'onques si biele n'ot el mont
De bouce, de iols, de vis, de front,   3270
De cors, de bras, de piés, de mains,
Fors sel celi as Blances Mains,
Quar nule a li ne s'aparele :
De sa biauté est grans mervelle,

Tu es bien venu à bout de cette tâche » Son discours fini, la voix s'est tue. Et lui reste là, très heureux de ce que la voix lui avait dit : elle lui a révélé, par ce discours, qui est son père et quel est son propre nom.

Et à partir de maintenant, l'histoire que je veux vous conter sera celle de Guinglain, le bon chevalier : une histoire qui durera aussi long-temps que le monde.

Guinglain était épuisé. Il se coucha sur la table, son bouclier sous la tête : il avait envie de dormir car sa fatigue était extrême. Il s'endor-mit. Et quand il s'éveilla, il faisait grand jour et la salle était pleine de lumière. A son chevet, il découvrit une dame incroyablement belle, si fraîche et rose qu'on ne pourrait trouver de clerc pour décrire sa beauté ni de conteur pour la dire – personne ne pourrait conter cela ! Nature avait réussi un chef-d'œuvre : sa bouche, ses yeux, son visage, son front, son corps, ses bras, ses pieds, ses mains étaient inégalables. Nulle ne pouvait se comparer à elle – sauf la Belle aux Blanches Mains, plus belle que toutes les autres, car sa beauté est extraordi-naire !

Mais molt vos os bien aficier   3275
Qu'en cesti n'ot que reprochier.
Issi l'avoit Nature faite,
Par grant estude l'ot portraite.
D'une vert popre estoit vestue,   *green mantle*
Onques miudre ne fu veüe ;   3280
Molt estoit riches ses mantials :
Deus sebelins ot as tasials,
La pene fu et bonne et fine
Et si estoit de blanc ermine ;
Les ataces qui furent mises   *fairy-made*   3285
Furent faites de maintes guises,
Molt par faisoient a proisier,
Nes puet on ronpre ne trencier ;
Ensi les ovra une fee,
En l'Ille de la mer Betee.   3290
De cel drap dont li mantials fu
Fu li blials qu'ele ot vestu ;
Molt estoit ciers et bien ovrés,
D'un ermine fu tos forrés.
Plus de cinc onces d'or, sans faille,   3295
Avoit entor le kieveçaille ;
As puins en ot plus de quatre onces.
Par tot avoit asis jagonsses
Et autres pieres de vertu,   *magic stones*
Qui furent deseur l'or batu.   3300
Guinglains a la dame veüe,
Drece son cief, si le salue.
La dame resalua lui :
« Sire, fait ele, vostre sui ;
Vostre doi estre par raison :   *lady offers*   3305
Jetee m'avés de prison   *herself to him*
De vostre part, u ançois fui.   *cf PBM 2275*
Ciers sires, tote vostre sui.

Mais je puis vous affirmer qu'en cette jeune femme-là non plus, il n'y avait rien à redire : Nature l'avait créée avec un art extrême.

Elle était vêtue d'un manteau d'étoffe verte[1] d'une incomparable richesse, un manteau somptueux : deux zibelines garnissaient les attaches, une délicate doublure d'hermine blanche et un précieux fermail, très travaillé, d'une qualité si exceptionnelle qu'on ne pouvait ni le rompre, ni le couper : il avait été fait par une fée, dans l'Ile de la Mer Gelée. Elle portait une tunique[2] de la même étoffe que son manteau, tunique précieuse et faite avec art, entièrement fourrée d'hermine. Sans mentir, il y avait plus de cinq onces d'or dans les broderies, encore incrustées de pierres précieuses aux pouvoirs magiques, hyacinthes et autres.

Quand il vit cette dame, Guinglain souleva la tête et la salua. La dame lui rendit son salut : « Seigneur, dit-elle, je suis vôtre et il est normal que je le sois. C'est bien vous qui m'avez délivrée de la captivité dans laquelle j'étais. Cher seigneur, je suis entièrement vôtre.

---

[1] v. 3279 *porpre verte* : la pourpre est aussi un tissu précieux, teint (alors que les vêtements les plus simples sont de couleur naturelle, *bis*), le plus souvent de couleur foncée. Voir aussi *eskerlate*, au vers 164.

[2] v. 3282 *blialt* : bliaut, tunique ajustée.

Je suis fille au bon roi Gringras ;
De molt grant painne jeté m'as.   3310
Sire, fait cele, ge sui cele
Por cui ala la damoisele
Au roi Artu le secors querre ;
Por moi estes en ceste terre.
Jetee m'avés de grant painne,   3315
U j'ai esté mainte semainne.
Molt par estoit la painne fiere,
Si vos dirai en quel maniere.
Quant mors fu mes pere li rois,
Ne tarja pas plus de trois mois   3320
Que çaiens vint uns enchantere,
Et aveuc lui estoit ses frere.
Il i vinrent con jogleor.
Cil doi enchanterent le jor
Tote la gent de ceste vile,   3325
Dont bien en i avoit cinc mile ;
Cascuns d'els cuidoit enragier,
Les tors faisoient erracier
Et tos les clociers jus caoir ;
Mervelles peüssiés veoir :   3330
La terre veïssiés partir
Et durement en haut croissir,
Les pieres faisoient voler
Et li une l'autre encontrer.
Sire, tot sanbloit que caïst   3335
Et que cius et terre fondist.
Tant fisent grans encantemens
Que tote s'en fuïst la gens ;
Nus n'avoit pooir d'els grever.
Çaens me vinrent encanter :   3340
Quant il m'orent tocié d'un livre,
Si fui sanblans a une wivre ;

Je suis la fille du roi Gringras, et vous m'avez tirée d'un grand
malheur. Seigneur, ajouta-t-elle, je suis celle pour qui la jeune suivante
est allée chercher secours auprès du roi Arthur : c'est pour moi que
vous êtes ici. Vous m'avez délivrée du malheur qui a été le mien
pendant des semaines et des semaines. C'était une souffrance terrible,
et je vais vous raconter comment elle m'advint. Mon père n'était pas
mort depuis trois mois qu'un enchanteur arriva ici, accompagné de son
frère : ils se présentèrent comme jongleurs. Le jour même, tous deux
ensorcelèrent les cinq mille habitants de cette ville, qui crurent devenir
fous. Les magiciens arrachaient les tours et faisaient tomber les
clochers. Vous auriez pu voir des choses surprenantes, voir la terre
s'entrouvrir avec un terrible craquement, voir voler et s'entrechoquer
les pierres. Seigneur, il semblait que tout s'effondrait, que la terre et
le ciel s'écroulaient. Ils firent de tels enchantements que tout le monde
s'enfuit : personne ne pouvait s'opposer à eux. Ils vinrent alors me
jeter un sort dans cette salle de mon palais : à peine m'eurent-ils
touchée d'un certain livre que je pris l'aspect d'une guivre.

Issi m'ont fait lonc tans ester.
Quant voloient a moi parler,
Andoi me venoient devant,   3345
S'ostoient lor encantemant.
Mabons avoit non li plus sire.
Cil me venoit molt souvent dire
Que jo a mari le presisse
Et que s'amie devenisse   3350
Et que de cuer amaisse lui,
Si m'osteroit de cest anui ;
Et se je amer nel voloie,
A tos jors mais guivre serroie :
Iço me coverroit soufrir   3355
Et riens ne me porroit garir,
Fors que li miudres chevaliers,
Li plus vaillans et li plus fiers,
De la manie Artu le roi ;
Nesun millor n'i sai de toi,   3360
Fors que tes pere, dans Gavains,
Qui est de totes bontés plains.
Li gogleor que vos veïstes,
Quant vos en la sale venites,
Estoient del encantement ;   3365
Molt par i avoit fiere gent.
Li chevaliers qui vint premiers
Ert apielés Evrains li Fiers,
Et cil aprés Mabons estoit,
Qui tot l'encantement faissoit.   3370
Quant vos l'eüstes mort jeté,
Dont eüstes trestot finé
Lor evres, lor encantemens,
Puis si devint trestot nïens.
Li guivre qui vos vint baissier,   3375
Qui si vos savoit losengier,

Longtemps, ils m'ont maintenue dans cet état. Quand ils voulaient me parler, ils venaient tous deux à moi et levaient leur enchantement. Le plus puissant des deux, Mabon, venait souvent me dire de le prendre pour mari, d'être sa maîtresse[1] et de l'aimer d'amour : il me délivrerait alors de ce tourment. Sinon, si je ne voulais pas l'aimer, je serais guivre à tout jamais. Je devrais supporter cette peine et rien ni personne ne pourrait me sauver, sauf le meilleur chevalier, le plus vaillant, le plus indomptable de la cour du roi Arthur. Or je n'en connais aucun de meilleur que toi, à l'exception de ton père, Monseigneur Gauvain[2], aux mérites exemplaires. Les jongleurs que vous avez vus quand vous êtes entré dans la salle faisaient partie de l'enchantement – c'étaient de cruels personnages ! Le premier chevalier à vous attaquer s'appelait Evrain le Cruel, le suivant était Mabon, l'auteur de tous ces enchantements. Dès que vous l'avez tué, vous avez, de ce fait, mis fin à toutes leurs œuvres, réduit à néant tous leurs enchantements. Quant au serpent qui est venu vous embrasser et qui vous a montré tant de révérence,

---

[1] v. 3350 *s'amie* : cf. note du vers 750. Nous avons à partir des différents sens *d'amie* retenu une traduction qui opposerait les relations sexuelles à l'affectivité *(que de cuer amaisse lui)*. Mais on pourrait aussi comprendre que ces deux expressions sont synonymes ; le sens du passage en serait alors édulcoré.

[2] vv. 3360–3361 : rapprocher des vers 4965-4968. Comme Blanchemal, la mère et comme la belle aux Blanches Mains, l'amante, Blonde Esmerée semble connaître depuis longtemps Guinglain et son père. Aussi certains auteurs pensent-ils que la reine et la fée sont en fait la même femme : « Blonde Esmerée ne serait-elle que l'autre visage de la pucelle aux Blanches Mains ? » (Szkilnik, 1996)

Ce fui je, sire, sans mentir.
Ne pooie autrement garir
Que tot adés guivre ne fuisse
De si que baissié vos eüsse.   3380
Sire, del tot vos ai dit voir,
Sans mentir et sans decevoir.
Or vos vel autre cose dire :
De mon regne serrés vos sire.
Gales a non ceste contree   3385
Dont je sui roïne clamee,
Et ceste vile par droit non
Est apielee Senaudon ;
Por ço que Mabons l'a gastee
Est Gaste Cités apielee.   3390
C'est de mon roiaume li ciés ;
Trois roi tienent de moi lor fiés ;
Molt par est cil roiaumes grans,
Molt est rices, molt est vaillans.
Mais prier vos vel par francisse,   3395
Quant vos m'avés del tot conquisse,
Que vos a feme me prendés ;
Rices rois serés coronnés.
Tot sevent ja par la contree
Que de peril m'avés jetee. »   3400
Con Guinglains l'a oï parler
Molt li sot biel sanblant mostrer,
Se li a dit : « Ma doce dame,
Volentiers vos prendrai a fame,
Se Artus le me velt loer ;   3405
Et je irai a lui parler,
Car sans lui ne le ferai mie :
Iço serroit grans vilonnie,
Se je prendoie sans son los
Feme ; mais je ne vel ne n'os.   3410

eh bien, c'était moi. Il m'était impossible d'échapper à ma condition de guivre tant que je ne vous aurais pas donné un baiser .

« Seigneur, je vous ai dit l'exacte vérité. Maintenant, je vais vous dire autre chose. Ce pays, qui me reconnaît pour souveraine, s'appelle le pays de Galles. Le vrai nom de cette ville est Sinaudon, mais depuis que Mabon en a fait un champ de ruines, on l'appelle la Cité en Ruine. C'est la capitale de mon royaume. Trois rois tiennent de moi leurs fiefs : ce royaume est très grand, très puissant et produit de grandes richesses. Mais je veux vous prier, par reconnaissance puisque vous m'avez délivrée, de me prendre pour femme. Vous serez un puissant roi portant couronne. Déjà, dans le pays, tous savent que vous m'avez sauvée. »

Guinglain sut paraître satisfait de ce discours et répondit : « Ma douce dame, c'est avec bonheur que je vous épouserai, si Arthur y consent. J'irai donc lui parler car, sans son avis, je ne vous épouserai pas : il serait indigne d'un chevalier de prendre femme sans son accord et je n'en ai ni le désir, ni l'impudence.

Mais lui irai consel rouver,
Sans lui ne me vel marïer,
Et s'il le loe, sel ferai
Et a feme si vos prendrai. »
Issi la pucele delaie,   3415
De sa parole molt l'apaie,
Qui de tot cuide estre s'amie.
A tant s'en torne et voit Elie,
Et avec lui Lampart aler,
Par mi l'uis les vit dont entrer :   3420
Robert son escuier revoit
Et le nain, qui detriers venoit.
Tot quatre venoient riant ;
Saciés lors i ot joie grant.
Quant tot ensanble se revirent,   3425
De molt bon cuer se conjoïrent,
L'une acole l'autre et enbrache :
N'i a celui joie ne face.
Elie et Lanpars joie font,
Quant lor dame recouvré ont,   3430
Et Robers joïst son signor
De cui il ot eü paor.
Quant entreconjoï se furent,
Por Guinglain desarmer corurent,
Si le desarment en la place   3435
Et Robers son elme deslace.
Quant de tot l'orent desarmé,
Si l'ont taint et plaié trové.
Tant avoit ses armes portees
Et receü tantes colees   3440
Que del sanc ot perdu asés ;
Molt estoit bleciés et navrés.
Et quant ses plaies ont lavees,
Si les ont tantost rebendees ;

J'irai lui demander conseil : je ne désire pas me marier sans lui ; s'il me donne son accord, j'y consentirai et je vous prendrai pour femme. » C'était le moyen qu'il avait trouvé pour faire patienter la jeune femme et la rassurer par ses paroles ; elle fut ainsi persuadée qu'il l'aimait.

Là-dessus, il se retourna et aperçut Hélie ; avec elle, il vit venir, franchissant le seuil pour entrer, Lampart, son écuyer Robert et le nain qui les suivait. Tous quatre s'avançaient en riant : imaginez leur joie ! Tous enfin réunis se félicitent, s'enlacent et s'embrassent : l'allégresse est générale. Hélie et Lampart sont tout heureux d'avoir retrouvé leur maîtresse, Robert est tout heureux d'avoir retrouvé son maître, pour qui il a eu grand peur. Quand tout le monde s'est congratulé, on se dépêche d'aider Guinglain à enlever son armure : on le débarrasse sur-le-champ de son équipement et Robert lui délace son heaume.

Une fois débarrassé de son armure, son corps apparut, meurtri et sanglant. Il avait porté son armure si longtemps, reçu de tels coups et perdu tant de sang qu'il n'était que plaies et bosses ; ils lavèrent ses plaies et les bandèrent,

Puis l'en mainnent en une canbre   3445
U ot asés d'or d'Alixandre,
Tires, pales et siglatons,
Mantials vairs et gris peliçons,
Et maint bon autre garniment ;
Asés i ot or et argent.   3450
Molt ert la canbre couvenable,
Un lit i ot molt delitable.

Or vos revel conter et dire,
Que nule riens n'en ert a dire,
S'on nel devoit a mal torner.   3455
D'or en avant vos vel conter,
Briement, sans trop longe raisson,
Coment de Gales li baron
Et li evesque et li abé
Et tot li prinche et li casé   3460
Vinrent, quant sorent la noviele
Qu'estorse fu la damoissele
Et qu'ensi est cose avenue.
Puis n'i ot nule retenue
Que tot ne venissent a cort   3465
Por la grant joie qui lor sort.
Tos li pules vint cele part,
Petis et grans, molt lor est tart
Que il aient lor dame veüe.
Molt i est grans li esmeüe.   3470
Archevesque, vesque et abé,
Et tot li autre clerc letré
Sont venu a porcession
Et cantoient a molt haut ton
Et portent crois et encensiers,   3475
Gonfanons de riches dras chiers,
Et casses a tot les cors sains ;

puis ils l'emmenèrent dans une chambre où abondait l'or d'Alexandrie, les soieries orientales, les voiles légers, les lourds brocards[1], les manteaux de petit-gris, les grises pelisses fourrées et toutes sortes d'autres vêtements : une chambre pleine d'or et d'argent, fort agréable, avec un excellent lit.

Il me faut maintenant vous raconter – bien qu'il n'y ait pas grand chose à en dire, mais on pourrait me reprocher de ne pas le faire – vous raconter succinctement, donc, comment arrivèrent, dès qu'ils apprirent dans quelles conditions leur jeune suzeraine avait été sauvée, les hauts seigneurs du pays de Galles, les abbés, tous les princes et tous ceux qui tenaient un fief. C'est spontanément que tous se précipitèrent à la cour pour fêter le grand bonheur qui leur était advenu. Toute la population s'y rendit, humbles et grands seigneurs, dans un grand mouvement de foule : il leur tardait de voir leur dame.

Archevêques, évêques et abbés, ainsi que tous les autres savants religieux, sont venus en processions, chantant à pleine voix et portant croix, encensoirs, précieuses bannières et châsses[2] aux très saintes reliques.

---

[1] v. 3347 *Tires* étoffe de soie d'Orient (Tyr), *pales* ou *pailes* étoffe de soie légère, un drap de soie ou d'or, *siglatons* broccard de soie. Voir aussi la note du vers 4747.

[2] v. 3477 *casses* pour *chasses* (châsses) : alternance graphique *c/ch*, cf. *cemise* au vers 2048.

A lor mostiers sonent les sains.
Aigue beneoite ont jeté
Par les rues de la cité ;   3480
Tote ont la cité beneï
Li saint homme, li Diu ami.
Et quant fait orent le service
Au mostier de la maistre glise,
Vers la cité tot droit s'en vont   3485
Et le service Diu i font.
Por Mabon, qui avoit esté
Encanteres en la cité,
Iauge beneoite ont jetee,
Si l'ont beneïe et sacree.   3490
Et puis revont vers le palais
U n'orent esté piech'a mais.
Quant beneïs fu li palais,
Ainc si grans joie ne fu mais
Con iluec ont, quant ont veüe   3495
Lor dame qu'il orent perdue.
Molt i fu la joie enterine,
Quant recouvré ont la roïne,
Ki france estoit et de bon aire ;
A tos savoit bon sanblant faire.   3500
Molt fu de ses barons amee,
Car molt l'avoient desiree,
Car molt estoit et pros et sage.
Ele parole a son barnage :
« Signor, fait ele, or m'entendés ;   3505
De cest baron que me loés,
Ki por moi a soufert tel painne ?
Tel chevalier n'a dusqu'el Mainne.
Tot li devés porter honnor,
Car il est molt de grant valor.   3510
Guinglain a non, molt est vasals,

Les cloches de leurs églises carillonnent. Ils jettent de l'eau bénite dans les rues de la ville : ils ont béni toute la ville, les saints hommes au cœur tourné vers Dieu ; après avoir célébré la messe dans l'église principale, ils se sont dirigés vers la citadelle et y ont célébré un autre office. Ils ont voulu bénir et reconsacrer toute la ville, en l'aspergeant d'eau bénite pour exorciser les enchantements de Mabon. Puis ils sont allés au palais dont ils avaient été si longtemps éloignés.

Après la bénédiction du palais, une immense joie, comme on n'en vit jamais, se déchaîna quand apparut la dame qu'ils pensaient avoir perdue : c'était la joie sans mélange de retrouver leur noble et bonne reine, qui savait être aimable avec tous. Les seigneurs lui témoignèrent leur grande affection : elle leur avait manqué, elle qui était si vertueuse et si sage. Elle leur adressa ce discours : « Seigneurs, écoutez-moi bien attentivement. Que me conseillez-vous de faire pour ce gentilhomme qui a supporté tant de souffrances pour moi ? Un chevalier de cette valeur, d'ici au Maine, on n'en trouverait pas. Vous devez tous l'honorer car il est d'un grand mérite. Il s'appelle Guinglain et grande est sa noblesse :

Ses pere est Gavains li loials,
Li niés le roi qui tint Bretaingne
Et la tere dusqu'en Espaingne.
Me loés vos que je li face   3515
Tel cose dont aie sa grasse ? »
Tos li barnages li escrie :
« France dame, nel laissiés mie
Que ne le prendés a mari,
Car il vos a de mort gari ;   3520
Molt vos a trait de grant dolor.
Cestui volons nos a signor,
Car millor ne savons el mont. »
Et la roïne lor respont :
« Signor, iço se lui plaissoit,   3525
Saciés que molt biel me serroit ;
Des que lui plaist, nel quier müer :
Or en alés a lui parler ;
Se il me voloit a moillier,
Molt l'amerai et tenrai cier. »   3530
Tot maintenant i fait aler
Trois dus molt haus a lui parler,
Et quatre contes qu'ele apiele,
Et Lanpars et sa damoissele,
Deus evesques et trois abés.   3535
Estes les vos ja la alés
U Guinglains gist qui fu bleciés ;
Robert troverent a ses piés.
Quant en la canbre sont entré
Molt docement l'ont salué ;   3540
Et Guinglains ausi, ce me sanble,
Les resalue tos ensanble.
Encontre els est un poi dreciés,
Sanblant lor fait qu'il fust haitiés ;
Par le canbre se sont asis.   3545

son père est Gauvain le loyal, neveu du roi qui est maître de toute la Bretagne et de toutes les terres jusqu'en Espagne. Me conseillez-vous que j'agisse envers lui de façon qu'il m'en sache gré ? »

Tous les seigneurs s'écrièrent : « Noble dame, n'hésitez pas à le prendre pour époux : il vous a sauvée de la mort et délivrée d'un grand malheur. C'est lui que nous voulons comme suzerain, nous n'en connaissons pas de meilleur au monde. – Seigneurs, si cela lui plaisait, sachez que j'en serais ravie, leur répondit la reine. C'est décidé, s'il y consent. Allez donc vite lui parler : s'il veut bien m'accepter pour femme, il me sera très cher et je l'aimerai de tout cœur. » Et immédiatement, elle envoya pour lui parler trois très nobles ducs et quatre comtes qu'elle désigna, ainsi que Lampart, sa suivante Hélie, deux évêques et trois abbés.

Et les voici déjà arrivés là où Guinglain, blessé, reposait tandis que Robert veillait au pied de son lit. En entrant dans la chambre, ils l'ont salué bien courtoisement. Guinglain, me semble-t-il, leur a rendu à tous leur salut. Il s'est un peu redressé pour les recevoir, faisant mine d'aller mieux. Les messagers se sont assis dans la chambre.

Un rice duc qu'il orent pris
A le parole comenchie
Qui lor estoit devant nonchie :
« Sire, fait il, or m'escoutés :
Ma dame et trestous ses barnés   3550
Vos mandent par moi une rien,
Vostre honnors ert, ce saciés bien,
C'or le prendés sans demorance
Et sans nule autre porlongance
Nostre dame a beneïçon.   3555
Li duc, li prince et li baron,
Vos ameront en bonne foi,
Sans fauseté et sans belloi ;
Tot serront a vostre plaissir
Por vos honnerer et servir.   3560
Molt serrés rices et poissans :
En ceste tere, de tos sans,
N'a baron qui a vos marchoist
Qu'a vostre comant tos ne soit.
Or prendés ma dame a mollier ;   3565
Ne le devés mie laissier,
Car molt i conquerrés honnor.
Tot vos demandent a signor,
Qu'en vos serra bien mis l'enpire.
D'une grant tere serés sire ;   3570
Tot arés quanqu'il i avra,
Riens nule celé n'i ara ;
Vos arés cïens bos, praieres,
Bonnes roubes, bieles rivieres,
Hostoirs, espreviers et gerfaus,   3575
Faucons gentius et bons cevals ;
S'arés asés or et argent
Por departir a vostre gent ;
A cels qui vos devront amer

Un puissant duc, qu'ils avaient choisi pour ce faire, prit la parole pour transmettre le message dont on les avait chargés. « Seigneur, dit-il, écoutez-moi donc. Ma dame et tous ses vassaux vous font savoir par moi quelque chose qui, sachez-le, vous apportera grand honneur. Acceptez sans hésitation ni retard notre dame, au nom du Seigneur. Les ducs, les princes, les seigneurs vous aimeront fidèlement, sans trahison ni perfidie ; ils seront à votre disposition, tout prêts à vous honorer et à vous servir. Vous serez un seigneur très riche, très puissant : on pourrait parcourir cette terre en tous sens sans trouver dans votre voisinage un seul seigneur qui ne vous soit entièrement soumis. Prenez donc ma suzeraine pour épouse, vous ne devez pas le refuser car vous y gagnerez terre et honneur. Tous vous réclament pour seigneur et pensent que le pouvoir sera bien placé entre vos mains. Vous serez le maître d'une très grande terre, vous posséderez tout ce qu'elle contient, rien ne vous échappera ; vous aurez ici bois, prairies, de belles rivières, de bons vêtements, des autours, des éperviers et des gerfauts, des faucons de race et de bons chevaux ; vous aurez des quantités d'or et d'argent à distribuer largement à vos fidèles ; à ceux qui vous devront affection et respect,

Asés lor en porés doner.   3580
Et quant vaurés armes porter
Et au tornoiement aler,
A vostre voloir les arois
Et molt aïsiés en serrois
Et molt grant gent mener porés   3585
Par tot u vos aler vaurés ;
Tot seür porés tornoier,
C'or vostre homme vos aront cier.
Or me dites vostre corage,
Si le redira au barnage   3590
Et a ma dame la roïne,
Qui vos ainme molt d'amor fine. »
A tant a respondu Guinglains,
Qui molt estoit pales et vains :
« Sire, molt grant merchis vos renc,   3595
Et a tos barons ensement
De ço que je vos en oi dire,
Je ne m'en vel pas escondire
Que je volentiers ne le praigne ;
Mais primes irai en Bretaingne   3600
Au roi demander le congié,
Car autrement nel prendrai jé ;
Car se li rois ne le voloit
Jo cuit que folie serroit
Se ensi prenc feme sans lui :   3605
Ses niés et ses mesages sui,
Sans lui tel cose ne feroie.
Quant il ne savoit qui g'estoie,
Si me retint, soie merchi ;
Bon gré l'en sa. Ma dame pri   3610
Que roi Artu aut merchi rendre
De ço qu'il l'a faite desfendre :
Par lui est hors de la dolor,

vous pourrez donner généreusement. Et quand vous voudrez revêtir votre armure et aller au tournoi, vous aurez le meilleur équipement que vous puissiez désirer pour combattre dans d'excellentes conditions et vous pourrez vous faire accompagner partout par une belle équipe[1] de chevaliers : vous pourrez tournoyer en toute sécurité, car vos hommes vous seront tout dévoués. Dites-moi ce que vous en pensez, je transmettrai votre réponse aux seigneurs et à ma dame la reine, qui vous aime d'un amour profond. »

Alors, Guinglain, qui était tout pâle et affaibli, répondit : « Seigneur, je vous remercie, ainsi que tous les autres seigneurs, de ce que je viens de vous entendre dire. Je ne vous cacherai pas que j'y consens volontiers ; mais, tout d'abord, il me faudra aller en Bretagne demander l'autorisation du roi car ce n'est qu'à cette condition que j'accepterai. Si le roi refusait, je pense que j'agirais inconsidérément en prenant une femme sans son accord : je suis son neveu et son envoyé. Alors qu'il ne savait pas qui j'étais, il m'a accordé la faveur de me retenir parmi ses chevaliers et je lui en sais gré. Je prie donc ma dame qu'elle aille remercier le roi Arthur du secours qu'il lui a procuré. Grâce à lui, elle est délivrée de son malheur :

---

[1] v. 3585 Nous avons emprunté à G. Duby le terme *d'équipe* (*Le dimanche de Bouvines,* Gallimard, 1973, p. 118, 121, 122, 127...)

*'since I saved her at A's behest, he but the
de his'*

Au roi en doit faire l'onnor :
En sa cort l'en doit mercïer   3615
De ço qu'il l'a fait delivrer.
Par son comant ai je ce fait,
Soie est l'onnors tot entresait
Car il me dona rice don,
Si me retint a conpainnon.   3620
Ma dame lo par bone foi
Qu'ele voist a la cort le roi,
Por grase rendre et por offrir
Que des ore ert a son plaisir ;
Avoir i puet preu et honor.   3625
Et s'ele me veut a signor,   *I will = her if*
Iluques m'en consillerai :   *A agrees*
Se li rois veut, si le prendrai.
Iço li lo par bon consel :
Si face tot son aparel   3630
D'aler a cort molt ricement,
A biel harnas, o bele gent.
Et s'ele veut aler a cort,
Molt hastivement s'en atort. »
Tot a la dame creanté   *Q agrees*   3635
Quanques Guinglains a devisé,
Que volentiers a cort ira
Et que tot son voloir fera.
D'aler ont bien lor terme pris,
Al uitime jor l'ont asis.   3640
A tant est li consals finés,
Si s'en parti tos li barnés
Et congié prisent a Guinglain
Qu'il laissierent et feble et vain,
A Diu les a tos comandés.   3645
S'a la dame mires mandés
Molt bons por tost Guinglain garir ;

elle doit aller auprès du roi faire acte d'allégeance ; à sa cour, elle doit aller le remercier d'avoir été délivrée grâce à lui. C'est sur le commandement du roi que je l'ai sauvée ; que la terre[1] soit donc à lui : il m'a fait un don précieux en me retenant au nombre de ses compagnons. C'est par loyauté que je conseille donc à ma dame qu'elle aille à la cour du roi pour lui rendre grâce et lui offrir de se soumettre à son bon vouloir. Elle en retirera gloire et avantages. Et si elle me veut comme mari, c'est auprès du roi que je prendrai conseil : si le roi le veut, je l'épouserai.

« Voici ce que je lui propose raisonnablement : qu'elle se prépare pour aller à la cour en grande pompe – grand équipage et belle escorte. Et si elle veut bien accepter d'y aller, qu'elle se dépêche de faire ses préparatifs. »

La dame s'empressa de promettre de faire tout ce que Guinglain avait proposé : elle irait volontiers à la cour et ferait tout ce qu'il désirait ; on fixa donc le départ pour huit jours plus tard. Ainsi se terminèrent ces négociations, les seigneurs s'en allèrent après avoir pris congé de Guinglain, qui les recommanda à Dieu. Ils laissèrent le jeune homme fatigué et affaibli. Aussi la dame convoqua-t-elle d'excellents médecins pour le soigner ;

---

[1] v. 3618 *onnors* : voir la note du vers 1048. On peut très bien comprendre aussi « l'honneur lui en reviendra ».

A grant honnor le fist servir.
Tant con longes i demora,
De lui honnerer se pena.   3650
Ains que la dame fust meüe
A cort, fu tote revenue
La gens ariere en la cité
U ele avoit ançois esté,
Cil ki vif et sain remés erent.   3655
Ensanble aveuc els aporterent
Or et argent et roubes bieles.
Que vos froie longes novieles ?
Tost fu la cités restoree
Et de bonne gent bien publee.   3660
La roïne pas ne s'oublie :
Molt a semons grant conpaignie
Que o li veut mener en Bretaingne.
En ses canbres s'aaise et baigne,
Et son harnas fait atorner ;   3665
A grant honnor i veut aler,
Que molt avoit grant conpaignie :
Trente cités ot en baillie.
Ele ot a non Blonde Esmeree ;
Issi fu par droit non nonmee.   3670
Guinglain a mari molt desire,
Ses cuers a lui s'otroie et tire.

Tant con la roïne s'atorne,
Guinglains en la cité sejorne.
Tos fu garis en la quinsainne,   3675
Mais entrés est en autre painne :
Amors li cange son pensser,
Ne puet dormir ne reposser.
Onques mais n'ot il d'amer cure,
Mais or se diut a desmesure   3680

elle le fit servir comme un personnage de haut rang : pendant tout son
séjour, elle s'employa à le traiter avec tous les égards possibles. Et,
avant même le départ de la dame pour la cour, toute la population –
ceux, du moins, qui avaient survécu sains et saufs – revint dans la
ville : les gens revenaient où ils avaient vécu autrefois, rapportant or,
argent et vêtements luxueux. Bref, toute la ville fut bientôt reconstruite
et se repeupla de gens de bien.

Sans perdre de temps, la reine convoqua la grande escorte qu'elle
voulait mener avec elle en Grande Bretagne. Dans ses appartements,
elle fit sa toilette et se baigna, puis elle fit préparer son équipage : elle
voulait se rendre à la cour en grande pompe et elle pouvait se faire
escorter de nombreux seigneurs, puisque trente villes dépendaient
d'elle. Blonde Esmerée, tel était son nom[1] et il lui allait bien, avait un
grand désir d'épouser Guinglain, elle lui avait donné son cœur, très
attiré par lui.

V. Le retour à l'Ile d'Or

Tandis que la reine se préparait, Guinglain se reposait dans la ville.
Au bout de quinze jours, il fut complètement guéri, mais un autre mal
s'empara de lui : l'Amour l'obsédait et l'empêchait de se reposer et de
dormir. Lui qui ne s'était jamais soucié d'aimer, le voilà qui souffrait
atrocement

---

[1] v. 3669 Les deux belles qui se partagent le coeur de Guinglain s'appellent, l'une
Blonde Esmerée, l'autre la pucelle aux Blanches Mains. Ces deux noms font penser à
ceux des deux femmes du *Tristan* : Yseut la Blonde, la maîtresse adorée et Yseut aux
Blanches Mains, l'épouse délaissée. Mais dans *Le Bel Inconnu* les emplois sont inversés.

Por la Pucele as Blances Mains ;
Tot en devint pales et vains.
Des l'ore que il se parti
De l'Ile d'Or, puis en oubli
Ne le mesist por nule rien,   3685
Si l'enpensa durement bien
Que il s'en departi de lui
Sans congié ; molt en a anui.
Quant il se departi au main,
Aincque puis n'ot jor le cuer sain.   3690
Tant l'a adés puis desiree,
Mais or li est s'amors doublee.
La joie souvent li doubla
Et li sanblans que li mostra,
Et maintes fois li est avis,   3695
Quant il dort mius, si voit son vis
Et que il soit el lit couciés
El palais u fu herbergiés,
Et c'aveuc lui voie la fee
Ansi d'un mantiel afublee,   3700
Tot a nus piés en sa cemisse,
En tel sanblant et en tel guisse
Cum il le vit quant ele vint
Au lit, el palais u le tint.
A li penser a mis s'entente.   3705
Un jor el palais se demente :
« E ! las, fait il, ne sai que dire
Quels mals ço est qui si m'enpire.
Ço est amors mien ensient !
Ensi l'ai oï de la gent   3710
Que on doit molt dames amer ;
Il dient voir, nel puis celer ;
Esprové l'ai par la pucele
Por cui je muir, qui tant est biele.

à cause de la Belle aux Blanches Mains et ces souffrances le firent pâlir et lui firent reperdre toutes ses forces. Depuis qu'il était parti de l'Ile d'Or, rien n'avait pu lui faire oublier la belle ; l'idée qu'il l'avait quittée sans même prendre congé le préoccupait et le tourmentait. Du matin où il était parti, il portait une blessure au cœur et, depuis, la dame lui avait tant manqué que son amour avait doublé. Souvent aussi, son souvenir magnifiait le plaisir qu'elle lui avait donné et ses témoignages d'amour. Souvent, quand il dormait profondément, il lui semblait qu'il revoyait son visage, qu'il était couché dans le lit de la grande salle où elle l'avait logé et qu'il voyait la fée près de lui, son manteau sur les épaules, nu-pieds dans sa chemise, exactement comme elle était quand elle s'était approchée du lit, dans la grande salle où elle l'avait retenu et ce souvenir l'obsédait.

Un jour, dans la grande salle du palais de Sinaudon, il se lamentait ainsi : « Hélas ! je ne sais que dire. Quel est le mal dont je souffre ? C'est l'Amour, me semble-t-il ! J'ai entendu dire aux gens que les dames doivent être beaucoup aimées – et on dit vrai, je l'avoue, je m'en suis rendu compte à cause de cette si belle jeune fille pour qui je me meurs.

Molt me fist grant honnor la fee   3715
Dont je m'enblai la matinee ;
Mius deüsse voloir morir
Que je de ço dont tant desir
Me parti si vilainnement.
Ço que dont fis or m'en repenc ;   3720
Or en trait mes cors grief martire.
Ha ! Dius, ne li oserai dire
Que me pardoinst ; dont que ferai ?
Il n'i a plus, por li maurai.
N'est nus qui m'en peüst aidier,   3725
Ne je l'os mais asaier ;
Ains maurai je de male mort,
Que ja n'en averai confort.
Tais ! Mar le di ! Va li rover
Merchi et va a li parler ;   3730
Ne te lai mie martirer,
Quant plus ne le pués endurer,
Car trop te destraint et travalle.
Se il longes te tient, sans faille,
Dont te coverra il morir ;   3735
A mains n'en pués tu pas partir. »
Il apiele son escuier,
Qu'a lui se vaurra consillier.
Cil est venus a son signor,
Et il li conte sa dolor :   3740
« Robert, fait il, or me consele ;
Trop sui destrois a grant mervele ;
Ne puis dormir ne reposer,
Tant me mec a celi penser
Que veïsmes en l'Ille d'Or ;   3745
Icele me destraint si or
Que de vie ne sui certains
Se nen ai cele as Blances Mains.

Elle m'avait accueilli avec beaucoup d'égards, cette fée de chez qui je me suis sauvé comme un voleur au petit matin ; j'aurai dû préférer mourir que de me séparer si indignement de l'objet de tous mes désirs. Oh ! maintenant, je me repens bien de ce que je fis alors : maintenant, tout mon être en souffre ! Oh, mon Dieu, je n'oserai pas lui demander de me pardonner ! Mais que ferai-je, alors ? Mourir à cause d'elle est le seul recours, personne ne peut me secourir et je n'ose essayer de me disculper. Je ne trouverai aucun soulagement, je mourrai d'une mort cruelle... Mais tais-toi donc, tu dis des sottises ! Va plutôt la supplier de te pardonner, va lui parler, ne te laisse pas torturer alors que tu ne peux plus le supporter davantage tant tu es anxieux et malheureux. Si cela dure plus longtemps, sois sûr qu'il te faudra mourir, c'est la seule solution ! »

Il appela alors son écuyer pour lui demander conseil et lui conter sa douleur. Quand il l'eut près de lui : « Robert, dit-il, aide-moi : je souffre de façon incroyable, je n'arrive plus à me reposer ni à dormir tant je suis obsédé par le souvenir de celle que nous avons vue à l'Ile d'Or. Elle me fait tant souffrir, cette Belle aux Blanches Mains, que je me meurs pour elle.

Molt le desir a grant mervelle ;
S'amors m'ocist, souvent m'esvelle.   3750
Ço m'a duré molt lonc termine,
Moi d'angoissier Amors ne fine.
Que ferai je, frans debonnaire ?
Onques mais mal ne prissai gaire,
Mais cil m'ocist tot a estros. »   3755
Ce dist Robers : « Gabés me vos ?
Quant d'Amors soloie parler,
Adont me soliés vos gaber.
– Je ne gab pas, ce dist Guinglains :
Se onques vers Amors me fains,   3760
Or en prent vers moi sa vengance ;
Ele m'ocist de male lance. »
Robers respont : « Cele en ait los
Qui l'amor a en vos enclos !
Je ne sai rien de chevalier,   3765
Ne cil ne doit avoir mestier
C'aucune fois ne veut amer ;
Ne cil ne doit en pris monter
Qui vers Amors n'a son corage,
Se il n'est molt de grant eage.   3770
Sire, ne vos esmaiés mie,
S'Amors vos a en sa baillie ;
Ele velt les preus en se part,
Mauvais et fauls aim ele a tart.
Por ce ne vos esmaiés pas,   3775
Bien passerés d'Amors le pas.
Et je vos en consellerai
A tost a mius que je porai ;
Et se vos m'en volïés croire,
Quant atorné ara son oire   3780
La roïne d'a cort aler
Et fera sé muls enseler,

Mon désir pour elle est si intense ! L'amour que j'ai pour elle me tient éveillé et me fait mourir. Et cette souffrance me tient depuis si longtemps ! Les tortures de l'amour ne me laissent pas de répit. Que ferai-je, mon noble et généreux ami ? Jusqu'ici, je méprisais toutes les souffrances, mais en voici une qui est en train de me tuer de façon sure et certaine. – Vous moquez-vous de moi ? répondit Robert. D'habitude, vous vous moquiez de moi quand je parlais d'amour. – Je ne plaisante pas, répondit Guinglain, et si j'ai jamais manqué d'intérêt pour l'amour, il se venge, maintenant, et me tue de sa lance cruelle. »

Robert répondit : « Louée soit celle qui a mis l'amour dans votre cœur. Je ne suis pas expert en matière de chevalier mais il n'a aucune valeur, celui qui se refuse à aimer et on ne doit pas accorder de prix à celui dont le cœur ne se porte pas vers l'amour – à moins qu'il ne s'agisse d'un homme très âgé. Seigneur, ne vous effrayez pas si Amour est votre maître : Amour désire faire siens les hommes les plus valeureux, ce n'est qu'ensuite qu'il s'intéresse aux êtres vils et fourbes. Vous franchirez sans peine le passage dangereux d'Amour. Et moi, je vous conseillerai de mon mieux. Si vous voulez bien m'écouter, quand la reine aura fini de préparer son voyage pour la cour et qu'elle aura fait seller ses mulets,

Ses palefrois et ses cevals,
De rices dras enperials
Et verrés carcier les destriers   3785
Et carcier or fin et deniers,
Trestos les en laissiés issir
Et si vos armés a loissir
En vostre ostel que ne le voie ;
Aprés vos metés a la voie.   3790
Quant atainte arés la roïne,
A cui tos cis regnes acline,
Molt bielement a li parlés
Et le congié li demandés.
Dites qu'aveuc li plus n'irois,   3795
Qu'autre part aler en vaurois
U vos avés asés a faire,
Et que vos ne targerés gaire,
Car, au plus tost que vos porés,
Aprés li a la cort irés.   3800
Et quant le congié arés pris
Et el retor vos serés mis,
Puis irons tant nostre cemin,
A l'avesprer et au matin,
Que nos a l'Ille d'Or venrons :   3805
Vostre amie la troverons.
– **B**iaus amis, qu'es ce que tu dis ?
Serroie je tant dont hardis
Que retorner osaisse a li ?
Vilainnement m'en departi. »   3810
Robers respont : « Oïl, bials sire ;
Bien li porés vostre mal dire.
Qui ne porcace sa besoigne,
Tost li puet torner a vergoigne ;
Cil qui del mal sent le martire   3815
Le doit molt bien mostrer au mire.

ses palefrois et ses chevaux, que vous verrez parer les destriers de[1]
riches draps impériaux et les chargements d'or fin et de deniers,
laissez-les partir en avant et vous, revêtez tranquillement votre armure
dans votre logis, pour qu'elle ne vous voie pas ; après quoi, vous vous
mettrez en chemin. Quand vous aurez rejoint la reine vénérée de tout
ce pays, trouvez les mots qui conviennent pour lui demander de vous
autoriser à partir. Dites-lui que vous ne l'accompagnerez pas plus
loin : vous aurez l'intention de vous rendre ailleurs, en un lieu où vous
avez quelque chose d'important à faire ; vous ne vous attarderez pas,
aussi vite que vous le pourrez, vous la rejoindrez à la cour. Et quand
vous aurez pris congé et que vous vous serez mis en route pour
retourner là-bas, nous cheminerons si vite, soir et matin, que nous
parviendrons à l'Ile d'Or où nous retrouverons votre bien aimée.
– Mon ami, que me dis-tu là ? Serai-je assez hardi pour retourner près
d'elle, moi qui l'ai quittée de façon si discourtoise ? – Mais si, mon
cher seigneur, répondit Robert, vous pourrez bien lui dire quel mal
vous tient. *Qui ne traite ses affaires Peut s'en voir honte faire ; Qui*
souffre martyre en son sein Doit faire appel au médecin ;

)

---

[1] v. 3784 : même en corrigeant le *se* du manuscrit en *de* plutôt qu'en *ses* comme
P.W. le passage reste obscur car il paraît difficile de considérer les palefrois et les
destriers comme des chevaux de charge.

Sans nul respit, dist li vilains,
Querre doit pain cil cui tient fains.
Coment sara vostre corage,
Se devant ne l'en faites sage ?   3820
Mostrer li devés la dolor
Que vos traiés por soie amor.
Bien tost porrés merchi trover ;
Aprés plor ai oï canter. »
Guinglains respont : « C'est lons termine;   3825
Des que se mueve la roïne
Encore a trois jors a venir ;
Ançois poroie bien morir
S'autrement mes mals n'asouhage.
– Sire, covrés vostre corage,   3830
Ne vos en esmaiés de rien,
Que s'amor conquerrés vos bien. »

   Issi a Guinglains sejorné
Et le mal d'Amors enduré,
Tant que trois jor sont aconpli.   3835
Al quint jor quant l'aube esclarchi,
Blonde Esmeree de l'aler
S'atorna, et fist aprester
Le menu harnas qu'avant vait.
Les damoissials monter a fait,   3840
Puis fist monter ses conpaignons,
Et portent ostoirs et faucons
Et gerfaus et bons espreviers.
Les escrins carcent as soumiers,
Rices cofres et rices males ;   3845
Molt jetent grant avoir de Gales,
Hanas, copes d'or et d'argent,
Et molt rice autre vaillement,
Escüeles et cuilliers d'or,
Dont molt avoit en son tresor.   3850

Sans relâche, dit le paysan[1], *que cherche pain qui tient la faim !* comment pourrait-elle deviner vos sentiments si vous ne commencez pas par les lui découvrir ? Vous devez lui faire savoir quelles souffrances vous éprouvez par amour pour elle. Vous pourrez alors rapidement obtenir son pardon : *Après pleurs ai ouï chanter.* » Guinglain répondit : « Trois jours vont encore s'écouler avant le départ de la reine, c'est une attente bien longue : je risque de mourir avant, si je ne trouve pas un autre moyen de soulager ma souffrance. – Seigneur, dissimulez vos sentiments et n'ayez peur de rien : vous allez conquérir son amour. »

Guinglain passa donc encore les trois jours suivants à attendre en supportant les souffrances de l'amour. Au matin du cinquième jour après cette conversation, quand l'aube parut, Blonde Esmerée se prépara pour partir et fit apprêter les menus objets qu'elle envoyait en avant. Elle avait fait monter à cheval les jeunes nobles, puis à leur suite, ses propres compagnons tenant sur leurs poings faucons, gerfauts et bons éperviers. Les chevaux de somme furent chargés d'écrins, de coffres et de malles somptueuses où l'on jeta à profusion les grandes richesses du pays de Galles, les hanaps, les coupes d'or et d'argent et toutes sortes d'autres objets de valeur, des écuelles et des cuillers d'or dont le trésor de la reine regorgeait.

---

[1] v. 3817 proverbe "au vilain » : cf. Ch. V. Langlois, *La vie en France au Moyen âge,* t. 2, 1926, p. 27-46.

Lors est la roïne montee.
Cent chevaliers de sa contree
A menés en sa conpaignie ;
Molt estoit sa gens bien garnie.
Si s'en issent de Sinadon   3855
La roïne et tot si baron.
Cevals fist mener aveuc soi
Et palefrois de biel conroi.
De la cité s'en issent tuit,
Et Guinglains s'arme sans grant bruit.   3860
Quant la roïne fu venue,
Ançois si s'est bien porveüe
Que Guinglains encor n'i est mie.
« Signor, fait ele, Dius aiue !
U est mes amis et mes sire ? »   3865
N'i est qui voir l'en sace dire.
Arestee s'est la roïne,
De Guinglain demander ne fine.
Il regardent vers la cité,
Si le voient venir armé   3870
Et aveuc lui son escuier.
Tot se prendent a mervillier
Por quel afaire armés estoit.
Vers la roïne vint tot droit.
Quant l'a veü Blonde Esmeree,   3875
Envers lui a regne tiree,
Se li a demandé de long
Por quel cose et por quel besoig
S'estoit armés, que il li die.
Guinglains respont : « Ma douce amie,   3880
Jo ne puis pas o vos aler ;
D'autre part m'en estuet aler
U ai a faire grant besoigne.
Quant l'arai faite, sans ensoigne,

Puis la reine elle-même monta à cheval, emmenant dans son escorte cent chevaliers de son pays, somptueusement équipés. La reine et tous ses hauts seigneurs sortirent de Sinaudon, ainsi que les chevaux et les palefrois bien harnachés qu'elle faisait mener avec elle. Tous sortirent de la cité, tandis que Guinglain, sans faire de bruit, endossait son armure. Quand la reine fut sortie de la ville, elle s'aperçut très vite que Guinglain n'était pas encore là. « Seigneurs, dit-elle, que Dieu me vienne en aide ! Où est donc mon bien-aimé, mon seigneur et maître ? » Mais nul ne put lui répondre. La reine s'était arrêtée et demandait sans cesse où était Guinglain ; enfin, regardant vers la cité, ils le virent arriver, vêtu de son armure et suivi de son écuyer. Tous en furent étonnés : pour quelle affaire s'était-il armé ? Il se dirigea vers la reine Blonde Esmerée qui, dès qu'elle le vit, tourna bride vers lui et se mit à le presser de questions : quelle cause, quelle pressante nécessité l'avait fait s'armer ? Qu'il le lui dise !

Guinglain répondit : « Ma douce amie, il m'est impossible de vous accompagner. Il me faut aller en un autre lieu, où j'ai quelque chose d'important à faire. Dès que ce sera fait, je ne m'attarderai pas un instant,

Aprés vos a la cort irai   3885
Isi tost come je porai.
Le roi Artu me salués
Et vostre congié me donnés. »
Dist la roïne : « Merchi ! sire ;
Misse serroie en grant martire.   3890
– Dame, ne puet estre autremant ;
Je m'en vois, a Diu vos comant
Et vos et tos vos conpaignons. »
Issi departi des barons,
Mais a grant painne s'en depart ;   3895
Son cemin torne d'autre part.
De son aler ont grant anui,
Mais il n'en pesa tant nului
Con il faisoit a la roïne ;
Molt se clamoit souvent frarine ;   3900
De lui ne se partist son vuel.
Molt fait la roïne grant dol,
Dolente estoit et esmaïe ;
Et neporquant ne remaint mie
Que ele adés a cort n'en aille,   3905
Mais molt est dolente, sans faille.
Bien vos ert conté et retrait
Coment la roïne s'en vait.
Mais ains vul de Guinglain conter,
Ki ne fine de tost aler.   3910
La biele as Blances Mains le tire ;
Que le veïst molt le desire.
De li veïr a grant besoigne ;
Vis li est que sa voie alonge.

   Cevaucié ont des la jornee   3915
Desi que vint a la vespree
Plus de trente liues galesces,

je vous rejoindrai à la cour aussi vite que je le pourrai. Saluez pour moi le roi Arthur et donnez-moi l'autorisation de vous quitter. » La reine s'écria : « Ayez pitié de moi, seigneur, je vais être très malheureuse ! – Dame, il ne peut en être autrement. Je m'en vais. Que Dieu vous garde, vous et vos compagnons. » Il quitta aussi les seigneurs, non sans peine, et tourna bride, dans une autre direction. Tous se désolaient de son départ, mais personne autant que la reine, qui ne cessait de dire qu'elle était malheureuse, qu'elle aurait voulu ne jamais se séparer de lui. La reine, plongée dans l'affliction et l'inquiétude, se désespérait et pourtant, malgré tout, elle continuait à se diriger vers la cour – mais bien tristement, il est vrai ! Ce voyage de la reine, il vous sera bien décrit le moment venu mais, auparavant, je veux vous parler de Guinglain, qui continue à se dépêcher : la Belle aux Blanches Mains l'attire, il désire si terriblement la voir, il en a un si grand besoin qu'il lui semble que son chemin s'allonge à mesure qu'il avance.

Toute la journée, jusqu'au soir, ils ont chevauché, couvrant plus de trente lieues galloises,

Tant qu'il vint devant les bretesces
De l'Ille d'Or, le bon castiel,
Dont li mur sont et fort et biel.   3920
Molt fu li castials bons et fors ;
Se cil qui sont dusqu'a Limors
I fuissent a siege trente ans,
N'enterroient il pas dedans.
Molt estoit bials a desmesure ;   3925
Mais del devisser n'ai or cure
A ceste fois, qu'allors l'ai dit ;
Saciés nus hom plus bel ne vit.
Et Guinglains, quant il veü l'ot,
Ens en son cuer forment s'i plot.   3930
Bien a le castiel coneü
De si lonc con il l'a veü ;
Tot entor coroit la marine.
Guinglains de tost aler ne fine
Vers l'Ille d'Or, qui siet sor mer.   3935
Dehors ont veü ceminer
Dames, chevaliers et puceles,
Et il se traient envers eles.
Espreviers portent et faucons,
Ostoirs, tercels, esmerillons,   3940
Car il venoient de jebiers.
Quant il les vit molt en fu liés,
Car entre eles conut s'amie
Qui menoit cele conpaignie
Et sist sor un blanc palefroi ;   3945
Souef anbloit et sans desroi,
El blanc fu de noir pumelés,
Ses crins sanbloit estre dorés.
C'est la Pucele as Blances Mains ;
Molt estoit rices ses lorains,   3950
Cent escaletes i ot d'or ;

si bien que Guinglain est arrivé devant les bretèches[1] de la puissante citadelle de l'Ile d'Or aux solides et belles murailles. C'était une formidable place-forte : si autant de gens qu'on en trouve jusqu'à Limors l'assiégeaient[2] pendant trente ans, ils n'arriveraient pas à y pénétrer. La ville était d'une extraordinaire beauté, mais à quoi bon la décrire maintenant, puisque je l'ai déjà fait ailleurs ; sachez simplement qu'on n'en avait jamais vu de plus belle et, devant ce spectacle, le cœur de Guinglain se réjouit fortement : de si loin qu'il l'avait aperçue, il avait bien reconnu la place-forte et il continua d'avancer vers l'Ile d'Or, la cité maritime.

Ils virent avancer, à l'extérieur des remparts, un groupe de dames, de chevaliers et de jeunes filles et ils se dirigèrent vers eux. Ces gens portaient des éperviers et des faucons, des autours, des tiercelets et des émerillons, car ils revenaient d'une chasse aux oiseaux en forêt. Guinglain fut ravi de les voir : parmi eux, en tête de cette compagnie, il avait reconnu sa bien-aimée, montée sur un blanc palefroi qui allait l'amble doucement, paisiblement[3] – blanc tacheté de noir, avec une crinière qui semblait dorée. Oui, c'était bien la Belle aux Blanches Mains ! Le harnachement du poitrail du palefroi était somptueux, fait de quantité de petites écailles d'or,

---

[1] v. 3918 *bretesces* : *bretèches*, loges à mâchicoulis, couverte d'un toit et faisant saillie sur un mur ; ouvrage de défense.

[2] v. 3923 *a siege* ; cf. *Erec* (épisode suivant celui du chastel de Limors) : "Se France et la rëautez tote / Et tuit cil qui sont jusqu'au Liege / Estoient anviron a siege, / Nel panroient il an lor vies » (éd. Roques, v. 5344 sq.). I.W.

[3] v. 3946 *amble* : allure naturelle de certains quadrupèdes, comme le chameau, qui avancent les deux pattes du même côté en même temps. Ce pas balancé n'est pas naturel au cheval, mais comme il convenait bien aux promenades des dames, on y dressait les palefrois.

Par grant engien le fisent Mor,
Car quant li bons palefrois anble,
Si sonnoient totes ensanble
Plus doç que soit harpe ne rote :   3955
Ainc n'oïstes plus douce note
Ne de gigle ne de vïele.
Que vos diroie de la siele
Sor coi la damoissele sist ?
Uns maistres d'Ilande le fist ;   3960
Tant par estoit et bonne et ciere
Qu'a deviser n'iert pas legiere ;
De fin or fu et de cristal,
Ouvree molt bien a esmal.
La dame ert biele et honneree   3965
Et cevaucoit eskevelee.
Son mantiel osta por le caut ;
Ele avoit vestu un bliaut
Qui tos estoit a or batus ;
Plus rices dras ne fu veüs,   3970
Ovrés estoit et bien et bel.
En son cief avoit un capiel
Qu'ele portoit por le calor ;
Ouvrés fu de mainte color,
D'inde, de vert, de blanc, de bis ;   3975
Bien li gardoit del caut le vis ;
Portrais i avoit oisials d'or ;
Li capials valoit un tresor.
Par deriere ot jeté ses crins
Plus reluissans que nus ors fins.   3980
Sans guinple estoit ; a un fil d'or
Ot galonné son cief le sor.
Flans ot bien fais et cors et hances ;
Molt se vestoit bien de ses mances.
Bras ot bien fais et blances mains   3985

travail exécuté par les Maures avec une grande ingéniosité car, quand le palefroi allait l'amble, les petites écailles s'entrechoquaient, produisant une musique d'une douceur inouïe, plus harmonieuse que celle d'une harpe, d'une rote, d'une viole ou d'une vielle. Et que dire de la selle ? Sortie des mains d'un maître artisan d'Irlande, sa splendeur était telle qu'il n'est pas facile de la décrire : elle était toute d'or fin et de cristal, incrustée d'émaux.

Aussi jolie que majestueuse, la dame chevauchait les cheveux au vent[1] ; à cause de la chaleur, elle avait ôté son manteau et portait une tunique taillée dans un brocard d'or d'une richesse incomparable, un superbe tissu merveilleusement brodé. Pour protéger son visage de la chaleur, elle portait une coiffure où se mêlaient le bleu, le vert, le blanc et le gris et où étaient représentés des oiseaux d'or d'une valeur inestimable. Elle avait rejeté en arrière ses cheveux plus dorés que l'or le plus pur, elle ne portait pas de voile ; un fil d'or s'enroulait dans ses cheveux blonds. Taille svelte, hanches bien faites, un corps harmonieux – et ses manches, qu'elle portait avec élégance, révélaient de jolis bras et des mains plus blanches

---

[1] v. 3966 *eskevelee* : la belle porte les cheveux *galonnés*, c'est à dire qu'au lieu d'être tressés, un fil d'or ou un ruban les entoure sur toute leur longueur (cf. v.1547) et un *capiel* (ou *chapel*) c'est à dire, le plus souvent, une couronne de fleurs tressée, encore plus riche ici. On ne peut donc dire qu'elle est échevelée, ni même tête nue : elle est simplement sans *guinple* (cf. v. 2395), sans voile. Les cheveux dénudés connotent la séduction, le chapel est en rapport avec la partie de campagne.

Plus que flors d'espine sor rains.
De sa biauté plus que diroie ?
Por coi plus le deviseroie ?
Mais que tant biele, ne tant sage,   3990
Ne qui tant fust de franc corage,
Ne peüst on trover el monde,
Qui le cerkast a la reonde.
En son puing porte un esprevier
De trois mues ; molt l'avoit cier.   3995
Guinglains l'avoit bien coneüe
De si lonc con il l'ot veüe.
Son cief et son vis desarma ;
Errant vint, si le salua :
« Dame, fait il, je vel parler   4000
A vos, et mon consel mostrer ;
Si vos traiés a une part. »
Cele respont : « Dius i ait part ! »
Cil se mist devers li a destre ;
Des or li veut conter son estre.   4005
« Dame, fait il, entendés moi ;
Liés sui de ce que je vos voi,
Quar por vos muir, nel puis celer ;
Dame, merchi vos vel crïer.
Por Diu, de moi aiés pitiés !   4010
Que mes mals me soit alegiés
Et que ne soiés vers moi pire
Por rien que vos ci m'oiés dire.
Car Amors ne me laisse mie
Que tot le voir ne vos en die ;   4015
Vergoigne en ai, mais ne me vaut ;
Amors me destraint et asaut,
Ki tot me mainne a son talent.
Dame, saciés vos vraiement
Que se je devoie estre pris,

qu'un rameau de fleurs d'aubépine. Que dire encore de sa beauté ? Pourquoi la décrire davantage ? Simplement, on n'aurait pu trouver, en parcourant le monde, femme plus belle, plus savante et de plus noble cœur. Sur son poing, elle portait un épervier trois fois mué auquel elle tenait beaucoup. Du plus loin qu'il l'avait vue, Guinglain l'avait bien reconnue. Il enleva le heaume qui protégeait sa tête et son visage, s'avança rapidement et la salua : « Dame, je veux vous parler et vous révéler mon secret. Eloignez-vous un peu des autres. » La dame répondit : « Que Dieu soit avec nous ! » Le jeune homme se plaça à sa droite dans l'intention de l'entretenir de ses sentiments. « Dame, prêtez-moi attention. Je suis très content de vous voir car je me meurs pour vous, je ne vous le cacherai pas ! Dame, je veux implorer votre grâce ! Pour l'amour de Dieu, ayez pitié de moi, allégez mes souffrances et ne devenez pas plus cruelle à mon égard quand vous m'aurez entendu. Amour m'oblige à vous avouer toute la vérité ; j'en suis très gêné, mais rien n'y fait : Amour me tient, l'Amour me harcèle et me mène à sa guise. Dame, vous pouvez être certaine que, dussé-je être fait prisonnier,

U ars, u pendus, u ocis,   4020
Ne me peüsse je celer.
Or est en vos del pardonner :
Del tot sui en vostre baillie,
U de la mort, u de la vie. »
La dame dist : « Qui estes vos ?   4025
– Dame, vostres sui a estros,
Des l'ore que primes vos vi
Et que je m'en parti de ci.
– U vos vic je dont onques mais ?
– Dame, dedens vostre palais   4030
Me herbergastes avant ier,
Quant je alai la dame aidier
Qui est fille le roi Gringras.
Doce dame, je ne menc pas :
Lors me promistes vostre honnor,   4035
Mais je m'en parti par folor
Por le secors que je vauc faire.
Puis m'a fait vostre amors contraire,
Qui dedens mon cuer est enclos ;
Ainc puis ne poc avoir repos.   4040
– Coment, fait cele, estes vos cil
Qui si m'eüstes enpor vil,
Et qui fist si tres grant outrage
A moi et a tot mon lingnage
Qu'ensi de moi vos en enblastes   4045
Que congié ne me demandastes ?
Et je vos fis si grant honnor
Que moi et ma terre et m'amor
Mis en vostre susjectïon.
Molt fesistes grant mesproisson   4050
Come vilains et outrageus.
Ne cuidiés pas que ce soit geus :
Se je amé ne vos eüsse,

être tué, pendu ou brûlé, je ne saurais dissimuler mes sentiments. Maintenant, c'est à vous qu'il revient de pardonner ou de ne pas pardonner, vous avez sur moi tout pouvoir, et de vie, et de mort. »

Et la dame répondit : « Mais qui êtes-vous donc ? – Dame, je suis celui qui est entièrement vôtre et ce, dès l'instant où je vous ai vue et où j'ai dû quitter ces lieux. – Mais où ai-je jamais pu vous voir ? – Dame, vous m'avez hébergé il y a quelques jours dans votre palais seigneurial, alors que j'étais en route pour porter secours à une dame, la fille du roi Gringras. Douce dame, je ne mens pas. Vous m'aviez alors promis votre terre, mais je suis parti comme un insensé, parce que je voulais accomplir ma mission. Depuis, au plus secret de mon cœur, cet amour pour vous n'a cessé de me tourmenter et je n'ai pu trouver le repos. – Comment, dit la dame, vous êtes donc celui qui m'a traitée avec tant de mépris et m'a fait subir un tel affront, à moi et à tout mon lignage, en se sauvant de chez moi sans prendre congé – moi qui vous avais fait l'insigne honneur de remettre entre vos mains ma personne, mes terres et mon amour. Ce fut de votre part une grossière et insultante erreur ! Et n'allez pas imaginer que je plaisante : si je ne vous avais pas aimé,

Envers vos si vilainne fuisse
Que je vos fesisse grant lait   4055
Por le honte que m'avés fait,
Car trop fesistes mesprisure ;
Por ce estes en aventure,
Car j'ai en cest païs asés
Contes et dus, princes, casés,   4060
Qui tost vos averoient mort,
U ce fust a droit u a tort,
S'il vos conissoient de voir.
Molt fesistes vos fol espoir
C'ainc retorner ariere osastes,   4065
Et que de rien a moi parlastes.
Molt vos amai, bien m'en souvient ;
Iceste cose me detient
Que je ne vos fais deshonnor ;
Mais il me souvient de l'amor,   4070
Car contre vos rien n'en amaisse :
Se ce ne fust, je m'en vengaisse.
Por seul itant ne vul je mie
Que vos encor perdés la vie.
Mais itant vos en di avant   4075
Que ja mais en vostre comant
Ne serrai vers vos si souprise
Que m'amors soit vers vos trop misse. »
Quant Guinglains l'oï si parler,
Li vis, qu'il ot bien fait et cler,   4080
Li devint molt pales et tains ;
Molt estoit foibles et atains.
« Dame, fait il, or est issi ?
De moi n'arés nule merchi ?
Si en mourai tot a delivre ;   4085
Bien sai ne puis pas longes vivre.
De moi n'i ara nul confort ;

j'aurais pu, moi aussi, me venger bassement et vous faire un grand tort pour vous punir de votre affront. Vous avez fait une grave erreur et vous êtes en grand danger : j'ai, dans ce pays, suffisamment de ducs, de comtes, de seigneurs qui tiennent leurs terres de moi et ils vous auraient tué sur le champ, à tort ou à droit, s'ils savaient précisément qui vous êtes. Quelle idée insensée que d'avoir osé revenir et m'adresser la parole ! Je vous ai beaucoup aimé, je m'en souviens et c'est ce qui me retient de vous couvrir de honte. Je me souviens de cet amour – je n'aimais rien tant que vous – car si je l'avais oublié, j'aurais pris vengeance de cet affront et c'est la seule raison qui m'empêche de souhaiter que vous perdiez la vie maintenant. Mais, je vous en préviens, jamais plus je ne me laisserai séduire, jamais plus je ne m'abandonnerai à vous au point de trop vous aimer. »

Pendant qu'il écoutait ce discours, le visage de Guinglain, naturellement agréable et frais, avait blêmi et pâli : il se sentait faible et bouleversé. « Dame, en est-il donc ainsi ? N'aurez vous donc pas pitié de moi ? Je vais sûrement mourir, je ne saurais vivre plus longtemps ! Il me sera impossible de me consoler,

Vostre amors m'a donné la mort.
Il vos en averra peciés,
Se vos tot ensi m'ocïés.   4090
Mais quant escaper je ne puis,
N'endroit vos nul confort ne truis,
La vie en cest païs metrai ;
Bien voi que por vos i maurai,
Que tant vos desirent mi oil   4095
Qu'en vostre païs morir vel.
Bele, or ne m'en caut qui m'ochie,
Car por vos me desplaist ma vie. »

Tant ont al parler entendu
Que il sont el castiel venu.   4100
La dame a son palais descent,
La soie mainnie ensement,
Si chevalier, ses damoisseles,
Dont il en i avoit de bieles.
Tot s'en revont li chevalier   4105
A lor ostels por herbergier.
Mais defors la vile est Guinglains,
Desconsilliés, foibles et vains,
Ne nus a lui mot ne parole.
Or est il en fole riole ;   4110
Ne set que dire ne que face.
Arestés est en une place :
« Robert, fait il, que porons faire ?
Venu soumes a mal repaire.
De consel grant mestier avons :   4115
Va querre hostel, si herbergons. »
Robers respont : « Or m'escoutés :
Laiens molt bon ostel avés
En cele rue tot aval,
La u jurent nostre ceval,   4120
Quant ci fumes a l'autre fois ;

mon amour pour vous m'a tué ! Et le péché de m'avoir tué retombera sur vous. Puisque je ne puis m'en libérer, puisque je ne trouve en vous aucun réconfort, je vais finir ma vie dans ce pays. Je sais bien que c'est ici que je vais mourir pour vous, mes yeux ont tant besoin de votre présence que c'est dans votre pays que je désire mourir. Belle, peu importe qui me tuera : à cause de vous, la vie me fait horreur. »

Tout en parlant ainsi, ils étaient entrés dans la ville. Arrivée devant son palais, la dame descendit de cheval, toute son escorte, chevaliers et demoiselles, dont certaines étaient fort jolies, en fit de même. Puis les chevaliers se rendirent dans leurs demeures, mais Guinglain, lui, se retrouva hors de la ville, faible et désemparé : personne ne lui adressait la parole. Quelle joyeuse partie de plaisir ! Il ne savait que dire ni que faire. Il s'arrêta dans un champ. « Robert, dit-il, que pourrions nous faire ? Nous voici dans un lieu inhospitalier et nous avons bien besoin d'aide. Va chercher un endroit où loger. » Robert répondit : « Ecoutez-moi donc : à l'intérieur de la ville, au bas de cette rue-là, il y a un logement confortable. La dernière fois, nous y avions laissé nos chevaux pour la nuit.

Cortois est l'ostes et adrois,
Tot nostre estuvoir i arons. »
Guinglains respont : « Or i alons. »
La nuit sont a l'ostel venu ;   4125
Lïement i sont receü.
Li ostes molt biel lé reçut,
Por ce que il Robert conut.
Molt lé herberga bien la nuit,
Mais Guinglains n'i ot nul deduit,   4130
K'Amors l'a si pris en ses las
Que ses cuers est dolans et mas.
Molt le point l'amors de la biele ;
Son escuier a lui apiele :
« Robert, fait il, que ferai, las ?   4135
En poi de terme me perdras.
La mort me veut Amors donner. »
Cil velt a son signor parler :
« Quel cose vos a respondue
Vostre amie qu'avés veüe ?   4140
– Certes n'i a el que la mort,
Qu'en li ne truis nul reconfort ;
Ains me dist bien tot entresait
Que molt me fesist honte et lait
Se ne fust l'amors qui, jadis,   4145
Fust de moi en son cuer asis.
Ço a dit qu'encor l'en souvient ;
Por sel itant si s'en retient.
– Sire, ne vos esmaiés mie ;
Bien a respondu vostre amie :   4150
Quant reconnost que vos ama,
De cele amor encore i a.
Ceste responsse m'asouage
Qu'el dist que vos ot en corage ;
Cis respons vos mostre aucun bien.   4155

L'hôte est obligeant et habile, nous ne manquerons de rien. – Allons y donc », répondit Guinglain.

Ils allèrent donc loger là dès le soir. L'hôte, qui avait reconnu Robert, les[1] accueillit avec plaisir et les logea très confortablement cette nuit-là mais cet accueil n'apporta à Guinglain aucun agrément : pris au piège par l'Amour, son cœur était triste et malheureux. L'amour de sa belle le tourmentait. Il appela son écuyer : « Que je suis malheureux, Robert ! Que faire ? Tu ne vas pas tarder à me perdre : l'Amour veut me donner la mort. »

L'écuyer demanda à son maître : « Que vous a répondu votre amie, quand vous l'avez vue ? – Certes, je n'ai d'autre issue que de mourir car je ne trouve en elle aucune consolation : bien au contraire, elle m'a assuré qu'elle m'aurait réservé une mort déshonorante si, jadis, son cœur n'avait eu de l'amour pour moi. Elle a dit qu'elle s'en souvenait encore et que c'est ce qui l'avait retenue. – Alors, inutile de vous inquiéter, seigneur. La réponse de votre amie est une réponse favorable. Puisqu'elle a reconnu qu'elle vous avait aimé, c'est que cet amour subsiste encore. Je suis soulagé qu'elle ait répondu que son cœur avait été à vous : vous devez considérer cette réponse comme plutôt encourageante.

---

[1] vv. 4127-4129 la forme *le* est ambiguë dans le texte, puisqu'elle peut correspondre à un singulier ou a un pluriel (rendu dans le texte édité par *lé*, comme ailleurs *sé* et *dé*). Ici, le sens exige évidemment un pluriel.

Or ne vos esmaiés de rien,
Qu'a mon sanblant et aviaire
Vos doit cis respons joie faire.
Se je peüsse a li parler,
Tot peüssiés merci trover. »   4160
Et Guinglains issi longement
Soufre son mal et si atent,
Qu'il cuide parler a sa mie ;
Mais ço qu'il quide n'i a mie,
Car ne le puet por rien veoir.   4165
Si i despent tot son avoir,
Tant poi con il en ot o lui,
Qu'il ne trova onques celui
Que il del sien ne li donnast,
Se il a prendre le daingnast.   4170
Despent, acroit, barate et donne ;
Quanques il a tot abandonne.
Tant a illueques atendu
Que son harnas a despendu
Tote une quinsainne enterine.   4175
Bien l'a Amors en sa saissine,
Qu'il ne mangüe ne ne dort ;
Trop est arivés a mal port.
Amors le destraint et justice,
Del tot le met a sa devise,   4180
N'en son consel ne puet trover
Coment il puist a li parler ;
De ço que ensi le destraint
Et nuit et jor por li se plaint.
Amors nel laisse reposer,   4185
Son cuer atorne a penser,
Le mangier laisse et le dormir ;
Amors le mainne a son plaisir.
Molt par fu Guinglains angoissiés,

Ne vous inquiétez donc pas : quant à moi, mon impression et mon opinion sont que cette réponse doit vous réjouir. Si je pouvais lui parler, elle ne tarderait pas à vous pardonner. »

Et Guinglain, pendant de longs jours, supporta ainsi sa souffrance : il attendait, espérant bientôt parler à sa bien-aimée, mais cet espoir ne se réalisait pas. Quoi qu'il fît, il ne pouvait la voir. Pour ménager une rencontre, il dépensa le peu de biens qu'il possédait : il offrait sans compter à quiconque voulait bien daigner accepter ses dons. Il dépensait, empruntait, échangeait et donnait : il se dépouillait de tout ce qu'il avait. Sa longue attente dura quinze jours pleins, si bien qu'il distribua tout son équipement. L'Amour le tenait en son pouvoir, il ne mangeait plus, ne dormait plus ; quel détestable port que celui où il avait accosté ! L'Amour était devenu son maître, l'Amour l'emplissait d'angoisse et le menait à sa guise. Il avait beau réfléchir, il ne pouvait trouver un moyen de parler à sa belle. Nuit et jour, il se plaignait des tourments de l'Amour, qui ne le laissait pas reposer et qui l'obsédait. Il avait cessé de s'alimenter et de dormir, l'Amour le menait à son gré.

Guinglain est accablé par la souffrance,

Ens en son lit estoit couciés.   4190
Nule hore ne pot hors issir ;
Bien cuide qu'il doie morir.
Tranble, fremist, genmist, souspire,
Molt par soufre cruel martire,
Torne et retorne et puis s'estent,   4195
Et adens se remet souvent :
En soi a d'Amors le maniere.
Molt l'a trové male gerriere
En celi cui je sui amis :
Des que primes vic son bel vis   4200
Onques puis n'en parti mon cuer,
Ne partir n'en puet a nul fuer.
De moi ocire ne reposse
Et je l'aim plus que nule cose.
Onques vers li rien ne mesfis,   4205
Fors tant que sui loiaus amis ;
Mais por iço me puet mal faire
Que je ne m'en quier mais retraire
Mon cuer, qui a tos jors le voit.
Or escoutés ici endroit   4210
Coment Guinglains moroit d'Amors,
Qui molt li fait traire dolors.

  Robers esgarde son signor
Qui molt li fait müer color :
Bien set qu'Amors trop le destraint,   4215
Car il le vit et pale et taint ;
Grant paor en a et anui.
Tot maintenant ala vers lui.
Molt est Guinglains de mal laidis,
Afebloiés et maladis ;   4220
Et Robers va a lui parler,
Sel prie molt de conforter.
Quant Robers l'a mis a raisson,

il est couché dans son lit, incapable d'en sortir, bien près de mourir : il tremble, frémit, gémit, soupire, souffre le martyre, se tourne et retourne, s'étire, se remet à plat ventre ; il connaît l'emprise de l'Amour.

– Il a été pour moi un ennemi cruel[1] dans le cœur de celle dont je suis épris. Dès l'instant où je vis son beau visage, mon cœur s'attacha à elle et rien ne put m'en détacher. Elle me fait souffrir mille morts et moi, je l'aime plus que tout. Jamais je ne me suis mal conduit envers elle, mon seul méfait est mon amour loyal et c'est à cause de cette loyauté même qu'elle peut me faire souffrir car je ne veux pas me détacher d'elle, le cœur perdu dans cette contemplation. –

Et maintenant, écoutez, ici même, comment Guinglain se mourait du mal d'amour.

Un jour, en regardant son maître, Robert blêmit[2] : en le voyant si pâle et si livide, il se rendit bien compte que l'Amour emplissait le jeune homme d'angoisse. Il en fut effrayé et soucieux et s'approcha de Guinglain, qui était très mal en point, affaibli et dolent, pour lui adresser des paroles de réconfort. A peine avait-il fini de parler

---

[1] v. 4198 *Molt l'a...*: le passage du récit à l'intervention du narrateur se fait sur un vers ambigu dont on ne sait à qui il doit se rattacher. Si *l'a* n'est pas une forme picarde pour *l'ai* (se reporter à la note du v. 887), *male gerriere* se rapporte à *Amors,* et le sujet est Guinglain – pour la personnification féminine d'Amors voir le vers 3773 . Si, comme nous avons choisi de traduire, *l'a* est une première personne, le sujet est le narrateur (Renaut de Beaujeu). Dans les deux cas *l'*anaphorise *Amors* et cette relation anaphorique constitue une très forte liaison entre le récit et l'intervention lyrique. L'intervention à la première personne qui suit pourrait, être prononcée aussi bien par le narrateur que par son personnage (M. Perret, 1988) : leurs destins, ici, se rejoignent presque, bien que le vers 4205 décrive mieux la fidélité supposée de Beaujeu que celle de Guinglain.

Mais il existe des éléments formels qui permettent de considérer ce passage comme une incontestable intervention lyrique du narrateur : l'absence de verbe introducteur de discours rapporté, d'une part, et la présence, d'autre part, d'une intervention structurante aux vers 4210-4212 : dans ce texte, on l'aura remarqué, les interventions de régie apparaissent, non en début d'unité narrative, mais pour marquer le retour au récit après une intervention lyrique (voir, en particulier les vv. 1272-1273).

[2] v. 4214 Nous avons choisi de suivre le texte, mais le pronom *li* du v. 4214 se rapporterait beaucoup plus logiquement à *Guinglain*. On pourrait inverser 4213 et 4214, mais les débuts similaires des v. 4212 et 4214 permettent de supposer que le texte est perturbé.

A tant entra en la maisson
Une pucele bien aprisse   4225
Qui fu de tos biens entremisse.
Vestu ot un vair peliçon
Qui fu covers d'un siglaton ;
Molt estoit gente la pucele.
Une robe aporte molt biele   4230
Partie de deus dras divers,
De soie d'un osterin pers
Et d'un diaspe bon et biel.
La pene qui fu el mantiel
Refu molt de rice partie,   4235
De rice vair de vers Hungrie,
L'autre d'ermine bon et fin,
Ki estoit el rice osterin ;
Et li vairs el diaspe estoit.
Un molt rice seble i avoit   4240
Dont li mantials estoit orlés.
Molt estoit li dras bien ouvrés
De coi estoit fais li mantials.
Ja mar querrés deus dras plus bials
Que cil de cele reube estoient ;   4245
Molt bien andoi s'entravenoient.
Guinglains la pucele a veüe,
Son cief dreça, si le salue,
Et cele son salu li rent :
« Li Rois del ciel omnipotent   4250
Vos doinst ço que vostres cuers veult
De cele rien dont plus se deut.
Sire, ma dame vos salue,
Cele que vos querrés a drue ;
C'est la dame de ceste vile,   4255
Il n'a si biele entre cent mile.
Ceste roube vos a tramise ;

qu'entra dans leur logis une jeune fille aux bonnes manières et en tous points parfaite – une très jolie jeune fille vêtue d'un long manteau de soie fourré de petit-gris. Elle apportait un splendide vêtement fait de deux parties différentes : d'une part, un drap d'orient bleu, de l'autre, une superbe soie chamarrée[1]. La doublure du manteau était elle aussi bipartie : un côté en précieux petit-gris de Hongrie, l'autre d'hermine légère et fine, l'hermine du côté du drap d'orient, la soie chamarrée du côté du petit-gris. Enfin, le manteau était ourlé d'une zibeline de grande valeur. Quant aux tissus de ce manteau, ils étaient d'un travail admirable et se mariaient très bien, vous en auriez cherché en vain de plus beaux.

Dès qu'il aperçut la jeune fille, Guinglain releva la tête et la salua. Elle lui rendit son salut : « Que le tout puissant Roi du Ciel accorde à votre cœur ce qu'il désire obtenir de celle qui le fait tant souffrir. Seigneur, ma maîtresse est la dame que vous suppliez de vous aimer, la suzeraine de cette ville, la belle parmi les belles. Elle vous salue, vous fait parvenir ce vêtement

---

[1] vv. 4232, 4233 *osterin, diaspe* voir la note du vers 4748.

Si vos mande qu'en nule guisse
Ne soit laissié ne le veés
Tantost con vos garis serés. »   4260
Quant Guinglains l'ot, molt en fu liés,
Se li respont : « Tos sui haitiés ; »
De nule rien je ne me duel,
Puis que verrai ço que je vel.
Jo n'ai nul mal qui me retiengne,   4265
Puis qu'ele veut que a li viengne.
Dius en ait los par son plaissir
De ço qu'ele me veut veïr !
Bien ait la dame et li mesages,
K'or est alegiés mes malages. »   4270
A la pucele fait grant goie.
Vestue a la reube de soie
Que cele li a avant traite ;
Molt s'atorne bien et afaite.
La robe molt bien li avint,   4275
Mais la dolors, qu'al cuer li tint,
Li avoit enpali le vis ;
Et nequedenc, ce m'est avis
Que on peüst asés cerkier
Ains c'on trovast un chevalier   4280
Tant preu, tant sage ne tant biel.
La pucele par le mantiel
Le prist, puis li a dit : « Alons
A ma dame, car trop tardons. »
Guinglains respont : « Iço me plaist. »   4285
Envers la pucele se traist
Et par le rue andoi s'en vont
Tot droit vers le palais amont.
Et quant sont el palais venu,
Si se sont d'autre part issu   4290
Par mi un huis en un vergier,

et vous enjoint d'aller la voir, toutes affaires cessantes, dès que vous serez guéri. » Fou de joie d'entendre cela, Guinglain répondit : « Je suis complètement guéri, je ne souffre plus de rien, puisque je vais voir ce que je désire. Aucune maladie ne me retient plus puisqu'elle souhaite que j'aille la rejoindre ! Louée soit la volonté divine puisqu'il plaît à Dieu qu'elle veuille bien accepter de me voir ! Bénies soient la dame et sa messagère : mes souffrances trouvent maintenant quelque apaisement. » Tout en exprimant à la jeune fille toute la joie qu'il éprouvait, il passa le vêtement de soie qu'elle lui avait apporté et se prépara avec soin : le vêtement lui allait bien mais les peines qu'il avait éprouvées lui avaient pâli le visage ; pourtant, me semble-t-il, on aurait pu chercher longtemps avant de trouver un chevalier qui l'égalât en vaillance, en sagesse et en beauté. La jeune servante le prit par le manteau et lui dit : « Nous perdons du temps, rendons-nous vite auprès de ma maîtresse. – Avec plaisir, répondit Guinglain. » Il suivit la jeune fille et s'engagea avec elle dans la rue qui montait vers le palais seigneurial. Une fois arrivés, ils traversèrent le palais pour en ressortir de l'autre côté, par une porte donnant sur un jardin

the beautiful garden
the wall represents whole world
5146

Et molt se faissoit a proissier.
Tos estoit clos de mur mabrin,
Qui bien fu ovrés de grant fin,
C'onques Dius ne fist cele cose   4295
Qui fust en tot le mont enclose
Que ne fust bien el mur ouvree,
Molt bien tallie et devisee.
Fenestres avoit tot entor,
Par u i venoit la calor,   4300
Trestoutes ouvrees d'argent ;
Ainc nus ne vit vergier si gent,
Tant bon, tant rice, ne tant biel.
Ainc Dius ne fist cel abrissel
Que on el vergié ne trouvast,   4305
Qui le lé et le lonc cercast.
Grant masse i avoit de loriers,   *trees*
De figiers et d'alemandiers,
De saigremors et de sapins,
Paumiers molt et asés melliers,   4310
Pumiers grenas, loriers ramés.
D'autres arbres i ot asés,
Et s'i croissoit li reculisses   *spices*
Et li encens et molt espisses ;
Dius ne fist herbe de bonté   *herbs*   4315
Que el vergié n'eüst planté :
Encens, gerofle et citoual,
Et le caniele et garingal,
Espic, petre, poivre, comin,
De ce ot asés el gardin.   4320
Rosiers i ot d'itel nature   *roses*
Que en tos tans la flors i dure.
Molt fu li vergiers gens et bials ;
Tos jors i avoit cans d'osials,
De calendres et d'orïals,   4325

de toute beauté[1], clos de murs de marbre admirablement décorés : il
n'est rien de ce que Dieu a créé en ce monde qui n'y fût représenté en
bas-relief. Pour laisser passer le soleil, tout le mur était percé de
fenêtres aux montants d'argent. Jamais jardin n'eut autant de charme,
ni de beauté, ni de richesse. Pas un arbuste de la création qui ne s'y
trouvât, pour qui parcourait le jardin ! Et des quantités de lauriers, de
figuiers, d'amandiers, de sycomores, de sapins, de palmiers, de
néfliers, de grenadiers, de lauriers roses et de toutes sortes d'autres
arbres. Il y poussait aussi la réglisse, l'encens et les épices de toutes
sortes ; pas une herbe aromatique de la création qui n'ai été abondam-
ment plantée dans ce jardin : encens, girofle, zédoaire, cannelle,
galingal, nard indique[2], pyrèthre, poivre, cumin. On y trouvait aussi
des rosiers d'une espèce qui fleurit en toutes saisons. C'était un jardin
plein de charme et de beauté, toujours bruissant du chant des oiseaux :
alouettes, loriots,

---

[1] vv. 4291-4332 pour Weill (1990) ce jardin est avant tout « un jardin ' sarrasin'
au centre d'une cité ' sarrasine'. » On peut le rapprocher de celui de *Floire et Blan-
cheflor* (éd. Leclanche, vers 2021–2044).

[2] v. 4319 *espic* : désigne une sorte d'épice appelée actuellement *spic nard,* ou *nard
indique.*

De merles et de lonsingnals,
Et d'autres dont i ot asés,
Ne ja leur cans ne fust lassés.
Laiens avoit itels odors
Et des espeses et des flors   4330
Que cil qui s'estoit laiens mis
Quidoit qu'il fust en paradis.
Guinglains et la pucele cointe,
Qui molt pres de lui s'estoit jointe,
S'en vont par le vergier adiés.   4335
Tant ont alé qu'il furent pres
De la dame, qui el vergier
S'onbrioit les un olivier,
Entor li dames et puceles ;
Et il s'en vont adiés vers eles.   4340
Or voit Guinglains ço qu'il voloit.
Quant la dame venir le voit,
Si ss'est encontre li levee.
Ainc Elanne qui fu enblee,
Que por biauté ravi Paris,   4345
N'Isexs la blonde, ne Bliblis.
Ne Laivine de Lonbardie,
Qui Enee estoit amie,
Ne Morge la fee meïssme,
N'orent pas de biauté la dime ;   4350
A li ne s'en prendroit nesune,
Ne qu'al solelc se prent la lune ;
En tot le mont n'ot sa parelle,
Tant estoit biele a grant mervelle.
Molt estoit la dame honneree.   4355
Guinglains l'a premiers saluee,
Quant il fu devant li venus ;
La dame li rent ses salus,
Aprés la pucele salue.

merles, rossignols et bien d'autres encore chantaient infatigablement. Et les odeurs ? – odeur des épices, odeurs des fleurs qui se trouvaient là : on se serait cru au paradis.

Guinglain et l'élégante jeune fille qui l'accompagnait s'avançaient dans le jardin ; ils arrivèrent près de la dame qui se tenait à l'ombre d'un olivier, entourée de jeunes filles et de jeunes femmes. Ils continuèrent à approcher et Guinglain se trouva enfin en présence de celle qu'il désirait tant !

Quand la dame l'aperçut, elle se leva pour aller à sa rencontre. Ni Hélène, ravie par Pâris pour sa beauté, ni Yseult la Blonde, ni Biblis[1], ni Lavinie de Lombardie, aimée d'Enée, ni même la fée Morgane n'avaient eu le dixième de sa beauté – autant comparer la lune avec le soleil ! Dans le monde entier, elle n'avait pas sa pareille, tant sa beauté était extraordinaire. Et la dame était aussi d'une grande noblesse. Dès qu'il fut devant elle, Guinglain la salua, la dame lui rendit son salut et salua ensuite la jeune fille,

---

[1] v. 4346 *Biblis* : fille de Miletus qui tomba amoureuse de son frère Caunus. Comme sa passion ne fut pas payée de retour, elle en mourut et fut transformée en fontaine (Ovide, *Métamorphoses* IX) ; d'après West, seulement citée dans *Yder*, v. 2568, éd. H. Gelzer.

Les belles de fiction convoquées pour servir de faire-valoir à la beauté de la créature littéraire de Renaut appartiennent soit à la matière antique, soit à la matière de Bretagne et représentent bien l'univers « romanesque » d'un homme cultivé du XIIIe siècle.

Et la dame par sa main nue   4360
Le prent, et puis se sont asis
Sor le kiute de pale bis,
Et les puceles d'autre part ;
N'i a celi qui ne le gart,
Tant estoit biaus et bien apris.   4365
La dame l'a a raisson mis,
Se li dist : « Coment vos estait ?
– Ma dame, bien et mal me vait.
Por vos a soufert molt grant painne ;
Or me doinst Dius millor quinsainne   4370
Que cele que jo ai passee,
Car molt i ai painne enduree.
Tant le me convenra soufrir
Con il vos venra a plaissir.
– Avoi ! fait la dame, biaus sire,   4375
Ja poriés vos bien mius dire ;
De coi vos poés vos doloir ?
Par moi n'est pas, jel sai de voir ;
Mais vos me volés regingnier
Con vos fesistes avant ier,   4380
Et se je vostre amor perdoie
La vie molt par tans perdroie,
Car vos en iriés ausi. »
Quant Guinglains l'oï, si rogi ;
La face li devint vermelle,   4385
S'en fu plus biaus a grant mervelle.
Tant estoit biaus a desmesure
Qu'en tot le mont, tant con il dure,
Ne trovast on un chevalier,
Ne qui tant fesist a proissier.   4390
Sages et pros et cortois fu,
S'a a la dame respondu
Molt bonement, au mius qu'il pot :

puis elle lui tendit sa main nue pour l'inviter à s'asseoir à côté d'elle sur un gros coussin de soie grise. Les jeunes filles s'installèrent en face d'eux, elles le trouvaient si beau et si affable qu'elles ne le quittaient pas des yeux.

La dame s'adressa à lui : « Comment allez-vous ? – Bien et mal, ma dame, j'ai beaucoup souffert à cause de vous ; Dieu veuille que je n'aie pas à connaître quinze jours aussi mauvais que ceux que je viens de passer : j'y ai connu de terribles tourments. Et il me faudra en supporter encore, aussi longtemps que vous le désirerez. – Tiens donc, répliqua la dame, cher seigneur, n'avez-vous donc rien d'autre à dire ? De quoi pouvez-vous donc souffrir ? Ce n'est pas à cause de moi, j'en suis sûre : vous voulez encore m'abuser, comme l'autre jour ; et moi, si je perdais votre amour, j'en perdrais la vie car vous vous en iriez encore. » Guinglain rougit à ces mots, son visage retrouva ses couleurs et cela le rendit encore plus beau. Sa beauté était si extraordinaire que, dans le monde entier, on n'aurait pas trouvé de chevalier aussi plaisant ; il était sage, vaillant et courtois. Il répondit à la dame, aimablement et du mieux qu'il put :

« Dame, fait il, tant con vos plot
Le m'avés fait cier conperer   4395
Que ne vauc congié demander,
Quan je alai le secors faire.
Ma doce dame debonnaire,
Car vos prenge pitié de moi,
Car onques rien faire ne soi,   4400
S'il vos pleüst, que ne fesisse
Et que merchi ne vos quesisse.
Mon cuer avés, ço est la voire,
Et, se vos m'en voliés croire,
Amor m'en fera garantie,   4405
Car je muir por vos, dame, amie,
S'en fin de moi merchi n'avés ;
En fin sui a le mort livrés,
Se vos n'atenprés ma dolor
De la vostre doce savor. »   4410
La dame li fait un regart,
Et Guinglains li de l'autre part :
As iols s'enblent les cuers andui ;
Car la dame ramoit tant lui
Qu'ele nel pooit plus amer,   4415
Mais son cuer li voloit celer.
De bon cuer la dame l'amoit,
Mais son corage li celoit.
Andoi s'entramoient forment ;
Un cuer orent et un talent,   4420
Car l'uns por l'autre plus se deut
Que ne fist Tristrans por Yseut.
Que vos iroie je contant ?
Molt furent biel et avenant.
La dame esgarde son biel vis,   4425
Puis li a dit : « Li miens amis,
Molt mar i fu vostre proece,

« Dame, vous m'avez fait payer très cher, et aussi longtemps qu'il vous a plu, la faute de vous avoir quittée sans prendre congé, alors que j'allais accomplir ma mission de secours. Douce et noble dame, ayez donc pitié de moi, je ferai tout ce qui m'est possible pour obtenir votre pardon. Mon cœur vous appartient, je vous l'assure, et si vous voulez m'accorder quelque crédit, l'Amour se portera garant pour moi car je me meurs pour vous, ma dame, ma bien-aimée, si vous ne calmez mes souffrances par votre suave douceur. » La dame le regarda et lui regarda la dame et par ces regards, chacun captivait le cœur de l'autre – car la dame, elle aussi, aimait de toutes ses forces le jeune homme, mais elle voulait lui cacher ses sentiments. Oui, la dame l'aimait de tout son cœur, mais le lui cachait. Tout deux s'aimaient si passionnément, le cœur uni dans un même désir, que chacun d'eux souffrait, à cause de l'autre, plus que Tristan à cause d'Yseult. Bref, ils étaient séduisants et charmants.

Après avoir contemplé le beau visage du jeune homme, la dame parla : « Mon aimé, à quoi bon votre vaillance,

Vostre sens et vostre largece,
Qu'en vos n'a rien a amender
Fors tant que ne savés amer.   4430
Mar fustes quant ne le savés ;
Totes autres bontés avés,
Et je vos di en voir gehir,
Issi me puisse Dius merir
Quanque me laist faire por lui,   4435
Plus vos amaisse que nului,
Se vos iço faire saviés.
Mais or vos pri que vos soiés
Çaiens en cest palais o moi,
Car debonnaire et franc vos voi,   4440
Et je vel que soiés ça sus,
Car trop avés esté la jus ;
Si fait ça sus plus bel manoir
Et mius vos en verra, espor. »
A tant a respondu Guinglains,   4445
Qui ne fu ne fals ne vilains :
« Dame, fait il, gabés me vos ?
Se je ço savoie a estros
Que de bon cuer l'eüssiés dit,
Onques Dius cele rien ne fist   4450
Dont je serroie si joians
Con serroie d'estre çaens
En tos les lius u je serroie,
Saciés molt volentiers iroie,
K'aillors ne puisse joie avoir.   4455
Dame, dites me vos dont voir ?
– O je, sire, je ne gap mie. »
Quant cil l'oï, si l'en merchie ;
Cele parole molt li plot,
Dedens son cuer grant joie en ot.   4460

    Lors se sont d'ilueques torné,

votre grand sens et votre générosité ? le seul reproche qu'on peut vous faire est que vous ne savez pas aimer ! Cette ignorance vous fait tort, bien que vous ayez toutes les qualités et, aussi vrai que Dieu puisse me récompenser de tout ce qu'il me laisse faire pour lui, je vous avoue sincèrement que je vous aurais aimé plus que tout si vous aviez su aimer. Cependant, je vous invite maintenant à séjourner ici avec moi, dans ce palais, car je vous trouve noble et généreux et je veux que vous soyez en haut après avoir été trop longtemps en bas[1] : ici, en haut, le séjour est plus plaisant et peut-être y trouverez-vous plus d'agrément. »

Guinglain, qui ne manquait ni de noblesse ni de droiture, répondit : « Dame, vous moqueriez-vous de moi ? Si j'étais sûr que vous aviez parlé franchement, rien, nulle part, ne me rendrait plus heureux que d'être ici. Vous pouvez être bien certaine que je viendrais bien volontiers car je ne peux trouver le bonheur nulle part ailleurs. Dame, m'avez-vous dit la vérité ? – Oui, seigneur, je ne plaisante pas. » Ravi de ces paroles le jeune homme la remercia : son cœur éprouvait une joie intense.

Ils quittèrent alors le jardin

---

[1] vv. 4441-4442 La dame joue sur les mots ; *sus* et *jus* réfèrent aussi bien à la roue de la fortune qui va mettre désormais le héros au plus haut qu'au logement dans le palais, qui s'oppose au logis dans le bas de la ville, cf. 4118-4122.

Ens el palais s'en sont alé
Qui molt ert biaus et delitables.
Ja faisoit on metre les tables,
Quar il estoit tans de souper.   4465
Por laver font l'iaugue crïer,
Si se sont au mangier asis.
Pain et vin ont as tables mis ;
De tot quanques mestiers lor fu
Ont tot a lor voloir eü.   4470
Quant mangié orent a lossir,
A grant aisse et a lor plaissir,
Si sont des tables levé tuit.
Grans piece estoit ja de la nuit
Et tans estoit ja de coucier.   4475
As ostels vont li chevalier
Aval en la vile gesir.
Or fu Guinglains a son plaisir,
Ki dejoste s'amie fu,
Qui el palais l'ot retenu ;   4480
Li uns a l'autre gabe et rit.
Li canbrelenc ont fait un lit
A l'ues Guinglain ens el palais.
Li lis ne fu mie mauvais ;
Tant i ot de pales gregois   4485
Qu'a honnor i geüst uns rois.
Quant li sergant ont fait un lit,
Si a la dame a Guinglain dit :
« Amis, en cest lit vos girois,
Qu'a honnor i giroit uns rois.   4490
N'en alés or par sor mon pois
Con vos fesistes autre fois.
Et je en ma canbre girai
Et l'uis trestout ouvert lairai ;
Il ne serra mie anuit clos.   4495

et se dirigèrent vers la demeure seigneuriale, pleine de splendeurs et de délices. On y faisait déjà installer les tables car il était temps de souper. On cria l'appel de l'eau pour se laver les mains et tous se mirent à table ; on apporta le pain et le vin et, en abondance, tous les mets qu'ils pouvaient désirer. Quand ils eurent mangé tranquillement, confortablement et suffisamment, ils se levèrent de table. La soirée était déjà avancée et il était grand temps d'aller se coucher. Les chevaliers redescendirent en ville dormir dans leurs logis. Quant à Guinglain, il était enfin heureux : il se trouvait auprès de sa bien-aimée qui l'avait gardé au palais ; ils plaisantaient ensemble et riaient.

Les chambellans dressèrent un lit pour Guinglain dans la grande salle. C'était loin d'être un mauvais lit : on y trouvait tant de soies de Byzance qu'un roi aurait été honoré d'y coucher. Une fois le lit dressé par les serviteurs, la dame dit à Guinglain : « Bien-aimé, allez dormir dans ce lit digne d'un roi et ne vous avisez pas de partir comme la dernière fois ! Moi, je dormirai dans ma chambre et je laisserai la porte ouverte – cette nuit, je ne la fermerai pas.

Gardés que ne soiés tant os
Que vos laiens anuit alés :
Sor mon desfens pas n'i entrés.
De l'uis est vostre lis si pres,
Gardés ne soiés tant engrés   4500
Que en ma cambre entrés anuit ;
Paor me feriés, je cuic,
Ne le faites sans mon comant ;
Je m'en vois, a Diu vos comanc. »
Guinglains respont : « Dame, et je vos. »   4505
Ensi departirent andols.
La dame est en sa canbre entree,
Et cil l'a adés regardee
De tant come veïr le puet ;
Onques de li ses iols ne muet.   4510
Aprés s'est ens el lit couciés ;
Molt fu dolens et esmaiés,
Ne puet dormir ne reposer,
Villier l'estuet et retorner.
Vers l'uis regarde molt souvent,   4515
Savoir s'il verroit essement
La dame de sa canbre issir
Et a son lit a lui venir
Si con ele fist l'autre fois.
Quant ne le vit, si fu destrois.   4520
Molt fu Guinglains en grant ferfel ;
Onques la nuit ne pris soumel,
Mais a l'uis tot dis esgardoit,
Qui tos ouvers adés estoit.
Souvent se levoit en seant   4525
Et de l'entrer li prent talant.
Puis se comence a porpenser
Et a lui meïsme estriver :
« Dius, fait il, Sire, que ferai ?

Mais attention, que votre désir ne vous donne pas l'audace d'y entrer cette nuit ! Je vous défends d'y entrer ! Votre lit est si près de la porte... Prenez garde, ne soyez pas impatient au point d'entrer cette nuit dans ma chambre. Je crois que je vous me feriez peur ! Ne le faites pas sans que je vous le demande. Je m'en vais, Dieu vous garde ! » Guinglain lui répondit : « Dieu vous garde aussi ! » Et ils se séparèrent ainsi.

La dame entra dans sa chambre et lui la suivit du regard aussi longtemps qu'il le put, sans la quitter des yeux, puis il se coucha dans son lit, malheureux et inquiet. Il ne peut ni dormir, ni se reposer : il ne peut s'empêcher de veiller, de se tourner et de se retourner. Il ne cesse de regarder vers la porte, au cas où il verrait la dame sortir de sa chambre et venir à son lit, comme la dernière fois. Et ne la voyant pas, il est désespéré !

Dans une extrême agitation, cette nuit-là, il ne dormit pas, regardant sans cesse la porte restée ouverte. Souvent, mû par le désir d'entrer, il s'asseyait dans son lit. Puis il se mit à réfléchir et à discuter avec lui-même : « Seigneur Dieu, que faire ?

Irai je, u je remanrai ?   4530
Ma dame le m'a desfendu,
Et par sanblant ai je veü
Qu'ele veut bien que je i aille.
Se je remaig, je criem, sans faille,
Que ne me tiegne a recreant.   4535
Dius, que ne sace son talent ! »
Souvent se levoit por aler
Et puis si se laissoit ester.
Veut et ne veut, si se remaint ;
Ens en son lit souvent se plaint.   4540
Souvent dissoit : « Or i irai ;
Non ferai voir ; voir si ferai. »
Ensi le destraint et justice
Amors, qui le mainne et justice.
Mais or ne laira qu'il n'i aut ;   4545
Amors le destraint et asaut.
A tant s'est de son lit levés
Et d'un mantiel est afublés,
Vers la canbre s'en vait san bruit ;
Ja estoit pres de mie nuit.   4550
Quant il quide en la canbre entrer,
A l'uis ne pooit asener ;
Sor une plance est vis qu'il soit ;
Une grant iaugue sos avoit,
Rade et bruiant plus que tenpeste.   4555
Guinglains a le place s'areste,
Quant il ne pot avant aler ;
N'ariere ne put retorner,
Tant par estoit la plance estroite.
Molt bien desire et molt convoite   4560
Qu'il eüst la plance passee
Aval a l'iaue regardee
Qui si fait la plance croler

Aller, ou rester ? Ma dame m'a défendu d'y aller et j'ai cru voir, à sa mine, qu'elle avait envie que j'y aille. Si je reste dans mon lit, je crains, en vérité, qu'elle ne me prenne pour un poltron. Ah, mon Dieu ! si je savais ce qu'elle veut ! » Souvent, il se levait pour y aller, après quoi il s'immobilisait. Il voulait et ne voulait pas, aussi ne bougeait-il pas. Dans son lit, il n'arrêtait pas de se plaindre, il n'arrêtait pas de dire : « Maintenant, j'y vais ! Non, vraiment, je n'y vais pas ! Si vraiment, j'y vais ! » Ainsi le torturait l'Amour, son maître, qui le menait et le gouvernait.

Mais voici qu'il décida d'y aller : l'Amour le pressait et l'aiguillonnait ! Il se leva donc de son lit, passa un manteau et se dirigea sans bruit vers la chambre. Il était déjà près de minuit.

Mais à l'instant où il essaye d'entrer dans la chambre, il n'arrive pas à en atteindre la porte : il lui semble qu'il se trouve sur une planche sous laquelle coule une grande rivière, impétueuse et bruyante comme le tonnerre. Guinglain s'arrête sur place, puisqu'il ne peut plus ni avancer, ni reculer, tant la planche était étroite. Il désire de toutes ses forces avoir franchi le torrent, il regarde en bas l'eau qui imprime à la passerelle un tel tremblement

Qu'il ne se puet sor piés ester ;
Ço li est vis qu'il quaie jus.   4565
Il se tient as mains de desus,
Et l'autre cors aval pendelle.
S'il a paor ne m'en mervelle :
Desous lui voit l'iaue bruiant,
Li braç li vont afebloiant,   4570
Perdre cuide tantost la vie.
Au plus haut que il puet s'escrie :
« Signor, fait il, aidiés ! aidiés !
Por Diu ! Car ja serai noiés ;
Secorés moi, bonne gens france !   4575
Car je penc ci a une plance
Ne je ne me puis mais tenir.
Singnor, ne m'i laissiés morir ! »
Par le palais se lievent tuit
Li sergant qui oent le bruit,   4580
Candoiles, cierges ont espris ;
Trovent Guinglain qui si fu pris
A le perce d'un esprevier,
Si avoit paor de noier.
A le perce as mains se tenoit,   4585
Li autres cors aval pendoit.
Lués qu'il ot veüs ses sergans,
S'en fu alés l'encantemans.
Guinglains s'est d'ilueques partis,
Tos vergondés et esbahis ;   4590
En son lit si est retornés,
Si s'est couciés trestos lassés :
Molt en ot grant honte et grant ire.
Les sergans voit jüer et rire
De ço que il orent veü ;   4595
Bien sot qu'il enfaumentés fu,
De vergoigne mot ne lor dist ;

qu'il ne peut se tenir sur ses pieds : il lui semble qu'il tombe dans l'eau. Il se retient par les mains, le reste du corps suspendu dans le vide. Je ne m'étonne pas qu'il ait peur : sous lui, il voit l'eau qui gronde. Ses bras faiblissent de plus en plus, il pense qu'il va mourir. De toute ses forces, il hurle : « Mes amis, au secours ! Au secours, pour l'amour de Dieu ! Je vais me noyer ! Nobles amis, bonnes gens, venez à mon secours ! Je suis suspendu ici à une planche et je ne peux plus me retenir. Mes amis, ne me laissez pas mourir ici. »

Dans la salle, tous les serviteurs qui ont entendu ce bruit s'éveillent et allument bougies et chandelles : ils découvrent alors Guinglain, accroché au perchoir d'un épervier et mort de peur de se noyer. Il se tenait au perchoir des deux mains, le reste du corps dans le vide. Dès qu'il vit les serviteurs, l'enchantement cessa et Guinglain s'en retourna, tout penaud et décontenancé, dans son lit où il se recoucha, exténué, honteux et mécontent. Il voyait les serviteurs plaisanter et se moquer du spectacle qu'il leur avait donné et comme il se rendait bien compte qu'il avait été ensorcelé, de honte, il ne souffla mot

En son lit vient, en pais se gist.
Li sergant se vont recoucier ;
Guinglains si a pris a villier,   4600
Qui d'amors fu en grant torment.
Il ne se repose nïent,
Saciés que molt est esmaiés
De ce que tant est travilliés.
De l'amor la dame li manbre,   4605
Et puis regarde vers le canbre.
« Ha ! Dius, fait il, qu'ai je veü ?
Quels cose est ço que j'ai eü ?
Je cuic que c'est fantomerie.
Bien sai que laiens est m'amie,   4610
Qui cest mal me fait endurer ;
Ke ne vois je a li parler ?
Se devoie perdre la vie,
Nel deveroi je laissier mie,
A l'angousse que je en ai,   4615
Que la ne voisse u je le sai.
Que n'i vois je dont, las, caitis ?
Voire, car molt m'en est bien pris
De ço c'orendroit i alai ;
Tos vergondés m'en retornai.   4620
Molt sui or fals, quant iço di,
Que ço fu songes que je vi ;
Por ço ne doi je pas laissier
Qu'encore n'i voisse asaier
Se je poroie a li parler ;   4625
Ausi ne puis je ci durer. »
De l'aler a molt grant talant,
Molt va la canbre regardant.
Amors tel corage li donne
Que il d'aler s'en abandonne.   4630
Quant les sergans endormis vit,

et retourna se coucher tranquillement dans son lit. Les serviteurs, eux aussi, retournèrent se coucher et Guinglain recommença à veiller, tourmenté par l'Amour, incapable de se reposer et dans un état d'épuisement qui, vous pouvez vous en douter, l'inquiétait fort. Son esprit était à nouveau obsédé par son amour pour la dame, à nouveau, il tourna ses regards vers la chambre : « Ah, mon Dieu, qu'ai-je vu ? Qu'est-ce qui m'est arrivé ? Je crois que c'est un sortilège. Je sais bien que là, dans cette chambre, se trouve celle que j'aime, celle à qui je dois cette souffrance. Que ne vais-je lui parler ? Même si je devais en perdre la vie, ne devrais-je pas, étant donné l'anxieux désir que j'éprouve, décider fermement d'aller où je sais qu'elle se trouve. Pourquoi n'y vais-je pas, malheureux que je suis ? – Oui, certes, cela m'a si bien réussi d'y aller, tout à l'heure ! Je m'en suis retourné tout penaud. Mais je me trompe en disant cela : ce n'était qu'un songe, cela ne doit pas m'empêcher de faire une nouvelle tentative pour lui parler. Cet état m'est insupportable ! »

Tenaillé par le désir d'y aller, il ne quitte pas la chambre des yeux. L'Amour le met dans un tel état qu'il s'autorise enfin à y aller. Aussi, dès qu'il voit que les serviteurs se sont rendormis,

Molt tost se lieve de son lit,
Vers la canbre s'en vint tot droit :
Tot li est vis qu'il soustenoit
Totes les vautes de la sale ;   4635
Molt li est ceste amie male.
Tel mal li fait et tel angoisse,
Ce li est vis les os li froisse
Li grans fais qui sor lui estoit ;
A poi li cuers ne li partoit.   4640
Ensi haut con il pot hucier
Cria c'on li venist aidier :
« Signor, fait il, aiue ! aiue !
Bone gens, qu'estes devenue ?
Sor le col me gist cis palais,   4645
Ne puis plus soustenir cest fais ;
A mort, je cuit, serrai grevés
Se de venir ne vos hastés. »
Lors se relievent maintenant ;
Cierges ont espris li sergant :   4650
Guinglain ont trové come fol,
Son orillier deseur son col,
Et si n'avoit autre besongne.
Quant il les vit, si ot vergoingne ;
Jus le jete plus tost qu'il pot   4655
L'orillier, si ne sonna mot,
Ne les sergans pas n'araissone ;
De nule rien mot ne lor sonne.
Son cief a enbrucié en bas,
Puis s'est couciés en es les pas   4660
Ens en son lit tos esmaris
Et de honte tos esbahis.
Amors le destraint et tormente ;
A lui meïsme se demente :
« Ha ! las, fait il, con fiere cose !   4665

vite, il se lève de son lit et se dirige vers la chambre : il lui semble qu'il soutient toutes les voûtes de la salle. Comme celle qu'il aime est cruelle envers lui ! Elle lui inflige tant de souffrances et le torture si bien qu'il croit que le grand fardeau qui pèse sur lui lui brise les os : pour un peu, il se serait évanoui !

De toutes ses forces, il hurle qu'on lui vienne en aide : « Au secours ! Au secours ! Mes amis, braves gens, qu'êtes vous devenus ? Cette salle repose sur ma nuque, je ne peux plus soutenir ce fardeau, je vais mourir d'épuisement si vous ne vous dépêchez pas de venir ! » Aussitôt, les serviteurs se relèvent, allument des chandelles de cire et trouvent Guinglain comme un imbécile[1], son oreiller sur la nuque : c'était là son seul tourment ! Quand il les vit, il se sentit tout honteux ; bien vite, il jeta par terre l'oreiller, sans sonner mot, sans adresser la parole aux serviteurs, sans leur donner d'explications : il baissa la tête et se recoucha sans attendre, tout déconcerté, penaud et confus.

L'Amour l'aiguillonnait et le harcelait. En lui-même, il se lamentait : « Hélas, quelle cruelle mésaventure !

---

[1] v. 4651 Pour désigner l'homme atteint d'une véritable folie, on emploie généralement en ancien français le mot de *dervé/desvé*. Le fou momentané, aveuglé par ses émotions, est désigné par *forsené* (= hors de son bon sens ; voir cependant *dervé*, vers 1136). Mais le terme de *fol* est plutôt en rapport avec l'inconséquence et le non respect de la norme sociale, qu'avec la folie.

Bien voi la canbre n'est pas closse,
Et si n'en puis entrer dedens.
Je cuic ço est encantemens
Qui çaens est en cest palais.
Vergondés sui a tos jors mais ;   4670
Molt par sui laidement traïs.
Dius ! por coi sui je si hardis ?
Ja m'avoit desfendu m'amie
Que je por rien n'entraisse mie :
Sor son defois le cuidai faire,   4675
Mais torné m'est a grant contraire.
Tels cuide bien faire qui faut ;
Or sai que penssers petit vaut.
Ç'a fait mes fals cuers enuious,
Qui tant par est contrarios ;   4680
Li penser qui dedens est clos
Ne puet avoir bien ne repos.
Deus hontes m'a ja fait reçoivre,
Encor, se l'en voloie croire,
Me feroit la tierce sentir,   4685
Mais mius me lairoie morir
Que mais anuit por rien i aille ;
Bien sai que je feroie faille.
Deus hontes me vient mius avoir
Que trois ne quatre recevoir. »   4690
Bien dist que ja plus n'i ira.

   Vers l'uis de la canbre garda
Et vit venir une pucele,
Gente de cors et de vis biele.
Ele portoit un cierge espris ;   4695
En son puign destre l'avoit mis.
Fors de la canbre estoit issue,
Si ert au lit Guinglain venue.
Le covertor un petit tire,

Je vois bien que la chambre n'est pas fermée et pourtant, je n'arrive pas à y entrer. Il me semble qu'il y a un enchantement dans cette salle. Je suis couvert de honte à tout jamais ! Que me voici honteusement trahi ! Mon Dieu, pourquoi ai-je tant d'audace ? Ma bien aimée m'avait pourtant demandé de n'entrer sous aucun prétexte. Malgré son interdiction, j'ai essayé de désobéir et je n'en ai retiré que contrariétés. *Tel croit bien faire qui se trompe.* Maintenant, je sais que *penser bien peu vaut*[1]. C'est ce que s'est permis de faire mon cœur perfide et mauvais, qui ne m'attire que des ennuis : la pensée qui y est enclose ne peut m'apporter ni bienfait, ni repos ; elle m'a déjà fait connaître deux humiliations et si je m'y abandonnais encore, elle m'en ferait connaître une troisième. Mais je préférerais me laisser mourir que de retourner là-bas cette nuit, sous quelque prétexte que ce soit : je suis certain que ce serait une erreur. Je préfère m'en tenir à deux humiliations que d'en recevoir trois ou quatre. »

Et il se jura bien de ne plus s'approcher de la chambre.

Tournant alors ses regards vers la porte de la chambre, il vit venir une jeune servante, bien faite et jolie, portant un cierge allumé dans sa main droite. Elle était sortie de la chambre et s'était approchée du lit de Guinglain. Elle tira un petit peu la couverture

---

[1] v. 4678 *pensers* : a vraisemblablement le sens de "être en proie à une obsession » mais signifie peut-être aussi "désirer », voire "décider » ; la pensée semble être ici synonyme de la volonté, comme dans les philosophies orientales du non-désir.

Puis li a dit : « Dormés vos, sire ? »   4700
Guinglains respont, quant l'ot veüe :
« Pucele, bien soiés venue !
Jo ne dorc mie ; que vos plaist ?
– Bien sai que grans joie vos nast :
Ma dame ici a vos m'envoie,   4705
Qui talent a qu'ele vos voie ;
Par moi vos mande parlement
Dedens sa canbre u vos atent.
Biaus sire, alés parler a li,
K'ele vos tient a son ami.   4710
– Pucele, fait il, est ce songes,
Ou me servés vos de mençoignes ?
– Ahi ! sire, fait la pucele,
Ja vos metrai es bras la biele
Que vos tenés por vostre amie ;   4715
Si sarés que je ne menc mie.
Cest songe ferai averer.
Venés a ma dame parler. »
Quant Guinglains l'ot, molt li fu biel.
Il afubla un gris mantiel,   4720
Del lit sali a molt grant joie,
Qu'il cuide que s'amie voie.
« Bele, fait il, alons ! alons !
Doce suer, trop i delaions ;
France cose, ne demorés,   4725
Cest petit pas pri que doublé. »
Et la pucele aprés s'en rist
Et adonc par le main le prist.
A tant par le canbre s'en vont,
Tres par mi l'uis entré i sont.   4730
Quant en la canbre sont entré,
Tot maintenant i ont trové
Une si tress douce flairor,

et lui dit : « Dormez-vous, seigneur ? » En la voyant, Guinglain répondit : « Jeune fille, soyez la bienvenue ! Je ne dors pas, que désirez-vous ? – Je sais bien qu'une grande joie vous attend. Ma maîtresse m'envoie ici à vous : elle a envie de vous voir. Elle vous invite à venir vous entretenir avec elle dans sa chambre, où elle vous attend. Cher seigneur, allez lui parler, vous lui êtes très cher. – Jeune fille, est-ce que je songe ou m'amusez-vous de mensonges ? – Ha, seigneur, répondit la jeune fille, je vais vous mettre dans les bras de la belle qui est si chère à votre cœur[1] et ainsi vous saurez que je ne mens pas : je ferai se réaliser ce songe-ci. Venez parler à ma maîtresse. »

Ces paroles enchantèrent Guinglain. Il passa un manteau gris et sortit joyeusement du lit : il s'imaginait déjà voir sa bien-aimée. « La belle, dit-il, allons ! Ma douce amie, ne tardons pas trop. Noble créature, ne traînez pas ! Votre petit pas, je vous en supplie, doublez-le ! » Et la jeune servante se mit à rire : elle le prit par la main et les voici qui franchissent la porte et traversent la chambre. Dès l'entrée, ils sont saisis par un suave parfum,

---

[1] v. 4715 *amie* : voir la note du vers 750.

Dont asés mius valoit l'odor   4735
K'encens, ne petre ne canele :
. . . .
Tant i avoit bone odor.
Que qui eüst mal ne dolor,
S'un petit i peüst ester,
Lués se peüst tot sain trover.   4740
Laiens avoit cierges espris ;
La canbre sanbloit paradis.   *paradise*
Asés i ot argent et or,
De tos biens i ot grant tressor.
Paree fu de dras de soie   4745
De molt cier pris ; c'aconteroie ?
Mais molt en i ot de divers :
Bofus roiés, osterins pers,
Tires, pales et siglatons
I ot de molt maintes façons ;   4750
Dyapes et bons bogerans
. . . .
Molt par estoit la canbre noble ;
D'un pale de Costantinoble
Estoit desus encortinee,   4755
Et desous ert tote pavee
De cieres presiousses pieres
Dont i ot de maintes manieres :
Esmeraudes, safirs eslis,
Et calcedonies et rubis,   4760
Il i ot de maintes colors.
Li pavemens fu fais a flors,
A images et a oisials ;
Tant fu bien fais et tant fu bials
Qu'en tout le mont, ne en la mer,   4765
N'a bieste c'on sace nonmer,
Poisson, dragon, n'oissel volant,

une odeur bien préférable à celle de l'encens, du pyrèthre ou de la cannelle [...]¹, une odeur si bonne qu'il aurait suffi à un malade de rester quelques instants dans cette chambre pour s'en trouver guéri. Eclairée par des chandelles de cire, la chambre semblait un paradis. L'or, l'argent, les objets les plus précieux s'y trouvaient à profusion et les soies les plus magnifiques l'ornaient – pourquoi les énumérer ? – taffetas rayés, soieries bleues, soies d'orient, draps d'or, lourds brocards, soies fleuries et toiles de grande valeur² : il y en avait de toutes sortes. [...]³ C'était une chambre splendide : son plafond était tendu d'un drap de Constantinople, son sol était une mosaïque de diverses pierres précieuses de toutes les couleurs – émeraudes, saphirs de grand prix, calcédoines⁴ et rubis. Cette mosaïque représentait des fleurs, des oiseaux, toutes sortes d'images : elle était si bien faite et si belle qu'on ne saurait nommer au monde et même dans la mer de bête – poisson, dragon, oiseau volant

---

¹ v. 4737 lacune non indiquée, mais attestée par la rime.

² vv. 4748-4749 Nous traduisons approximativement : le *bofu* est une étoffe de soie, *l'osterin* une soie orientale, le *paile* un drap de soie ou d'or, le *siglaton* un brocard de soie, le *dyape* de la soie fleurie et le *bogeran* de la toile. A l'exception du dernier, tous ces mots désignent différentes étoffes de soie dont le nom a perdu pour le lecteur moderne tout pouvoir d'évocation.

³ v. 4752 lacune non indiquée, mais attestée par la rime.

⁴ v. 4760 *calcedonies* : silice translucide cristallisée utilisée jadis pour les bijoux ; la cornaline, la sardoine, la chrysoprase et l'onyx sont différentes vatiétés de calcédoines.

Ne fust ouvrés el pavement.
La dame se geist en son lit.
Onques nus hom plus cier ne vit ;   4770
Bien vos diroie le façon,
Sans mentir et sans mesproisson,
Mais por sa grant joie coitier,
Que molt en avoit grant mestier,
Ne le vuel entendre a descrire.   4775
Que trop me costeroit a dire.
La pucele tint par le main
Et mainne dusqu'al lit Guinglain,
Tant que il i sont parvenu.
La pucele cortoisse fu,   4780
S'a misse sa dame a raisson.
« . . . .
Que je vos ai ci amené ;
Un petit de sa volenté
Li faites, por l'amor de moi.   4785
Gardé le bien a bone foi. »
La dame respont maintenant :
« Damoissele, vostre comant
Ferai, por l'amor c'ai a vos ;
Alés vos ent, laissiés le nos.   4790
– Or tenés dont, je le vos renc. »
La dame par le main le prent,
Et cil s'est dalés lui cociés ;
Ainc mais ne fu nus hom si liés.
Et Guinglains, quant il fu el lit,   4795
Des or ara de son delit.
Ensanble li amant se jurent :
Quant il furent ensanble et jurent,
Molt docement andoi s'enbracent ;
Les levres des bouces s'enlacent,   4800
Li uns a l'autre son droit rent.

– qui ne fût reproduite dans la mosaïque du sol. Et la dame reposait dans son lit – le lit le plus beau, le plus précieux qu'on ait jamais vu ! Oh, je vous le décrirais bien, sans nulle affabulation et sans erreur, mais pour hâter le grand bonheur dont Guinglain éprouve le plus pressant besoin, je ne veux pas m'appliquer à dépeindre ce lit[1], cela me donnerait trop de travail.

La jeune suivante, tenant Guinglain par la main, le mena jusqu'au lit. La très courtoise jeune fille adressa à sa maîtresse ce discours : « Voici [...][2] que je vous ai amené. Accordez-lui un peu de ce qu'il désire, au nom de l'affection que vous me portez. Soyez toujours loyale envers lui. » La dame répondit vivement : « Demoiselle, je ferai ce que vous me commandez, au nom de l'affection que je vous porte. Allez-vous en, laissez-le nous. – Prenez-le donc, je vous le remets. » La dame le prit par la main et le jeune homme s'allongea près d'elle : jamais homme n'avait été aussi heureux ! Guinglain se retrouva dans le lit : il va bientôt connaître les délices qu'il attend !

Les amants étaient étendus côte à côte, et dès qu'ils furent côte à côte, ils s'enlacèrent tendrement, leurs lèvres se touchèrent. Chacun reçoit de l'autre son dû :

---

[1] vv. 4771-4776 G. Genette, *Figures III*, Paris, le Seuil, 1972 (243-245) propose le terme de *métalepse* pour désigner ce type d'irruption du temps du narrateur dans le temps des personnages.

[2] v. 4782 lacune non indiquée mais attestée par la rime et par le sens.

Fors de baissier n'orent content,
Et cascuns en voloit plus faire
De baissier dont son cuer esclaire.
As baissiers qu'il firent d'Amors   4805
Del cuer se traient les dolors,
Et si les aboivrent de joie ;
Amors les mainne bone voie.
Les ioels tornent a esgarder,
Les bras metent a acoler ;   4810
Lé cuers s'atornent al voloir,
L'uns velt de l'autre pres manoir ;
Por l'amor qu'entr'els deus avoit,
Vaut l'uns ço que l'autres voloit.
Je ne sai s'il le fist s'amie,   4815
Car n'i fui pas, ne n'en vi mie,
Mais non de pucele perdi
La dame dalés son ami.
Cele nuit restoré se sont
De quanques il demorré ont.   4820

   Or a Guinglains ço que il volt,
Qu'il tient ço dont doloir se solt,
N'ele ne s'esmaie de rien,
Car a gré prent tos ses jus bien.
De tos les mals et le contraire   4825
C'Amors a fait a Guinglain traire
Iluec le gerredon li rent.
- Por ço d'Amors ne m'en repenc,
Que desloiauté n'i falt mie
Envers Amors n'envers m'amie.   4830
En un jor me puet bien merir
Plus que ne puis ja deservir.
Molt doit on cele rien amer
Qui si tost puet joie donner.
Cil ki les dames servir veut,   4835

de leurs seuls baisers, ils ne se lassent pas. Chacun veut en donner plus que l'autre, de ces baisers qui illuminent leurs cœurs. Et par leurs baisers passionnés, ils apaisent leurs souffrances et inondent de joie leurs cœurs. L'Amour les guide. Les yeux se plongent dans les yeux, les bras enlacent, les cœurs désirent. Ils se serrent l'un contre l'autre. L'immense amour qui les unit fait que chacun partage les désirs de l'autre. Je ne sais pas s'il fit d'elle sa maîtresse : je n'y étais pas, je n'en ai rien vu, mais, près de son bien-aimé, la dame perdit son appellation de jeune fille. – Cette nuit là, ils se sont consolés de leur longue attente.

Et maintenant, Guinglain a tout ce qu'il désire car il possède ce qui, naguère, lui causait d'incessantes souffrances : la dame ne se montre pas timide et prend plaisir à toutes ses caresses. Elle récompense là Guinglain de tous les tourments, de toutes les contrariétés que l'Amour lui avait fait éprouver.

– Et c'est pourquoi je ne me repens pas d'aimer, ni d'être fidèle à l'amour de ma bien-aimée : en un jour, elle peut bien me récompenser plus que je ne pourrai jamais le mériter. Et l'on doit aimer passionnément celle qui peut, si soudainement, donner tant de bonheur. Celui qui veut servir les dames,

LI BIAUS DESCOUNEÜS

S'il tot un termine se deut,
Por ce ne s'en retraie mie,
Que dames ont tel signorie
Que, quant veulent gerredonner,
Si font le travail oublïer   4840
Que il avra lonc tans eü.
Dius lé fist de si grant vertu,
De tos biens les forma et fist
Et biautés a eles eslist ;
Et Dius nos vaut, je cuic, former   4845
Por eles toutes honnerer
Et por lor comandement faire.
Por ce est fauls qui s'en veut retraire,
Que des dames tos li biens muet ;
Fols est qui amer ne les veut.   4850
Dius, qui Sire est, lor amaint joie !
Doucement li prie qu'il m'oie ;
Et cels qui sont maldisseor
Des dames et de fine amor
Maudie Dius et sa vertus   4855
Et de parler les face mus !
Car a cele ouvre que il font
Demostrent bien de coi il sont,
Qui tant se painnent de mentir.
Ha ! Dius, arai ja mon plaissir   4860
De celi que je ainme tant ? -

    De Guinglain vos dirai avant.
Il avoit joie en sa baillie :
Entre ses bras tenoit s'amie
Que il souvent acole et baisse.   4865
Molt estoient andoi a aisse.
Guinglain souvient de l'orillier
Et de la perce a l'esprevier,
U tel paor eü avoit :

s'il souffre pendant longtemps, qu'il ne s'en détourne pas pour autant :
le pouvoir des dames est tel que, quand elles veulent récompenser,
elles font oublier toutes les souffrances qu'on a pu éprouver. Dieu leur
a donné tant de qualités, il les a parées de tant de mérites et leur a
réservé tant de beauté ! Et Dieu, j'en suis persuadé, nous a créés pour
les respecter et leur obéir. Aussi, bien fourbe est celui qui se tient loin
d'elles, car c'est des dames que vient tout le bien. Insensé qui ne veut
les aimer ! Que le Seigneur Souverain leur accorde le bonheur, je le
supplie humblement d'accepter ma prière. Et ceux qui médisent des
dames et de l'amour parfait, que la toute puissance divine les maudisse
et les réduise au silence ! Car à leurs ouvrages, on peut bien voir qui
ils sont, eux qui se donnent tant de peine pour mentir.

Ah, mon Dieu, trouverai-je à mon tour mon plaisir auprès de celle
que j'aime tant ? –

Je continuerai donc à vous parler de Guinglain, qui jouissait d'un
bonheur sans entraves : il tenait sa bien aimée dans ses bras, il la
serrait contre lui, il l'embrassait encore et encore. Tous deux étaient
très heureux.

Il se rappela alors la peur qu'il avait eue avec le perchoir de
l'épervier et l'oreiller

Mervelle soi que ço estoit.   4870
Quant il l'en prist a souvenir,
De rire ne se puet tenir.
Quant la dame rire le vit,
Se li a tot maintenant dit :
« Dites le moi, fait ele, amis,   4875
Por quel cose vos avés ris ;
Ris avés, je ne sai por coi,
Biaus ciers amis, dites le moi ;
Moi nel devés vos celer mie. »
Cil li respont : « Ma douce amie,   4880
Certes j'ai ris de le mervelle,
Onques nus hom n'ot sa parelle.
En cest pailais m'avint anuit,
Quant endormi se furent tuit
Et je en mon lit me gisoie ;   4885
Si angoissés. . . . .
Que je ne pooie dormir ;
Si me fist vostre amors frenmir
Et tant torner et retorner,
Si me fist de mon lit verser.   4890
Por ci venir a vos me mui,
Mais jo si enfaumentés fui,
Ne sai se fu encantemens,
Mais, quant je vauc entrer saens,
Si me trova sor une plance ;   4895
Desos coroit une iaugue blance,
Qui molt bruians et corans ere.
Je chaï jus en tel maniere
Qu'a le plance me pris as mains :
De chaïr fui trestos certains.   4900
Grant paor oi de chaïr jus ;
Tot les sergans fis lever sus
Por et secourre et aidier.

et se demanda ce qui s'était passé. En y pensant, il éclata involontaire-
ment de rire et la dame, en le voyant rire, lui demanda : « Dites-moi
donc, mon bien-aimé, pourquoi avez-vous ri ? Vous venez de rire et
je ne sais pas pourquoi. Très doux ami, dites-le moi : à moi, vous ne
devez pas me le cacher. – Ma douce amie, j'ai ri de l'incroyable
aventure qui m'est arrivée : jamais on n'en avait vu de semblable.
Dans cette salle, cette nuit, quand tout le monde se fut endormi, je me
suis retrouvé couché dans mon lit, si inquiet et malheureux [...] que je
ne pouvais dormir. Mon amour pour vous me faisait m'agiter, tourner
et retourner, si bien que j'ai fini par tomber de mon lit. Je me suis
avancé alors pour venir ici[1], mais – je ne sais si j'ai été ensorcelé ?
– quand j'ai voulu entrer ici, je me suis retrouvé sur une passerelle
sous laquelle courait une eau blanche d'écume, grondante et rugissan-
te. Je suis tombé de telle façon que j'ai pu me rattraper par les mains
à la passerelle ; j'étais certain de tomber dans l'eau et j'avais grand
peur ! J'ai fait lever tous les serviteurs pour qu'ils m'aident et me
portent secours.

---

[1] vv. 4887-4891 Guinglain accommode les faits à son avantage.

A la perce d'un esprevier
Me troverent, s'i me tenoie ;   4905
Autre besoigne n'i avoie.
Puis me vint une autre aventure,
Ki plus me fu pesans et dure :
Molt grant angoisse i endura,
La verité vos en dirai,   4910
Que painnes ai asés eü.
Dame, savés vos que ce fu ?
Dites le moi, se vos savés,
Car molt fu anuit encantés.
– Amis, fait ele, bien le sai,   4915
La verité vos en dirai :
Ceste painne vos ai je faite,
Que vos avés issi grant traite,
Por la honte que me fessistes,
Que vos issi de moi partistes.   4920
Et por ce vos ai ice fait.
. . . .
Que vos engardés a tos jors
Que ne soiés tant fals ne lors
Que dames volliés escarnir,
Car vos n'en poés pas joïr ;   4925
Car cil qui dames traïra
Hontes et mals l'en avenra :
Por ce des or vos engardés.
Or vos dirai, se vos volés,   4930
En quele maniere et coment
Jo sai faire l'encantement :
Mes pere fu molt rices rois,
Qui molt fu sages et cortois.
Onques n'ot oir ne mes que moi ;   4935
Si m'ama tant en bonne foi
Que les set ars me fist aprendre

Ils m'ont trouvé accroché au perchoir d'un épervier, c'était là mon seul tourment ! Puis il m'est arrivé une seconde aventure, encore plus désagréable et pénible, où j'eus aussi à souffrir de grands maux[1]. Je vous la raconterai bien franchement : ce furent encore bien des souffrances. Dame, savez-vous ce qui s'est passé ? Dites-le moi, si vous le savez car cette nuit j'ai subi bien des enchantements. »

« Bien-aimé, répondit-elle, je le sais. C'est une chose que je vais vous révéler bien franchement : cette grande souffrance que vous avez éprouvée, c'est moi qui vous l'ai imposée pour vous punir de m'avoir humiliée en me quittant comme vous l'avez fait [...][2] afin que vous preniez toujours garde de ne plus jamais avoir la fourberie ou la stupidité de vous moquer des dames, car vous n'en tirerez aucun bénéfice : *Qui les dames trahira, Honte et malheur lui adviendra.* Prenez-y bien garde désormais. Je vais vous dire, si vous le désirez, comment il se fait que je sache pratiquer la magie. Mon père était un roi puissant, plein de sagesse et de courtoisie. J'étais son unique héritière et il m'aimait tant qu'il me fit acquérir une connaissance achevée des sept arts libéraux[3].

---

[1] v. 4909 *endura* pour *endurai* : voir la note du vers 887.

[2] v. 4922 lacune non indiquée, mais attestée par la rime.

[3] v. 4937 *les set ars* : voir la note du vers 1933.

Tant que totes les soc entendre :
Arimetiche, dyomotrie,
Ingremance et astrenomie,   4940
Et des autres asés apris.
Tant i fu mes cuers ententis
Que bien soc prendre mon consel
Et a la lune et au solelc,
Si sai tos encantemens fare,   4945
Deviner, et conoistre en l'are
Quanques dou mois puet avenir.
De vos seu je bien, sans faillir,
Quant vos ci venistes l'autre ier,
Que n'i vauriés delaier ;   4950
Bien soc que vos vos en iriés.

. . . .

Mais je nel vaussise por rien,
Por che que je savoie bien
Que vos parferïés l'afaire ;   4955
Bien soi que le porïés faire,
Si c'onors vos en averroit.
Et mes corages bien savoit
Que, au plus tost que vos poriés,
Por moi ariere revenriés.   4960
Trestout ço so je par mon sens,
Et saciés que molt a lonc tens
Qu'amer vos començai premiers.
Ains que vos fuissiés chevaliers
Vos amai je, car bien le soi   4965
Qu'en la mainnie Artus le roi
N'en avoit un millor vasal,
Fors vostre pere le loial ;
Por ce vos amai je forment.
Ciés vostre mere molt sovent   4970
Aloie je por vos veïr,

Je les possède tous, arithmétique, géométrie, nécromancie et astrologie[1], ainsi que tous les autres. Je mis tant de cœur à l'étude que je fus capable de consulter les mouvements de la lune et du soleil avant de prendre une décision, de faire tous les enchantements et de connaître sur le champ[2] tous les événements du mois à venir. De vous, j'ai su parfaitement, lors de votre visite précédente que vous ne voudriez pas vous attarder. Je savais bien que vous vous en iriez [...][3]. Mais cela, je ne l'aurais voulu pour rien au monde, parce que savais bien que vous mèneriez votre mission à bon terme. Je savais bien que vous pourriez y parvenir et en acquérir de la gloire et mon cœur savait aussi que, dès que vous le pourriez, vous reviendriez sur vos pas pour me rejoindre. Ma science m'avait fait découvrir tout cela. Apprenez aussi que j'ai tout d'abord commencé à vous aimer il y a bien longtemps ; je vous ai aimé bien en avant que vous fussiez chevalier, parce que je savais bien qu'il n'y avait pas, à la cour du roi Arthur, de meilleur chevalier que vous, à l'exception de votre père au cœur loyal. C'est pour cette raison que je vous aimais infiniment. Je me rendais souvent chez votre mère pour vous voir

---

[1] v. 4940 *ingremance* : la nécromancie, art de faire parler ou agir les morts, ne fait bien entendu pas l'objet d'un enseignement à la faculté des arts ! Cette adjonction fantaisiste montre le rapport qui existe, dans les représentations des hommes du moyen âge, entre science et magie.

[2] v. 4946 *are* : le manuscrit propose la forme *ar*, mais il faut sans doute rajouter un *e* pour la rime, comme le fait P.W. La forme est alors à rapprocher de l'expression *en aire :* sur le champ.

[3] v. 4952 lacune non indiquée, mais attestée par la rime et par le sens.

Mais nus ne m'en fesist issir.
Vostre mere vos adoba,
Au roi Artus vos envoia,
Et si vos comanda tres bien   4975
Qu'au roi demandissiés del sien
Le don, coment que il fust ciers,
Que vos li querïés premiers.
Ce so ge tot premierement
L'aventure certainnement   4980
Que vos avés ici trovee,
Et tote vostre destinee ;
Je resavoie par mon sens
Qu'a la cort venrïés par tens.
Biaus amis, certes, je sui cele   4985
Qui fis savoir a la pucele
Qui estoit apielee Helie
Qu'a la cort alast querre aïe
Por sa dame a Artus le roi,
Que certainne fui endroit moi   4990
Que vos i querrïés le don
D'oster la dame de prisson ;
De tot mon pooir i aidai
Por ce que je molt vos amai.
Et si sui cele, biaus amis,   4995
Quant eüstes Mabon ocis
Et quant le Fier Baissier fesistes,
La vois que vos aprés oïstes,
Qui vostre non vos fis savoir,
Ço fui je, biaus amis, por voir,   5000
Por vos faire souef ester,
Dormir et la nuit reposer.
Puis fis savoir par la contree
Que lor dame estoit delivree.
Sacié molt me sui entremisse,   5005

et personne n'aurait pu m'obliger à partir. Ce fut votre mère qui vous adouba et vous envoya chez le roi Arthur et elle vous recommanda bien de demander au roi de vous accorder, sur ses biens, le premier don, si précieux, si difficile fût-il à accorder, que vous lui demanderiez. Je fus la première au courant, et de l'aventure qui vous y attendait, et de ce que vous réservait le sort. Je savais bien aussi, par ma science, que vous arriveriez bientôt à la cour. Doux ami, c'est moi qui ai suggéré à la jeune fille nommée Hélie qu'elle aille chercher de l'aide pour sa maîtresse à la cour du roi Arthur car j'étais certaine, au fond de moi, que vous demanderiez comme don de délivrer la dame et de la sauver. J'y ai aidé de tout mon pouvoir, parce que je vous aimais beaucoup. Et c'était encore moi, doux ami, la voix que vous avez entendue après avoir tué Mabon et accompli l'épreuve du Cruel Baiser, la voix qui vous apprit votre nom, ce fut moi, doux ami, en vérité, pour vous tranquilliser et vous permettre de dormir d'un sommeil reposant, cette nuit-là. Puis je fis savoir à tous dans le pays que la dame était délivrée. Sachez que je me suis beaucoup attachée,

En tos sanblans, en tos servisse,
Coment avoir je vos peüsse
Ne coment vostre amie fuisse.
Or vos ai je, Dius en ait los !
Des or mais serrons a repos   5010
Entre moi et vos sans grant plait,
E saciés bien tot entresait
Que, tant que croire me vaurois,
Ne vaurés rien que vos n'aiois ;
Et quant mon consel ne croirés   5015
Ce saciés bien, lors me perdrés.
– Taisiés vos, dame, cil respont ;
Por tot l'avoir qui est el mont,
Ne por del cors perdre la vie,
Ne feroie si grant folie   5020
Que de vo comandement isse,
Ne ja mais anui vos fesisse. »
A tant ont lor raisson finee.
Au main quant l'aube fu crevee,
Li saint sonnent au grant mostier ;   5025
Tuit sont levé li chevalier.
Guinglains s'est levés et s'amie ;
Au mostier de Sainte Marie
S'en alerent andoi orer.
La dame fist messe canter.   5030
Quant la messe cantee fu,
Si s'en sont el palais venu,
Et la dame a partot tramis
As dus, as contes, as marcis,
Que il viegnent a la cort tuit   5035
A lor leece, a lor deduit,
Car son ami a recovré
Que ele avoit tant desiré.
Quant venu furent li baron,

de multiples façons, par toutes sortes de services, à essayer de vous avoir à moi et à obtenir votre amour[1]. Maintenant, Dieu en soit loué, vous êtes à moi ! Désormais, nous coulerons des jours paisibles, vous et moi, sans grand désaccord. Soyez bien persuadé d'une chose : vous ne pourrez rien désirer que vous ne l'ayez aussitôt ; mais quand vous cesserez de me faire confiance, alors, sachez-le bien, vous me perdrez »

« Taisez-vous donc, ma dame, répondit Guinglain, pour tout l'or du monde, dussé-je en perdre la vie, je ne commettrai l'erreur de vous désobéir ni de vous causer le moindre désagrément . » Et c'est sur ces paroles que se termina leur entretien.

Au point du jour, comme sonnaient les cloches de l'église principale, tous les chevaliers se levèrent. Guinglain et son amie en firent autant et ils allèrent tous les deux prier à l'église Sainte-Marie où la dame fit chanter une messe. Ensuite, dès qu'ils furent de retour au palais, la dame fit envoyer partout des messages à ses ducs, comtes et marquis, leur demandant de se rendre à la cour pour se réjouir et se divertir : elle venait de retrouver son bien-aimé, dont elle avait tant désiré le retour.

Une fois les hauts seigneurs rassemblés,

---

[1] vv. 5008, 5037 *amie, ami* : voir la note du vers 750.

La dame lor dist sa raisson :   5040
« Signor, fait ele, or escoutés :
Cil chevaliers que vos veés,
C'est cil cui tant ai desiré.
Qui molt m'avra servi a gré,
Si soit engrés de lui servir   5045
Et de faire tuit son plaissir ;
Car c'est li chevaliers el monde
En cui graindre proece abonde.
Je vel que faciés son comant. »
Cil respondent comunaumant   5050
Que il li feront grant honor
Et que le tenront a signor.
Or fu Guinglains de joie sire ;
Tot ot quanques ses cuers desire.

Or dirons de Blonde Esmeree,   5055
Qui mut de Gales sa contree
Et va s'ent vers le cort Artus.
Quatre jornees, voire plus,
Avoit chevauchié la roïne,
Quant a l'issir d'une gaudine   5060
A trové quatre chevaliers
Sor lor palefrois, sans destriers ;
Escus ne armes ne portoient,
Tot quatre vers le cort aloient.
Espreviers portoient müés,   5065
Que ja plus biaus ne demandés.
Quant la roïne atains les a,
Tos ensanble les salua,
Et cil son salu li rendirent
Et a tos cels qu'i aveuc virent.   5070
Ele les a araisonnés :
« Signor, fait ele, dont venés ?

la dame leur tint ce discours : « Seigneurs, écoutez-moi : ce chevalier que voici, c'est celui dont j'ai tant désiré le retour. Qui m'a servie de bon cœur doit être désireux de le servir lui aussi et d'accomplir ses volontés car c'est le plus valeureux chevalier du monde. Je veux que vous obéissiez à ses ordres . »

Tous répondirent qu'ils le traiteraient avec le plus grand respect et qu'ils le considéreraient comme leur maître.

Guinglain était maintenant heureux[1] : devenu un grand seigneur, il possédait tout ce que son cœur pouvait désirer.

VI. *La victoire du monde d'Arthur*

Revenons maintenant à Blonde Esmerée qui avait quitté son royaume de Galles pour se rendre à la cour d'Arthur. Au bout de quatre journées de voyage, peut-être un peu plus, la reine rencontra à la sortie d'un bois quatre chevaliers montés sur des palefrois, sans chevaux de combat, sans boucliers ni armures ; ils se rendaient tous quatre à la cour en tenant sur leurs poings des éperviers mués d'une beauté incomparable. Après les avoir rejoints, la reine les salua tous en même temps et ils lui rendirent son salut, à elle et à ceux qui l'accompagnaient. Elle s'adressa alors à eux en ces termes :

« Seigneurs, dit-elle, d'où venez-vous ?

---

[1] v. 5053 *de joie* : signifie "avec joie » ; cf. T.L. IX, l720 b.

Qui et dont estes savoir wel,
Si ne demant par nul orguel. »
Cil ont la dame respondu :   5075
« Dame, nos soumes ci venu
Qu'a la cort Artus en irons,
Car ensi fiancié l'avons :
Por prisons nos i covient rendre,
Fiancié l'avons a atendre.   5080
Cascuns de nos fiancié l'a
A un chevalier qui ala
Por delivrer une pucele :
Li Biaus Descouneüs s'apiele,
En bataille nos a conquis.   5085
Nos ne soumes pas d'un païs,
Trové nos soumes el chemin
Trestot quatre tres ier matin ;
Et nos vos avons ci trovee :
Dont estes vos, de quel contree ?   5090
– Par Diu del ciel, signor, fait ele,
Sachiés por voir que je sui cele
Que cil aloit por delivrer
Qui en prison vos fait aler.
Estorsse m'a par grant vigor   5095
Et par prohece et par valor.
Bons chevaliers est et seürs
Et en bataille fors et durs ;
Mais il n'est pas a droit nonmés
Par cel non que vos l'apielés :   5100
En batesme a a non Guinglains,
Ses peres est li bons Gavains.
A la cort me comande aler
Por le roi Artus merchïer
De ço que il rescosse m'a.   5105
Li rois, ce dist, l'i envoia ;

je désirerais connaître vos noms et le pays dont vous venez, permettez-moi de vous poser une telle question. – Ma dame, répondirent-ils nous nous rendons à la cour d'Arthur pour nous y constituer prisonniers, c'est un serment que nous avons juré d'accomplir. Chacun de nous a donné sa parole à un chevalier qui allait délivrer une jeune personne : il dit s'appeller le Bel Inconnu[1] et nous a vaincus au combat. Nous ne venons pas tous les quatre du même endroit, c'est hier matin seulement que nos chemins se sont rejoints avant de vous rencontrer vous-même ici. Et vous, qui êtes-vous donc ? De quel pays venez-vous ? – Au nom du Dieu du Ciel, seigneurs, sachez – c'est la vérité – que je suis la personne qu'allait délivrer le chevalier qui vous envoie en prison. C'est grâce à sa force, à sa bravoure, à sa valeur qu'il m'a soustraite à mes maux. On peut compter sur la vaillance de ce chevalier, sur sa vigueur et sur sa résistance au combat. Mais il ne faut pas l'appeler ainsi que vous le faites : il a reçu le nom de Guinglain à son baptême et il a pour père le noble Gauvain. Il m'a demandé de me rendre à la cour pour remercier le roi Arthur d'avoir été délivrée parce que, dit-il, c'est le roi qui l'a envoyé me porter secours.

---

[1] v. 5084 *s'apiele* : correction de P.W. pour la leçon *l'apiele.* Or, si l'on en croit D. Lagorgette (« *Avoir a nom* : étude diachronique de quelques expressions qui prédiquent le nom », *LINX* (32) 1995, P.U. Paris X -Nanterre, 113 – 132) l'emploi réfléchi de *apeler* n'existe pas encore. On peut donc soit corriger en *l'apielent* – le manuscrit ne semble pas attacher grande importance aux finales (voir les notes des vers 66, 316, 883), soit, en maintenant, comme nous l'avons fait, la correction sur le pronom, considérer qu'il s'agit là d'un emploi non encore figé : le sens est alors « il s'attribue le nom de », « il prétend s'appeler ».

Por ce l'en weut faire l'onnor
Que il le tient a son signor.
Il doit a le cort repairier,
Se Dius le garde d'enconbrier ;   5110
Il est ne sai quel part tornés.
Lie sui quant vos ai trovés,
Or irons a la cort ensanble ;
Preudomme estes, si con moi sanble. »
Cil respondent : « Vostre voloir   5115
Ferons, dame, a nostre pooir. »
Des or se metent a la voie.
La roïne fait molt grant joie
De ce qu'a trovés les prisons.
Bien vos dirai de tos les nons :   5120
Li uns ert Blioblïeris,
Qui preus estoit et bien apris ;
Li autres fu de Saies sire ;
Del tierc vos sai bien le non dire,
L'Orguillous de la Lande fu,   5125
Qui maint chevalier a vencu ;
Li quars fu Giflés li fils Deu ;
Molt estoient tot quatre preu.
Or chevaucent tot une plaigne
Tot le droit chemin vers Bretaingne.   5130
Tant ont le droit chemin erré
Qu'a Londres ont le roi trové ;
Iluques ensengniés lor fu.
Ançois qu'il i fuissent venu,
La roïne a avant tramis   5135
Ses sergans, qui ont otels pris
Molt rices et bien atornés.
Uns sergans est encontre alés ;
Es vos la dame qui descent
Et li chevalier et sa gent.   5140

C'est pour cela qu'il veut qu'on lui fasse serment d'allégeance car il le considère comme son suzerain. Il doit revenir à la cour, si Dieu lui permet d'arriver sans encombre ; je ne sais pas où il a pu se rendre. Je suis bien contente de vous avoir rencontrés, nous ferons route ensemble à partir de maintenant, car vous êtes des gens de bien, me semble-t-il. – Nous ferons ce que vous voudrez, ma dame, si c'est en notre pouvoir », répondent-ils.

Les voilà partis. La reine se montrait tout heureuse d'avoir rencontré les prisonniers, dont je vais vous dire les noms : le premier, c'était Blioblïeris, un homme valeureux et courtois ; le second, le seigneur de Saies ; il m'est facile de vous dire le nom du troisième : il s'agissait de l'Orgueilleux de la Lande qui avait vaincu bien des chevaliers ; le quatrième, c'était Giflet, le fils de Do – tous quatre de fort valeureux chevaliers.

Ils traversèrent une plaine en chevauchant directement par le plus court chemin qui mène de Galles en Grande Bretagne. Arrivés à Londres, où résidait le roi, ils se firent mener à lui. Avant d'atteindre la ville, la reine y avait envoyé en éclaireurs ses serviteurs pour retenir de somptueux logis richement meublés. L'un deux vint à sa rencontre et la dame descendit de cheval ainsi que ses gens et les quatre chevaliers.

En une canbre encortinee
S'en est dont la roïne entree.
Illueques se fait atorner
De chiere reube d'outre mer,
Qui tant estoit et biele et riche   5145
Qu'en tot le mont n'ot cele bisse,
Caucatri, lupart, ne lion,
Ne serpent volant, ne dragon,
N'alerion, ne escramor,
Ne papejai, ne espapemor,   5150
Ne nesune bieste sauvage
Qui soit en mer ne en bocage,
Que ne fust a fin or portraite ;
Molt estoit la roube bien faite.
El mantiel ot pene de sable,   5155
Qui molt fu bone et avenable ;
Li orles estoit de pantine :
Ço est une beste mairine,
Plus souef flaire que canele,
Ainc ne fist Dius beste si biele ;   5160
Dalés le mer paist la rachine,
Et porte si grant medechine
Qui sor lui l'a ne crient venin,
Tant le boive soir ne matin ;
Mius vaut que conter ne porroie.   5165
Et d'une çainture de soie,
A or broudee tot entor,
Si s'en estoit çainte a un tor
Molt cointement la damoissele.
Or fu tant avenans et biele   5170
Que nus hom son per ne trovast
En tout le mont, tant le cerkast.
De parler ne fu mie fole,
Cortoisse fu de sa parole ;

Elle gagna une chambre garnie de tentures où elle se fit habiller d'une coûteuse robe venue d'outre-mer : il n'existait pas de bête sauvage au monde – qu'il s'agisse d'animaux marins ou terrestres – crocodile, léopard, lion, serpent volant, dragon, aigle, « escramor », perroquet, « espapemor »[1] – qui n'y fût représentée en broderie d'or fin ; la robe était d'un superbe ouvrage. Le manteau était doublé de belle zibeline bien souple ; la bordure était en « pantine »[2] : il s'agit de la peau d'une bête marine qui répand une odeur plus suave que celle de la cannelle ; c'est la plus belle des créatures de Dieu, elle se nourrit des herbes du bord des mers et sa peau possède un tel pouvoir médical qu'il suffit de la porter sur soi pour ne pas craindre le poison, dût-on en boire matin et soir ; son pouvoir est supérieur à tout ce que je pourrais dire. La jeune femme avait passé autour de sa taille – l'effet en était fort élégant – une ceinture de soie festonnée de broderies d'or. Elle était si gracieuse et si jolie que même en parcourant le monde entier on n'aurait pas pu trouver son égale. Elle parlait avec sagesse en des termes choisis

---

[1] vv. 5149-5150 *escramor, espapemor* : hapax. Ce sont sans doute des oiseaux fabuleux.

[2] v. 5157 *pantine,* hapax. Cet animal fabuleux fait plus ou moins penser à un phoque.

D'amor estoient si regart.   5175
Onques n'ot de biauté le quart
Nule dame qui dont fust nee.
Quant ele fu bien atornee
Et si baron tuit atorné,
Si se sont vers la cort torné.   5180
En son pailais trova le roi
Et maint bon chevalier o soi,
Maint roi et maint duc et maint conte ;
Tant en i ot n'en sai le conte.
Quant la dame el palais entra,   5185
Li rois encontre li leva,
Et quant l'a veü la roïne,
Si le salue et si l'encline.
Tuit li baron se releverent,
Li un les autres salüerent.   5190
Et li rois l'a par le main prisse,
Si l'a dejoste lui asisse.
Et quant asis se furent tuit
Que nus ne fist noisse ne bruit,
La dame araisonne le roi :   5195
« Sire, dist ele, entent a moi :
Je sui fille le roi Gringras,
Cui le chevalier envoias
Ki Biaus Descouneüs ot non.
Mal l'apielerent li Breton :   5200
Par droit non l'apielent Guinglain,
Si est fius mon signor Gavain,
Si l'ot de Blancemal la fee.
Tu l'envoias en ma contree
Por moi a rescoure et aidier ;   5205
Molt par i a bon chevalier,
Jetee m'a de grant torment.
Sire, grant merchis vos en renc

et son regard était plein de tendresse. Aucune dame au monde n'avait le quart de sa beauté.

Quand elle eut achevé de se préparer et que ses barons se furent équipés, ils se rendirent à la cour. En son palais, elle alla trouver le roi qu'accompagnaient de vaillants chevaliers, rois, ducs et comtes, en trop grand nombre pour que je puisse les compter. Quand la reine entre dans la salle du palais, le roi se leva à sa rencontre et elle le salua aussitôt en s'inclinant devant lui. Tous les barons se levèrent à leur tour et échangèrent des saluts avec les nouveaux arrivants. Le roi prit la dame par la main et la fit s'asseoir près de lui. Quand tout le monde eut pris place et eut fait silence, la reine adressa au roi ces paroles : « Seigneur, écoute-moi : je suis la fille du roi Gringras, celle à qui tu as envoyé le chevalier qu'on avait appelé le Bel Inconnu. Les Bretons[1] eurent tort de l'appeler ainsi : qu'ils l'appellent Guinglain, c'est son vrai nom. C'est le fils de monseigneur Gauvain et de la fée Blanchemal. Tu l'as envoyé dans mon pays pour me porter aide et secours ; cet excellent chevalier m'a arrachée à mes terribles maux. Seigneur, je ne saurais trop vous remercier

---

[1] v. 5200 *Bretons* : désigne les habitants de la Grande-Bretagne ; nous avons gardé Bretons par commodité dans notre traduction.

De ço que vos le m'envoiastes
Et ma pucele le cargastes.
A tos jors m'en avés conquisse,   5210
Ne ja mais n'iert en nule guisse
Que treü n'aiés en ma terre,
Des que vos l'envoierés quere,
De Gales dont je suis roïne.   5215
Or vos pri, rois de france orine,
Que vos a mari me donnés
Guinglain, si ert rois coronnés.
Je le vos quier et mi baron :
Sire, ne me veés cest don.   5220
En Gales de moi se parti ;
Onques puis, sire, ne le vi.
Il doit venir ne sai quele eure ;
Grant paor ai, que tant demeure,
Ne remaigne en autre païs   5225
Et qu'il autre consel n'ait pris ;
Remés est en aucune guerre,
Car molt entent a pris conquerre. »
Quant li rois entent la parole
Molt en fu liés, la dame acole ;   5230
Gavain et ses honmes apiele,
Si lor reconte la nouviele
Que la dame li ot contee.
Gavains grant joie en a menee,
Et bien sot que ses fius estoit   5235
Et que la fee amee avoit.
Grant joie en font tuit li baron.
A tant revienent li prisson
Qui a la dame s'asanblerent
El cemin u il le troverent.   5240
Au roi se rendirent por pris,
Si con Guinglains lor ot apris ;

de me l'avoir envoyé en le confiant à ma suivante. Je vous reconnais à jamais pour mon seigneur[1] : quelque tribut que vous réclamerez de la terre de Galles dont je suis la reine, vous le recevrez à peine l'aurez-vous envoyé chercher.

« Je vous prie donc, roi de noble lignée, de me donner Guinglain pour époux, et il sera couronné roi. Les seigneurs de mon royaume se joignent à moi pour présenter cette demande ; seigneur, ne me refusez pas cette faveur. Nous étions encore dans le pays de Galles quand Guinglain m'a quittée et, seigneur, je ne l'ai pas revu depuis. Il doit venir me rejoindre mais je ne sais pas quand ; je suis très inquiète, en le voyant tant tarder, à l'idée qu'il puisse rester dans un autre pays et qu'il ait pu prendre une autre décision ; il est peut-être retenu par une guerre quelque part car il tient à acquérir de la gloire. »

Le roi, tout heureux d'entendre ces mots, serra la dame dans ses bras avant d'appeler auprès de lui Gauvain et tous les autres chevaliers pour leur répéter ce que la dame venait de lui annoncer. Gauvain se réjouit fort, il reconnut que Guinglain était son fils et qu'il avait aimé la fée. Les autres seigneurs se réjouirent aussi.

C'est alors qu'arrivèrent les prisonniers qui s'étaient joints au cortège de la dame après l'avoir rencontrée en route. Ils se constituèrent prisonniers auprès du roi tout comme Guinglain le leur avait demandé :

---

[1] vv. 5211-5215 Toute l'aventure de Guinglain aura donc pour effet d'étendre le pouvoir d'Arthur sur de nouvelles terres. Ici encore, la comparaison avec *Le chevalier au lion (Yvain)* s'impose.

Saciés lor fu la joie graindre.
Tuit comencent Guinglain a plaindre
De ço qu'i n'estoit pas venus ;   5245
Grant dol en fait li rois Artus,
Gavains et tuit cil de la cort ;
Grant paor ont qu'i ne retort.
Li rois s'est d'iluques levés ;
De ses barons a apielés,   5250
A consel d'une part les trait.
Trestous premiers Gavains i vait,
Ensanble lui rois Goalans,
Et aprés lui i vait Tristrans ;
Kes i revient li senescals,   5255
Rois Amangons, Gales li Caus,
Et des autres barons asés.
Li rois les a araissonnés :
« Signor, fait il, et qu'en loés
De cel Guinglain dont vos oés ?   5260
Coment recouvrer le porons ?
Grant damage ert se le perdons,
Por nule rien ne le vauroie ;
Ja mais mes cuers n'en aroit joie,
Tant que nos l'arons recovré. »   5265
Amangons a premiers parlé :
« Sire, fait il, vos avrés droit,
Car qui tel chevalier perdroit
Molt i averoit grant damage.
Or vos en dirai mon corage,   5270
Tel consel con je sai donner :
Il ainme molt armes porter ;
Faites prendre un tornoiement,
Et ce soit fait proçainnement ;
Et quant cil en ora parler,   5275
Saciés qu'il i vaura aler ;

vous pensez bien que l'allégresse ne fit que redoubler. Puis tous se mirent à regretter l'absence de Guinglain ; le roi Arthur s'en montrait fort inquiet, ainsi que Gauvain et toute la cour ; ils avaient grand peur que jamais il ne revînt.

Le roi se mit debout et il appela certains de ses seigneurs pour tenir à l'écart un conseil privé. Gauvain fut le premier à s'y rendre, accompagné du roi Goalans suivi de Tristan ; Keu le sénéchal s'y rendit aussi, ainsi que le roi Amangon, Gales le Chauve et bien d'autres puissants seigneurs. Le roi leur adressa la parole en ces termes : « Seigneurs, que me conseillez-vous de faire au sujet de Guinglain, ce jeune homme dont vous venez d'entendre parler ? Comment le retrouver ? Quel malheur si nous le perdons ! je ne le voudrais pour rien au monde ; mon cœur ne connaîtra plus la joie tant que nous ne l'aurons pas retrouvé. »

Amangon fut le premier à prendre la parole : « Seigneur, vous avez raison, la perte d'un chevalier de cette valeur serait irréparable. Je vais vous dire ce que j'en pense, ce qu'il faut faire à mon avis : Guinglain aime beaucoup se servir de ses armes ; faites annoncer un tournoi dans les jours qui viennent ; quand il en entendra parler, soyez sûr qu'il voudra y aller,

Por nule rien nel laissera,
Quant la nouviele en apenra,
Que il dont ne viegne au tornoi.
Iço vos lo en bonne foi.   5280
Et si vos lo bien de la dame
Que vos lor li donnés a fame,
Car molt est ses roiaumes grans ;
Molt par pora estre poissans.
Car j'ai esté en cel païs   5285
A un tornoi, u je fui pris ;
Gringras m'acuita sans avoir.
Faites la dame remanoir
Tant qu'aions le tornoi eü
Qui par les marces ert seü.   5290
Les quatre prisons retenés,
De no mainie les tenés. »
Li rois a le consel loé
Et tuit li autre creanté,
Tuit sont a cel consel tenu.   5295
A tant sont ariere venu
La u erent li chevalier.
Et li rois a fait fiancier
Le tornoiement a sa cort
Et dist que cascuns s'en atort.   5300
La u les plaingnes furent bieles,
Entre le Castiel as Puceles
Et Valedon fu fianciés.
Premiers s'est Tristrans avanciés,
Devers Valedon le fianche ;   5305
Li rois de Montescler s'avanche
Qui le fiance d'autre part.
Puis ont del terme pris esgart,
Si fu a un mois establis.
Et li rois s'est d'iluec partis,   5310

que rien ne le fera renoncer à venir prendre part à ce tournoi, dès qu'il en sera averti. Voilà ce que je vous propose en fidèle conseiller.

« En ce qui concerne la dame, je suggère que vous la lui donniez pour épouse car elle possède un grand royaume ; Guinglain pourra devenir un homme très puissant. En effet je me suis rendu autrefois dans ce pays pour prendre part à un tournoi au cours duquel j'ai été fait prisonnier ; Gringras m'avait libéré sans exiger de rançon. Invitez la dame à rester ici jusqu'à la fin de ce tournoi que vous allez faire annoncer dans les provinces frontières du royaume. Retenez auprès de vous les quatre prisonniers, faites-en nos compagnons[1]. »

Le roi approuva ce conseil et tous les autres confirmèrent qu'il était bon de le suivre. Ils s'en retournèrent là où les attendaient les autres chevaliers et le roi ordonna à sa cour d'organiser un tournoi et demanda que chacun fasse ses préparatifs. On décida[2] qu'il aurait lieu dans les belles plaines qui s'étendaient entre la place-forte des Pucelles et celle de Valedon. Tristan s'avança le premier pour s'engager au nom du parti de Valedon et le roi de Montescler en fit de même pour l'autre parti ; ils se donnèrent un délai d'un mois. Quant au roi, il s'en alla

---

[1] v. 5292 *tenir de sa mainie* : cf. Perceval, v. 2762 et 2908-2910.

[2] vv. 5303, 5305, 5307, 5498, 5585 *fiancer un tournoi*, c'est selon le sens de *fiancer*, s'engager à le faire, en fixer la date et les modalités. Par extension, c'est en être l'organisateur (cf. v. 5585).

Si a ses mesages tramis
Tot maintenant par le païs,
Par les marces et par l'enpire,
Por le tornoi crïer et dire.
La dame dist que remansist,   5315
Et cele tot son voloir fist.
Les quatre chevaliers prisons
A retenu a conpaignons.

Guinglains fu ensanble s'amie,
Qui dou tot vers lui s'umelie.   5320
Tot avoit ce que il voloit
A l'Ille d'Or u il estoit.
Quant il voloit, s'aloit chacier
Et es forés esbanoier
Por traire as bestes et berser,   5325
Quant lui anuoit sejorner,
U en gibier u en riviere.
Tot avoit, quanque bon li ere,
De s'amie tot son voloir ;
Tot çou que il voloit avoir   5330
Si estoit trestout apresté,
Ançois que il l'eüst pensé.
En son palais estoit un jor ;
A tant es vos un jogleor
Qui del tornoi dist les noveles,   5335
Qu'al Castiel serroit as Puceles
Et ço que molt par serra grant.
Quant Guinglains l'ot, s'en fu joiant,
En son corage se pensa
Qu'a cel tornoiement ira.   5340
A s'amie en ala parler
Qu'a cel tornoi le laist aler.
Quant cele l'ot, molt fu marie ;
Si dist : « Amis, vos n'irés mie ;

pour envoyer ses messagers sans aucun retard par tout le royaume, toutes les provinces frontières et tout l'empire, pour faire annoncer et crier le tournoi. Il demanda à la dame de rester auprès de lui et elle l'accepta volontiers. Enfin il retint comme compagnons de la Table Ronde les quatre prisonniers.

Pendant ce temps Guinglain était auprès de sa bien-aimée, qui lui était entièrement soumise. Il avait tout ce qu'il désirait là où il vivait, dans l'Ile d'Or. Quand il le voulait, quand le repos lui pesait, il allait pour se distraire chasser en forêt en tirant à l'arc sur le gibier à poil, ou bien il allait à la chasse au gibier d'eau. Quelque plaisir qu'il pût vouloir, il l'obtenait de son amie ; tous ses souhaits se trouvaient entièrement réalisés avant qu'il ait eu le temps d'y songer.

Comme il se trouvait un jour dans son palais, il vit venir un jongleur qui annonça qu'un tournoi aurait lieu devant le Château des Pucelles : ce serait une rencontre fort importante. Guinglain fut très heureux d'apprendre cette nouvelle et se dit qu'il y participerait : il alla demander à son amie de le laisser s'y rendre. Mais elle fut désolée d'entendre ces mots et lui répondit : « Vous n'irez pas, mon bien-aimé,

Par mon los et par mon otroi   5345
N'irés vos pas a cel tornoi.
Bien ai coneü par mon art
Et des estoiles au regart
Que se vos au tornoi alés,
Que del tot perdue m'avés ;   5350
Car la vos atent une dame
Qu'Artus vos veut donner a feme.
– Estés, dame, Guinglains respont ;
Par tos les sains qui sont el mont
Nesune feme ne prendroie   5355
Fors vos, pas ne vos mentiroie.
Dame, volés que je i aille ;
Je revenrai molt tost, sans faille,
Et, se vos plaissoit, bien matin
Me coverroit metre au cemin,   5360
Qu'autrement venir n'i poroie,
Se je bien matin ne movoie. »
Cele respont : « Mes ciers amis,
Bien sai qu'ensi l'avés enpris
D'aler a cel tornoiement,   5365
Mais ce n'ert pas a mon talent.
Bien sai vos ne m'avés tant chiere
Que le laissiés por ma proiere ;
Je n'en puis mais, ce poisse moi ;
Or puet on veïr vostre foi. »   5370
Riens ne puet Guinglain retenir,
Car molt cuide tost revenir.
De l'aler grant talent avoit
Et molt couvoitous en estoit,
Car grant piece avoit ja esté   5375
Que il n'avoit armes porté.
Guinglains cuit del tot son corage ;
Ainc om ne fist si grant folage.

vous n'obtiendrez ni mon approbation, ni ma permission pour vous rendre à ce tournoi. J'ai appris grâce à ma science et en consultant les étoiles que vous m'aurez perdue à tout jamais si vous vous y rendez car là-bas vous attend une dame qu'Arthur veut vous faire épouser. – Calmez-vous ma dame, répondit Guinglain, par tous les saints, je n'épouserai pas une autre femme que vous, je ne vous trahirai pas. Ma dame, veuillez me laisser y aller, je reviendrai très vite, c'est sûr. Et, si vous y consentiez, il me faudrait prendre la route de très bon matin, car autrement je n'arriverais pas en temps voulu. – Très cher ami, répondit-elle, je vois bien que vous avez décidé de vous rendre à ce tournoi, mais ce sera contre mon gré. Je me rends compte que vous ne m'aimez pas assez pour renoncer à votre projet lorsque c'est moi qui vous en prie ; je n'y puis rien, cela me désole ; c'est maintenant qu'on peut voir ce que valent vos serments. »

Rien ne put retenir Guinglain car il comptait revenir très vite. Il avait grande envie de se rendre au tournoi car il n'avait pas eu depuis longtemps l'occasion d'utiliser ses armes. Guinglain n'écouta que son désir – peut-on concevoir pareille légèreté !

Son escuier apiele et dist
Que son hauber li blancesist   5380
Et que son harnois aprestast
Et de main lever s'aprestast,
Et si ait tost mises ses sieles.
Robers fu liés de ces novieles ;
Tot le harnois a atorné   5385
Si con Guinglains l'ot comandé.
Li jors faut, la nuis est venue ;
Guinglains se couce les sa drue.
Dalés li se jut tote nuit,
Si orent molt de lor deduit.   5390
Por ce que main devoit lever
Et puis sor son ceval monter,
S'est endormis dalés s'amie,
Car ses corages le desfie.
Qui le bien voit et le mal prent,   5395
Saciés que aprés s'en repent.

Quant Guinglains au matin s'esvelle,
De ce qu'il vit ot grant mervele,
Car il se trova en un bois ;
Dalés lui trova son harnois,   5400
Son cief tenoit sor son escu,
Et devant lui si ra veü
Son ceval, qui fu atachiés.
Robert ra veü a ses piés ;
Par le frain son renchi tenoit,   5405
Desous son cief un fust avoit.
Or lor a mestier garisson :
De tel penser tel gueredon.
Quant li uns a l'autre veü,
Molt en sont andoi esperdu.   5410
Bien voit Guinglains mal a esté,

Il appela son écuyer pour lui demander de bien nettoyer son haubert, de préparer son équipement et de s'apprêter à se lever de bon matin pour pouvoir seller très tôt les chevaux. Robert, tout content de ces nouvelles, prépara l'équipement au grand complet, comme son maître le lui avait commandé.

La fin du jour approchait, la nuit tombait. Guinglain alla se coucher auprès de sa bien-aimée, il ne la quitta pas de la nuit, partageant avec elle tous les plaisirs de l'amour. Mais parce qu'il devait se lever tôt pour partir à cheval, il s'endormit près d'elle – son cœur était déjà infidèle, ses désirs lui faisaient trahir ses serments. *Qui le bien voit et le mal prend, Sachez que bientôt s'en repent.*

Mais quand Guinglain se réveilla le matin suivant, quelle ne fut pas sa stupéfaction : il se retrouva dans un bois, son équipement à côté de lui, sa tête reposant sur son bouclier ; puis son regard se porta sur son cheval qu'on avait attaché et sur Robert qui se trouvait à ses pieds, la tête posée sur un tronc d'arbre, tenant par le mors un cheval de somme. Ce serait bien le moment de recevoir de l'aide ! *Tel péché, telle punition.* En s'apercevant l'un l'autre, ils se sentirent tous deux désemparés. Guinglain se rendit bien compte qu'il n'était plus en faveur[1].

---

[1] v. 5411 *mal a esté* : il s'agit de l'expression *estre bien ou mal de que/qu'un* (cf. *Yvain,* v. 1593-1594) employée de façon absolue.

Li uns a l'autre resgardé :
« Robert, dist Guinglains, que dis tu ?
Avons nos ci anuit jeü ?
Ersoir me coucai je aillors,   5415
Dalés m'amie, a grans honnors ;
Or me sui en un bois trovés,
Tos esbahis et esgarés.
Et tu, venis te ci ersoir ? »
Ce dist Robers : « Naie, por voir.   5420
Ersoir en mon lit me dormi ;
Or me resui trovés ichi.
– Robert, con male destinee !
Molt ai m'amie mal gardee.
Bien me dist ier soir jel perdroie,   5425
Se je au tornoi m'en aloie.
Perdue l'ai par mon folage.
Ha ! las, fait il, con grant damage !
Or ai je tos jors mais dolor. »
Et Robers dist a son signor :   5430
« Sire, nos n'en poons el faire,
Mais alons ent en nostre afaire ;
Grans biens nos puet aventurer :
On ne se doit desconforter. »
Guinglains respont : « Donques alons. »   5435
A tant cauce ses esperons ;
Li escuiers l'aubert torsa,
Et cil sor son ceval monta ;
Si se sont mis en un sentier.
Des or pensent de chevaucier,   5440
Tant qu'il trovent un pelerin
Qui lor ensaigne le cemin
Le plus droit au tornoiement.
Molt fu Guinglains en grant torment ;
Cel jor cevaucha tos iriés   5445

Ils échangèrent un regard : « Robert, dit Guinglain, que penser de tout cela ? Est-ce que nous avons dormi ici cette nuit ? Hier soir c'est dans un lieu bien différent que je me suis couché près de mon amie avec tous les honneurs possibles ; et voilà que je me retrouve dans un bois, en proie à l'étonnement et la consternation. Et toi, t'es-tu rendu ici hier soir ? – Non, pas du tout, dit Robert. Je me suis endormi dans mon lit et je me retrouve ici tout comme vous. – Robert, quel funeste destin ! Je n'ai pas su conserver mon amie. Elle m'avait pourtant bien dit hier soir que je la perdrais si je me rendais à ce tournoi. Et voici que je l'ai perdue par ma conduite insensée. Hélas, quelle perte irréparable ! Me voilà condamné au malheur pour le restant de mes jours. »

Mais Robert dit à son maître : « Seigneur, puisque nous ne pouvons rien y changer, allons faire ce que nous voulions faire ; le hasard peut nous réserver de bonnes surprises : c'est pour cela qu'on ne doit jamais se laisser aller au chagrin[1]. – Allons-y donc » , répond Guinglain, qui chausse aussitôt ses éperons pendant que son écuyer plie le haubert pour l'emporter.

Guinglain monta sur son cheval et tous deux se mirent en route et chevauchèrent sans répit jusqu'à ce qu'un pèlerin leur ait indiqué le chemin le plus court pour le tournoi. Guinglain chevaucha ce jour-là en proie au chagrin

---

[1] v. 5434 Nous pensons qu'il ne s'agit pas d'un proverbe en dépit de l'emploi de l'indéfini et du présent intemporel ; cette affirmation ne présente aucun caractère gnomique, c'est une sentence générale d'une grande banalité. Robert affectionne les vérités générales.

Et tos dolans et coreciés
De ce que s'amie ot perdue ;
Ne set que ele est devenue.

Or cevaucent plains et boscages
Et landes et vals et rivages.   5450
Tant ont erré par les contrees
Et tant erré par lor jornees
Et tant lor droite voie tinrent
Qu'al Castiel des Puceles vinrent.
Quant il sont au Castiel venu,   5455
Tot s'en estoient ja issu
Li chevalier por tornoier.
Guinglains ne se vaut plus targier,
Ains s'en est aprés els alés,
Si a les chevaliers trovés   5460
Qui lor cauces de fer cauçoient
Et a coroies les laçoient.
Molt i ot grant chevalerie.
Yvains, li rois de Lindezie,
I fu bien a set vins escus,   5465
Hiaumes laciés, haubers vestus.
D'Escoce i fu rois Aguizans,
Qui s'armoit sos deus arbres grans ;
Set vins chevaliers ot o soi
Qui tot furent a son conroi.   5470
De Gohenet li rois Hoël,
Issus sor un ceval isnel ;
O soi avoit cent chevaliers
Molt bien armés sor les destriers.
Et li rois de Baradigan,   5475
Que on apiele Canaan,
Il fu armés en la canpaigne ;
Quatre vins ot en sa conpaigne.
Rois Ban de Gomoret i fu ;

le plus profond et le plus violent : il avait perdu son amie et ne savait ce qu'elle était devenue.

Ils chevauchèrent par les champs, les bois, les landes, les vallées et les grèves. Après avoir traversé bien des pays, cheminé par de longues étapes dans cette direction, ils finirent par arriver au château des Pucelles et quand ils arrivèrent à cette place forte, les chevaliers en étaient déjà tous sortis pour prendre part au tournoi.

Sans vouloir prendre aucun retard, Guinglain les suivit et rejoignit les chevaliers qui chaussaient leurs jambières de fer et en laçaient les courroies. Il y avait là la fleur de la chevalerie[1] : Yvain, roi de Lindezie avait amené au moins cent quarante hommes, heaumes en tête, hauberts déjà endossés. Anguisel, roi d'Ecosse s'armait à l'ombre de deux grands arbres, accompagné de cent quarante chevaliers, tous équipés par lui. On vit arriver le roi Hoel de Gohenet, monté sur un cheval rapide, en compagnie de cent chevaliers à cheval et bien armés. Et le roi Canaan de Bardigan était déjà dans la plaine, armé, en compagnie de quatre-vingts hommes.

Le roi Ban de Gomeret s'y trouvait aussi,

---

[1] vv. 5463sq Le tournoi de Valendon est un épisode particulièrement structuré. On distingue d'abord les partis en présence : les chevaliers placés sous l'autorité morale d'Anguisel, énumération qui s'achève sur le nom de l'organisateur, le Roux de Montescler (v. 5500) ; puis les indécis (dont Lancelot et le chevalier de Baladingan qui changera de camp, v. 5506 et 5645) ; après le vers 5534, le parti des Bretons, depuis le chef moral, Arthur jusqu'a l'organisateur, Tristan (v. 5589) en précisant que la plupart des chevaliers de la Table Ronde se trouvent dans ce parti. Du v. 5611 au v. 5665, combat entre les deux organisateurs et leurs équipes respectives ; puis arrivée de Guinglain qui abat Keu (cf. *Yvain,* v. 2257) et s'oppose ainsi aux Bretons. Du v. 5689 au v. 5710, les Bretons et leurs alliés irlandais prennent l'avantage. Mais Guinglain entre dans la mêlée (v. 5711) et fait reprendre l'avantage à l'autre parti (v. 5744-5745) ; le roi Hoel peut ainsi être dégagé.

Du vers 5767 au v. 5825, la situation se bloque, Guinglain, après deux combats singuliers, se trouve encerclé ; Geldras va le secourir mais il est attaqué par l'irlandais (du parti des Bretons) Guivret ; Amangon va secourir les Bretons et Ban les autres (dont Guinglain). Un roi de chacun des partis est abattu à terre et Guinglain a dû être dégagé (v. 5861). Ensuite récit des exploits de Guinglain (v. 5861 à 5891), puis, pour l'autre parti, de ceux de Lampart. A partir du vers 5902, on apprend que Arthur et Anguisel vont entrer à leur tour dans la bataille (Aguissans, v. 5917).

Suite de la note en page 327

Nuef vins en sont o soi issu. 5480
Li rois de la Roge Cité
Cent chevaliers ot amené.
Et Guivrés i refu, li rois,
Qui ot amenés les Irois.
Geldras, li rois de Dunelie, 5485
Cil vint o grant chevalerie ;
Quatre cens chevaliers amainne
Que il tenoit o soi demainne.
Li Lais Hardis de Cornouaille
Est venus au tornoi, sans faille ; 5490
Cent chevaliers amainne o soi,
N'i a celui n'ait bon conroi.
Kahadinst i estoit venus,
Qui de Lanprebois estoit dus.
Li Sors i fu de Montescler ; 5495
Son elme lace bel et cler,
Deseure ot une conissance ;
Acuitier i vint sa fiance :
Set cens chevaliers amena
Por ce que il le fiancha. 5500
S'i fu Percevals li Galois,
Uns chevaliers preus et cortois.
Li vallés de Baladingant
I fu armés molt richemant
Et voloit aler asanbler 5505
Contre le Sor de Montescler.
Et Lanselos dou Lac se rarme
En un onbrier dalés un carme.
Li dus Elias i refu,
Ki le poil ot entrekenu, 5510
Mais molt i ot bon chevalier
Et bien savoit un droit jugier.
Et cil de la Haute Montaingne

cent quatre-vingts hommes avec lui. Le roi de la Cité Rouge, avec cent chevaliers et le roi Guivret, accompagné de ses Irlandais. Geldras, roi de Dublin était venu avec quantité de chevaliers : quatre cents, tous ses vassaux. Le Laid Hardi de Cornouaille était aussi au tournoi, bien sûr, avec cent chevaliers, tous bien équipés. Kahadinst, duc de Lamprebois, était venu.

Le Roux de Montescler, qui attachait son beau heaume brillant, surmonté d'un emblème venait s'acquitter de sa promesse[1] et amenait sept cents chevaliers. Là était aussi Perceval le Gallois, un noble et courtois chevalier. Le chevalier de Baladingan y était, équipé de somptueuse façon ; il parlait de se battre contre le Roux de Montescler. De son côté, Lancelot du Lac s'armait, à l'ombre d'un charme. On y voyait aussi le duc Elias, excellent chevalier en dépit de ses cheveux déjà grisonnants : c'était un homme qui savait juger en toute équité. Et le seigneur de la Haute Montagne

---

Suite de la note 1 de la p. 325.

Arthur commence par l'emporter (v. 5967) mais Anguisel rétablit la situation (v. 5984). Après une mêlée générale, Gauvain se distingue dans le parti des Bretons, mais Guinglain vainc tout le monde. La nuit tombe et Anguisel va chercher son "champion » pour l'inviter à passer la nuit au château des Pucelles. On peut remarquer que, comme Lancelot et Yvain, Guinglain combat contre le parti du roi Arthur ; il se trouve ainsi être l'adversaire de Lampart et de son père Gauvain. (I.W)

Sur le rôle de ce tournoi dans l'économie du récit, voir Toury (1998a) qui remarque que, comme dans la première partie, Guinglain livre dans cette joute douze combats.

[1] v. 5498 *acuitier i vint sa fiance* : se reporter à la note du vers 5305. Le Roux de Montescler a *fiancé* le tournoi, c'est-à-dire promis d'y participer à la tête d'un parti dont il est l'organisateur.

I refu, a molt grant conpaigne.
De Truerem li quens i fu,   5515
Armés sor un ceval kernu ;
Miudres ne fu onques a dire,
De l'Ille Noires estoit sire.
Grahelens de Fine Posterne
Se rarmoit dalés un ierne,   5520
Les lui ses freres Guingamuer,
Ki s'entramerent de bon cuer.
Et Raidurains i fu armés
En cui avoit molt de bontés.
Tos armés i refu Yder   5525
Sor un ceval covert de fer ;
Gandelus fu ensanble lui :
Bon chevalier furent andui.
De Gorhout i refu Gormans
Et de Lis i fu Melians.   5530
D'uns et d'autres tant i avoit
Que nus le nonbre n'en savoit ;
Molt bel estoit cele conpaingne.
De l'autre part, devers Bretaingne,
Estoit Artus et si baron,   5535
Qui estoit devers Valendon.
Molt ravoit devers lui grans gens,
A ensaigne en ot bien vint cens.
De la refu Gaudins, li rois
D'Illande, qui molt fu cortois,   5540
Et avoit en sa conpaignie
Cinc cens chevaliers de mainnie.
S'i fu rois Mars de Cornouaille,
Et avoit bien en sa bataille
Set cens chevaliers desfensables,   5545
Molt biaus de cors et honnerables.
Li rois Amangons i estoit,

était aussi là avec une belle équipe ; le comte de Truerem, seigneur de l'Ile Noire se tenait armé sur un cheval dont la crinière flottait au vent – on n'aurait pu trouver son pareil. Graislemiers de Fine Poterne s'armait près d'un buisson, non loin de son frère Guingamor – ils s'aimaient de tout leur cœur. Randuras, aux qualités innombrables, était déjà armé, ainsi que Yder, sur un cheval bardé de fer et Gandelus : tous deux étaient bons chevaliers. Enfin, il y avait là Gornemant de Gohort et Melian de Lis : leurs chevaliers étaient si nombreux qu'on ne pouvait les compter. C'était une splendide équipe.

Dans le parti adverse, chez les Bretons, Arthur et ses hauts seigneurs étaient installés du côté de Valedon. Les compagnons d'Arthur étaient aussi fort nombreux, on en comptait bien deux mille : le noble roi Gaudin d'Irlande[1], avec une équipe de cinq cents chevaliers de sa maison, le roi Marc de Cornouaille, avec, dans son équipe, sept cents chevaliers de grande valeur, beaux et bons combattants, le roi Amangon

---

[1] v. 5539 *Gaudins* : *Baudin* et *Condrin* semblent être des variantes de ce nom.

Qui aveuc lui mile en avoit.
Et des Illes li rois Bruians
Seur destriers sors, bais et bauçans,   5550
O cinc cens chevaliers armés
Que ja millors ne demandés ;
Hardis estoit come lupars,
Mais molt ert de donner escars.
Et s'i refu li rois Ydés,   5555
Qui donnoit a trestols adés :
Il fu de pouvre acointement,
Mais large fu a tote gent ;
Uit vins en ot a sa baniere,
N'i a celui qui bien ne fiere.   5560
La roïne Blonde Esmeree
En i ot cent de sa contree
Qu'ele ot amenés el païs,
Ses ot a cel tornoi tramis ;
A Lanpart les avoit carciés ,   5565
Ses ot de bien faire proiés.
Gavains i fu li niés Artu ;
Miudres de lui ne fu veü.
Et s'i estoit li rois Mordrés
Et uns suens freres Segurés,   5570
Et Gunes nés d'Oïrecestre
Estoit dalés Gavain a destre.
Et li riches dus de Norgales
I fu et Erec d'Estregales.
Et Bedüer de Normendie   5575
I fu o biele conpaignie.
Flores i ravoit des François,
Uns rices dus, soisante et trois.
De Nantes i refu Hoël,
Qui s'armoit dejoste un ruissel.   5580
Armés se restoit Careheuls

et mille chevaliers avec lui et le roi Bruians des Iles, avec, sur chevaux fauves, bais et pie, cinq cents chevaliers – n'en cherchez pas de meilleurs ! Il était hardi comme un léopard, mais d'une grande avarice, tandis que le roi Yder, qui donnait sans compter, ne brillait pas par l'élégance de son équipement, mais était généreux avec tous ; il avait sous sa bannière cent soixante hommes, tous capables de porter des coups redoutables. La reine Blonde Esmerée en avait là cinq cents qu'elle avait amenés de son pays ; elle les avait menés à ce tournoi et confiés à Lampart, après leur avoir recommandé de se distinguer au combat. On voyait aussi là Gauvain, le neveu du roi Arthur – le meilleur chevalier du monde -, le roi Mordrès et Segurès, l'un de ses frères ; Gunes, né de Cirestre[1] se tenait à la droite de Gauvain ; le puissant duc de Norgalles, Erec d'Estregalles étaient là aussi, ainsi que Bedoier de Normandie, avec une belle équipe et Flores, un puissant duc, avec soixante-trois Français. Hoel de Nantes était aussi en train de revêtir son armure près du ruisseau, tandis que Guerrehés,

---

[1] v. 5571 *Gunes nés d'Oïrecestre* le manuscrit donne la leçon *niés :* forme dialectale (ou erreur) pour *nes ;* nous suivons la correction suggérée par Brugger, *ZFSL,* 49 (1927), p. 226, n. 58 (cité par West).

Et Tors, li fius le roi Arels.
Tristrans se restoit ja armés
Et de bien faire ert aprestés ;
Le tornoi avoit fianchie,   5585
Et portoit le mance s'amie :
Yseuls la biele l'ot tramisse,
Deseur son hauberc l'avoit misse.
Por asanbler el ceval monte
Et li autre, dont ne sai conte.   5590
De la Ronde Table li plus
Estoit aveuc le roi Artus.
Quant armé furent li baron
En la plaingne sous Valenton,
La veïssiés tant elme cler,   5595
Et tante ensaingne venteler,
Et tans destriers bauchant et bai,

. . . .
Et tans escus reflanbloier,
Et tante guinple desploier,   5600
Sor elmes tantes conissances,
Tant blanc hauberc et tantes lances
Paintes a or et a ason,
Fremir tant vermel siglaton
Et tant pingnon et tante mance,   5605
Et çainte tant espee blance,
Et tant bon chevalier de pris,
Tant roi, tant conte, tant marcis ;
Ja mais tels jens n'iert asanblee.
Li jors fu bials par la contree,   5610
Et la place fu grans et lee.
A tant e vos par la valee
Venir le Sor de Montescler ;
A Tristran venoit asanbler.
O lui avoit vint chevaliers ;   5615

Tor, le fils du roi Arés et Tristan étaient déjà armés. Tristan était prêt à se battre, il avait organisé ce tournoi et, sur son haubert, il portait la manche que sa bien aimée, Yseult la belle, lui avait envoyée. Il se mit à cheval pour charger, suivi de la foule innombrable des autres. La plupart des compagnons de la Table Ronde étaient restés près du roi Arthur. Une fois les seigneurs revêtus de leur armure dans la plaine de Valedon, vous pouvez imaginer le spectacle de tous ces heaumes brillants, ces bannières claquant au vent, ces chevaux bais ou pommelés, [...][1] ces boucliers resplendissants, ces banderoles déployées, ces emblèmes sur les heaumes, ces blancs haubers, ces lances peintes d'or et d'azur, ces cottes de soie rouge frémissant dans le vent, les pennons, les manches [des belles fixées aux heaumes], les blanches épées. Voyez-les, tous ces chevaliers de valeur, tous ces rois, tous ces comtes, tous ces marquis : jamais autant de gens de cette qualité n'avaient été réunis ! Il faisait un temps magnifique, le champ du tournoi était de belles dimensions.

Soudain, le Roux de Montescler lança[2], du fond de la vallée, suivi de vingt chevaliers, l'assaut contre Tristan :

---

[1] v. 5598 vers considéré, sans certitude, comme manquant sans indication de lacune par P.W. : séquence de trois vers sur la même rime.

[2] vv. 5613-5614 : Rappelons que le Roux de Montescler et Tristan sont les deux organisateurs du tournoi, les deux « chefs d'équipe ».

Por joster venoit tos premiers.
A tant es vos Tristran u vint,
L'escu au col, la lance tint ;
Sa route grans aprés venoit.
Quant li uns l'autre venir voit,   5620
Si traient avant les escus,
Qu'il avoient au col pendus,
Et poingnent les chevals andui.
Tristrans le fiert, et il sor lui
De la lance par tel angoisse   5625
Que sor Tristran sa lance froisse.
Et Tristrans le ra si feru
Deseur la boucle de l'escu
Que, tant con la hanste li dure,
L'abati a la terre dure ;   5630
Le ceval prent delés se jent.
A tant la route au Sor se prent
Trestout ensanble a le rescosse ;
Sor lui cascuns sa lance estrousse.
Cil se tient bien qu'il ne caï,   5635
Mais le destrier lor a gerpi.
Por Tristran rescorre et aidier
Repoingnent tuit li chevalier
Sor cels au Sor de Montescler ;
La veïssiés maint cop donner,   5640
Ferir de lances et d'espees.
Quant les routes sont asanblees,
Molt le fist bien et belement
Li vallés de Baladingant :
Le Sor rescoust par sa poissance ;   5645
Tant i feri cols de sa lance
Que molt en abati le jor.
Molt le faissoit bien en l'estor,
Quant sor lui vient li rois Idés,

c'était le premier à attaquer. Tristan s'élança, lui aussi, bouclier au cou, lance au poing, suivi d'une troupe nombreuse. Quand les deux combattants furent proches, ils mirent en position les boucliers pendus à leur cous et éperonnèrent leurs chevaux. Ils se frappèrent : le coup du Roux de Montescler eut tant de violence que sa lance se brisa sur Tristan. Quand au coup de Tristan, il porta sur la bosse au milieu du bouclier si bien que, sa lance ayant résisté, il abattit son rival à terre et s'empara de son cheval pour le remettre à ses gens. Alors, toute l'équipe du Roux se lança à la rescousse, la lance en arrêt. Tristan tint bon, ne tomba pas mais perdit le cheval.

Pour secourir Tristan, tous les chevaliers s'élancèrent sur ceux du Roux de Montescler. Il fallait voir tous ces coups échangés, coups de lance aussi bien que coups d'épée. Pendant la mêlée des deux équipes qui s'ensuivit, le chevalier de Baladingan fit un exploit : il se lança de toutes ses forces au secours du Roux, donnant tant de coups de lance qu'il abattit une multitude de chevaliers ce jour-là. Il chargeait magnifiquement, quand le roi Yder

Et si conpaingnon a eslais.   5650
Li valés se va desfendant,
Et cil le viegnent atangnant
En contreval une praiele.
La ot widie mainte sele
Et maint chevalier abatu.   5655
Por poi que n'orent retenu
Le vallet de Baladingant,
Quant le reçut Brus de Bralant ;
Set vins chevaliers ot o soi.
Il point as gens Yder le roi ;   5660
Cil relaissent cevaus aler,
Durement les vont encontrer.
La ot tant gonfanon brissié
Et tant chevalier trebuchié
Et tant cheval i ot perdu.   5665
A tant es vos Guinglain venu,
Qui ariere s'estoit armés.
Quant il ot les rens regardés,
Si laisse corre le ceval
Et fiert si Keu le senescal,   5670
Qui venus estoit asanbler,
L'escu li fist au braç hurter
Et les estriers li fist laissier
Si qu'envers l'abat del destrier.
Vers le roi Ider point avant,   5675
Si le fert sor l'escu devant
De la lance, par tel devisse,
L'escu perce, la lance brisse.
En sa main retint le tronçon
Et vait ferir tot a bandon   5680
Del tros de lance qu'il tenoit,
La u la grinnor presse voit,
Sor tel elme par tel aïr

et ses compagnons se jetèrent sur lui au galop. Le jeune homme acculé dans le bas d'une prairie soutint leur attaque. Que de selles vidées ! Que de chevaliers abattus à terre ! Il s'en fallut de peu qu'ils ne fissent prisonnier le chevalier de Baladingan mais il trouva un refuge auprès de Brun de Branlant et des cent quarante chevaliers qui le suivaient. Brun se précipita au galop sur les gens du roi Yder qui firent de même de leur côté. Le choc est d'une extrême violence : que de gonfanons brisés, que de chevaliers à terre, que de chevaux perdus pour leurs cavaliers[1] !

Mais voici venir Guinglain qui était resté en arrière pour s'équiper. Le temps de jeter un coup d'œil sur les deux rangs de chevaliers, il lance son cheval pour frapper Keu le sénéchal qui s'était porté à sa rencontre ; de son bouclier, il lui heurte le bras, l'oblige à vider les étriers et le fait tomber du cheval à la renverse. Puis il galope vers le roi Yder et le frappe d'un coup de lance droit dans le bouclier : voici qu'il transperce le bouclier et qu'il brise sa propre lance. Mais il garde le tronçon bien en main pour distribuer des coups, là où la mêlée est la plus épaisse, sur tous les heaumes qui se présentent,

---

[1] vv. 5655-5665 La récupération des chevaux perdus est une des activités lucratives du tournoi. « Au tournoi, on ne jouait pas que pour l'honneur. Les chevaliers venaient là, comme à la guerre, pour ravir des armes, des harnais, des destriers, pour ravir des hommes. Aux avantages assurés, à la solde, aux gages que leur allouait le chef de leur équipe, ils rêvaient d'ajouter un supplément, leur part de butin. Les grands prédateurs se recrutaient parmi les 'bacheliers' : aux seigneurs, aux hommes établis, une telle convoitise paraissait moins convenable. » G. Duby, *Guillaume le Maréchal*, Paris, Fayard, 1984 (p. 124). Voir aussi vv. 5865-5870.

Si que le renc fait tot fremir.
Sovent guencist, point et desroie,   5685
Quel part qu'il voist faissoit bien voie.
Molt par estoit grans li tornois,
De dus, de contes et de rois.
Li rois Mars point et sa bataille,
Qui sire estoit de Cornouaille.   5690
Contre lui point li rois Hoël
Et cent chevalier a isnel.
Li un vont les autres ferir,
La presse fissent departir ;
Escus fendent, hiaumes esclicent,   5695
Escus esfondent et deslicent.
Li rois Bruians vint au tornoi
Et fist apoindre son conroi ;
Et li bons rois Condrins d'Illande
Ses chevaliers poindre comande.   5700
Bruians point desous devers destre,
Et li rois Baudins vers senestre ;
Le tornoi ont andui forclos,
Le roi Hoël i ont enclos
Et abatu de son destrier.   5705
Illuec ot pris maint chevalier,
Maint cop receü et donné.
Par mi les plains et par le pré
Les encaucent tos desconfis ;
Molt i fu grans li capleïs.   5710
Quant Guinglains torna et guencist,
Le cheval point, l'anste brandist ;
Fiert le roi Gaudi en l'escu,
Trestout li a frait et fendu.
A tant li rois Bruians dessere,   5715
Li cevals met les piés a terre
Vers Guinglain et Guinglains vers lui,

avec une telle violence qu'il en ébranle toute la rangée. Il passe son temps à obliquer, à galoper sur son objectif en se détachant des autres combattants ; où qu'il aille, il ouvre le passage.

C'était un tournoi d'importance, nombreux y étaient les ducs, les comtes et les rois. Marc, le roi de Cornouailles, en tête de ses hommes, et le roi Hoel, suivi de cent chevaliers, s'élancèrent à toute allure l'un sur l'autre ; pour exécuter leur attaque, ils fendirent la foule qui les séparait ; ils défonçaient les boucliers et faisaient voler les heaumes en éclats. Le roi Bruians rejoignit le tournoi en lançant au galop son corps de chevaliers, attaque qui se produisit simultanément avec celle que menèrent les hommes commandés par Gaudin, le noble roi d'Irlande. Bruians remonta au galop vers la droite et Gaudin se dirigea vers la gauche ; à eux deux ils prirent en tenaille les autres combattants du tournoi, ils encerclèrent le roi Hoel et le jetèrent à bas de son cheval. C'est là que fut pris maint chevalier, que maint coup fut donné et que maint coup fut reçu. On poursuivait les adversaires en déroute dans les champs et les prés et on causait de grands ravages.

Mais voici que survint Guinglain qui avait tourné bride et obliqué, le cheval lancé à toute vitesse, la lance pointée en avant, pour frapper le roi Gaudin sur son bouclier qu'il fendit en deux. Alors le roi Bruians lança son cheval ventre à terre[1] à la rencontre de Guinglain qui en fit de même ;

---

[1] v. 5716 *Li cevals met les piés a terre* : expression curieuse, mais bien repérée, qui apparaît plutôt sous la forme *ferir des piés/du pié à terre*, mais *mettre* se rencontre aussi. G Tilander, Lexique du *Roman de Renart*, Paris, Champion, 1971 cite : *Des quatre piez fiert* (*vient* BH) *à la terre* I 2549 ; *Des quatre piez fiert el* (*a mis au* CM) *soil* ; *Les grans sauz mist le pie au soil* (L) *Atant feri son pié au seul* Renart contrefait, ms. L (I.W.)

Si s'entreviennent anbedui.
Lances orent roides et fors,
Si se fierent par tels esfors   5720
Desor les boucles des escus,
Desque sor les haubers menus
En fist cascuns passer le fer ;
Mais molt sont rice li hauber,
Que maille n'en fausse ne ront ;   5725
Des lances volent contre mont
Les esclices et li tronçon.
Molt bien se tienent li baron
Qu'il ne s'entrabatirent mie.
Guinglains tint l'espee forbie ;   5730
Des esperons fiert le ceval.
En son puic tint le branc roial,
Et fiert Mordet sor l'elme cler
Si que tot le fist estonner.
Sor le col del destrier le plaisse,   5735
Autre refiert, et celui laisse,
De l'espee par sous l'escu
Que tot li a frait et fendu.
Molt durement se desfendoit
De l'espee que il tenoit.   5740
En la presse se met souvent,
Si bien le fait, si se desfent,
Et tant i fiert cols demanois
Que tos recovre li tornois.
Tuit recouvrent cil devers lui   5745
En un biau plain au pié d'un pui.
La ot feru de grans colees
De roides lances et d'espees ;
Molt par estoit li caples grans.
Bien le faisoit li rois Bruians,   5750
Qui devers les Bretons estoit ;

de leurs puissantes lances, ils se frappèrent avec une telle violence sur les boucles des écus que chacun en fit passer le fer jusqu'aux haubrts aux mailles serrées ; mais ils sont de si bonne qualité qu'ils ne se faussèrent ni ne se rompirent et les tronçons de lance volèrent en éclats dans les airs. Pourtant les deux nobles chevaliers tinrent bon, aucun ne parvint à faire perdre l'équilibre à l'autre. Guinglain, brandissant son glaive royal qui étincelle, donna des éperons pour aller frapper Mordrés sur son heaume clair d'un coup qui le laissa tout étourdi ; il le fit basculer sur l'encolure du cheval et l'abandonna pour porter à un autre un coup qui lui fendit le bouclier de bas en haut. Avec son épée pour se protéger, il ne cessait de se plonger en pleine mêlée ; il se montrait un si habile combattant, sa garde était si serrée, il donnait de tels coups qu'il arrivait à rallier les gens du tournoi et à les faire revenir à la charge, dans une belle plaine au pied d'un coteau ; là furent donnés de bons coups des puissantes lances tandis que le combat à l'épée redoublait de violence.

Dans le parti des Bretons, le roi Bruians se montrait un habile combattant ;

Le roi Hoël tot pris avoit,
Quant point li rois Cadoalens,
O lui de chevaliers trois cens ;
Les lui li rois de Lindesie,   5755
Qui molt ravoit grant conpaignie ;
Andoi sont au tornoi venu,
Par mi les rens se sont feru.
La ot maint escu estroué
Et maint chevalier aterré,   5760
Tant gaïgnié et tant perdu,
Tant cop donné, tant receü,
Et tante lance peçoïe,
Et tant de siele i ot widie ;
Tant fierent d'antes et de tros   5765
Que le roi Hoël ont rescos.
Les un rocier en uns biaus prés
Estoit li tornois arestés ;
Iluec ot mainte joste faite,
Maint cop feru d'espee traite.   5770
Entre deus rens Guinglains estoit,
L'escu au col, l'anste tenoit,
Et sist deseur un vair destrier
Qu'ot gaïgnié d'un chevalier ;
A joste l'avoit abatu.   5775
Vers le cief dou rent a veü
Erec, un molt bon chevalier,
Sor un cheval fort et legier :
Por joster avoit l'escu pris
Et le lance sor fautre mis.   5780
Guinglains encontre lui s'adrece,
L'ante brandist, l'escu enbrece.
Des esperons au cheval donne ;
Li uns envers l'autre esperonne,
Molt tres durement se requierent.   5785

il venait de faire prisonnier le roi Hoel quand il fut attaqué par le roi Cadoalant à la tête de trois cents chevaliers : à ses côtés se trouvait le roi de Lindesie qui avait aussi une belle équipe ; dès leur arrivée, ils se sont tous deux lancés au milieu des rangs. Que de boucliers transpercés, que de chevaliers jetés à terre, que de gains et de pertes, que de coups donnés et reçus, que de lances brisées et que de selles vidées ! Ils ont donné de tels coups avec les hampes et les tronçons des lances qu'ils ont pu dégager le roi Hoel.

C'était près d'un rocher, dans une belle prairie, que les combattants s'étaient maintenant massés ; là eurent lieu maints combats à la lance et on retira mainte épée des fourreaux pour en donner maint coup. Guinglain se trouvait entre deux rangées de chevaliers, le bouclier suspendu au cou, la lance en l'air, monté sur un cheval pommelé qu'il avait gagné en abattant un chevalier d'un coup de lance. Il a aperçu en tête de la rangée, Erec, un valeureux chevalier monté sur un cheval agile et puissant, le bouclier déjà en place et la lance prête à la charge. Guinglain tout en se dirigeant droit sur lui, brandit sa lance à l'horizontale, passe son bras dans les courroies du bouclier, éperonne son cheval ; les deux attaquants se lancent au galop l'un vers l'autre avec impétuosité

Par si grant vertu s'entrefierent
Que li escu percent et croissent
Et les lances brissent et froissent.
Ensanble hurtent li ceval ;
Molt bien se tinrent li vasal   5790
Que l'uns ne l'autres ne balance.
A tant Guinglains prist une lance
Que Robers li ot aportee.
Sa regne a autre part tornee,
Quant le roi Cadoc poindre voit,   5795
Qui devers les Bretons estoit ;
Set vins chevaliers ot a soi
Qui tot poingnent a son conroi.
Au renc venoient por ferir.
Et quant Guinglains les vit venir,   5800
Si lor laisse cevals aler,
Tos les vait ensanble encontrer ;
Si a Cadoc premiers feru
Qu'a devant les autres veü.
Feru l'a par si grant puissance,   5805
Droit en mi le pis, de la lance
Que nule riens nel pot tenir
Qu'a terre nel fesist venir.
Mais les gens Cadoc poingnent lors
Tot sor Guinglain a grant esfors,   5810
Molt durement le vont ferir,
Et, ains qu'il se peüst guencir,
L'orent de maintes pars feru,
Qui sor elme, qui sor escu,
U sor hauberc, u sor destrier.   5815
Guinglains traist l'espee d'acier,
Si se desfent come lupars ;
Cil li furent de totes pars
Qui molt se painnent de lui prendre.

pour se frapper avec une telle force qu'ils disloquent et transpercent les boucliers et qu'ils rompent et fracassent les lances ; les deux chevaux se heurtent mais aucun des deux valeureux chevaliers ne perd l'équilibre ni ne parvient à ébranler son adversaire.

Guinglain, après s'être emparé d'une lance que Robert venait de lui apporter, avait juste tourné bride quand il vit surgir au galop le roi Cadoc, du parti des Bretons, en tête de cent quarante chevaliers galopant derrière lui ; ils venaient attaquer le rang adverse. Mais quand Guinglain les vit venir, il lâcha la bride pour les charger tous à la fois ; il commença par frapper celui qui se présentait le premier, Cadoc ; il l'atteignit en pleine poitrine d'un coup de lance si puissant que rien n'aurait pu le retenir dans sa chute. Mais les gens de Cadoc se précipitèrent tous en masse sur Guinglain pour le frapper avec violence ; avant qu'il ait pu leur échapper, ils le frappèrent de tous les côtés à la fois, qui sur le heaume, qui sur le bouclier, qui sur le haubert, qui sur le destrier. Guinglain tira son épée d'acier et se défendit comme un léopard contre les autres, qui l'encerclaient en s'efforçant par tous les moyens de s'emparer de lui.

Lors veïssiés home desfendre   5820
Et ferir grans cols de l'espee.
Qui il consiut fiert tel colee
Que puis n'ot talent de retor
Ariere en cel liu en estor.
Guinglains fu forclos en la presse,   5825
A tant li rois Geldras s'eslesse
Et la route qu'avuec lui erre ;
Uit vins furent a sa baniere.
Les lui repoint uns rices rois,
Guivrés, li sires des Irois,   5830
Cent chevaliers ot de grant los.
La u Guinglains estoit forclos
Poingnent ensanble li doi roi
Et lor chevalier a desroi
Durement vienent por ferir.   5835
Rois Amangons les vit venir,
Si fu devers cels de Bretaingne,
Cent chevaliers en sa conpaingne ;
Rois Bans de Gomorret ausi,
Il et tuit si home autresi,   5840
Cent chevaliers avoit et plus,
Cascuns s'est en l'estor ferus.
Cil doi roi pongnent contre cels ;
Molt fu cil encontres cruels,
De fors lances se vont ferir.   5845
La oïssiés escus croissir
Et seur chevals gens enforcier
Et tant chevalier trebucier.
La fu abatus Amangons
Et asés de ses conpaignons.   5850
Geldras li rois abatus ere
Tos envers en une jonciere.
Illueques poingnent tuit ensanble,

Mais il faut voir cet homme de cœur se défendre ! Quels grands coups d'épée ne distribue-t-il pas ! Quant à celui qui se met à sa portée, Guinglain le frappe de façon à lui faire passer l'envie de revenir prendre part au combat.

Guinglain était immobilisé au milieu des assaillants, quand arriva bride abattue, le roi Geldras en tête de son équipe – cent quarante chevaliers qui suivaient sa bannière. A son côté galopait Guivret, le puissant roi des Irlandais qui commandait cent chevaliers fort renommés. Les deux rois galopèrent en direction de l'endroit où ils voyaient Guinglain immobilisé, suivis de la troupe impétueuse de leurs chevaliers prêts à passer à l'attaque. Le roi Amangon – du parti de ceux de Grande-Bretagne – en tête de cent chevaliers, les vit venir ainsi que le roi Ban de Gomeret et tous les hommes qui le suivaient – plus de cent chevaliers. Chacun se jeta dans la bataille, ces deux derniers rois attaquant les autres. La rencontre fut vraiment terrible lors du choc des puissantes lances. Imaginez les boucliers qui éclatent, les gens faits prisonniers sur leurs chevaux, les chevaliers jetés à terre ! C'est là que fut abattu Amangon ainsi qu'un bon nombre de ses compagnons et que le roi Geldras fut jeté à la renverse dans une jonchère. Tout le monde se précipite là,

Tos li tornois sor els s'asanble.
Molt s'esforçoient de tos sens.   5855
Iluecques fu li caples grans,
Fierent de tronçons et d'espees.
La veïssiés tantes mellees,
Por le gaaig, por les prissons,
Et por les bons destriers gascons.   5860
Guinglans point souvent par le plaigne
Et sist sor un ceval d'Espaingne ;
Souvent le point des esperons,
Et souvent guencist as Bretons.
Chevaliers prent, cevals gaaigne,   5865
Mais molt petit mener les daigne :
Quant il trove qui li requiere,
Si le donne sans grant proiere.
Quanques il gaaigne as Bretons
Donne as croisiés et as prisons.   5870
Plus le criement li chevalier
Qu'estornel ne font esprevier.
Erec molt bien le refaisoit,
Et Guinglains lors venus estoit.
Entre deus rens point et desroie,   5875
S'a encontré en mi sa voie
Le rice conte Galoain.
A son ceval lasque le frain,
Si le fiert si de grant ravine
En l'escu, deseur la potrine,   5880
Que tot l'escu li perce et brisse,
Si que del bon ceval de Frisse
Le trebucha ens el sablon.
Puis point vers un autre a bandon
Si le fiert si sor le mamiele,   5885
Nel pot tenir potrals ne siele
Que ne l'abatist del destrier ;

tout le tournoi se jette sur eux en une masse compacte qui se renforçait de tous côtés ! On livra là une rude bataille à coups d'épées et de tronçons de lance. Imaginez tous ces combats pour gagner du butin, pour faire des prisonniers et pour s'emparer des bons destriers gascons ! Guinglain, monté sur un cheval d'Espagne, ne cessait de donner de l'éperon à travers la plaine et d'obliquer vers les Bretons pour capturer des chevaliers et gagner des chevaux ; mais il ne se préoccupait absolument pas de les emmener à l'abri et il suffisait que quelqu'un les lui demandât pour qu'il les lui cédât sans vraiment se faire prier. Tout ce qu'il gagnait sur les Bretons, il le donnait pour les croisés et pour les prisonniers. Les chevaliers le craignaient plus que les étourneaux l'épervier.

De son côté Erec se montrait un jouteur accompli. Guinglain s'était alors approché au grand galop, tout seul entre deux rangs, mais il rencontra sur son chemin le puissant comte Galoain ; il lâcha le mors à son cheval et frappa le comte sur son bouclier à la hauteur de la poitrine[1] avec une telle violence qu'il le lui transperça et le lui brisa en morceaux et qu'il fit tomber le malheureux, de son bon cheval frison en plein dans le sable.

Il se précipita alors sur un autre, à toute allure, pour le frapper au-dessus de la mamelle si fort que ni harnais ni selle ne purent l'empêcher de tomber de cheval ;

---

[1] v. 5880 *potrine* pour *poitrine* : voir la note du vers 479

De l'anste volent li quartier.
Puis a mis le main a l'espee.
Le ceval point par mi la pree,   5890
Les rens cercoit de totes pars.
Molt bien le refaisoit Lanpars,
Souvent poignoit par le tornoi
A cent chevaliers qu'ot o soi
Des chevaliers Blonde Esmeree ;   5895
Li biens faires molt lor agree.
Lanpars bien les caele et guie,
Bien fust mis en lui grans baillie.
Sa roite molt bien le faissoit,
Et il adiés primes feroit   5900
Et au retort venoit deriere ;
Molt le font bien de grant maniere.
Encor n'estoit Artus venus
Ne au tornoiement veüs ;
Ariere estoit li riches rois,   5905
Trestos armés et ses conrois.
Tos les soufri a asanbler
Ançois qu'il i vausist aler.
Quatre cens chevaliers armés,
Que ja millors ne demandés,   5910
Avoit Artus a sa baniere :
Li plus mauvais molt vaillans ere.
A lui vint uns vallés poingnant
Qui venoit del tornoiemant.
Icil li a dit et conté   5915
Que tot estoient asanblé
Fors que sol Aguissans li rois,
Qui molt ert sages et cortois,
Mais tot li autre sont venu.
« Un chevalier i ai veü   5920
Que i porte un escu d'azon,

les morceaux de lance volaient dans les airs. Guinglain porta alors la main à son épée, lança le cheval à travers la prairie et galopa entre les deux rangs[1] en lançant un défi général.

Quant à Lampart, il se montrait également un jouteur accompli, ainsi que les cent chevaliers que lui avait confiés Blonde Esmerée et qu'il menait au combat avec habileté ; c'est avec raison qu'on lui avait confié cette responsabilité. Son équipe montrait une grande bravoure, Lampart attaquait le premier en tête et passait derrière lorsqu'on tournait bride [pour prendre du champ][2] ; ces gens-là se distinguaient de façon tout à fait remarquable.

Arthur n'était pas encore arrivé, personne ne l'avait encore vu au tournoi ; le puissant roi était resté en arrière, tout équipé, avec ses troupes : il avait laissé tous les autres prendre part au tournoi avant de se décider à venir y participer avec ceux qu'il avait sous sa bannière, quatre cents chevaliers en armes – inutile d'en chercher de meilleurs car même le moins fort d'entre eux est encore un homme de grande valeur !

Un jeune homme venu du tournoi au galop se présenta alors pour lui annoncer que tout le monde était entré dans la bataille, à l'exception du seul Anguisel, un roi plein de sagesse et de courtoisie ; mais tous les autres étaient déjà engagés. « J'ai vu un chevalier qui porte un bouclier d'azur

---

[1] v. 5891 *cerchier les rens* : galoper entre les deux rangs en lançant un défi.

[2] v. 5901 *au retort* : nous comprenons *au retort* comme le moment où les combattants tournent bride pour pouvoir ensuite repartir à l'attaque. Lampart se trouve ainsi toujours en tête pour attaquer.

U d'ermine a un blanc lion :
Icil le fait si durement
Que tot vaint le tornoiemant.
Nus ne veut poindre cele part   5925
Ne le creme plus c'un lupart. »
Li rois pense que Guinglains soit,
Por ce que tels armes avoit
Quant il vint a la cort premiers
Et por ce qu'ert bons chevaliers.   5930
Il pense voir : ço estoit il
Qui ot esté en maint peril.
Artus n'i vaut plus demorer,
Des or veut au tornoi aler.
Lor veïssiés çaingler cevals,   5935
Elmes lacier, fermer poitrals,
Çaindre espees et lances prendre.
. . . .
Quant il furent bien acesmé,
Es cevals montent tuit armé,   5940
Puis s'en vont seré et rengié
Tant que les rens ont aprocié.
Lors point li rois par grant vertu
La u li graindres estors fu,
Et ensanble lui vait li route.   5945
Dis corneors ot en sa rote,
Buissines portent et grans cors
Que il sonnent par grans esfors.
Quant li rois vint, cho fu avis
Que tos en tranblast li païs.   5950
Li rois point, si a encontré
Le roi de le Roge Cité,
Si le fiert si en l'escu haut
Qu'estriers ne sele ne li vaut
Que del destrier ne l'abatist ;   5955

à lion d'hermine : celui-là se comporte avec une telle vaillance qu'il remporte la victoire sur l'ensemble du tournoi. Personne ne se risque à lancer une attaque de son côté sans le redouter bien plus qu'un léopard. » Le roi se dit qu'il devait s'agir de Guinglain parce qu'il avait des armes semblables lors de son premier passage à la cour et parce qu'il était un excellent chevalier. Le roi ne se trompait pas : c'était bien Guinglain, qui venait de courir maints dangers. Arthur ne voulut plus attendre davantage, il décida de s'engager sans tarder dans le tournoi. Il fallait les voir sangler les chevaux, attacher solidement les harnais de poitrine, lacer les heaumes, nouer les baudriers des épées et brandir les lances [...][1].

Quand ils furent bien équipés, ils montèrent en armes sur les chevaux et avancèrent en bon ordre pour se rapprocher des deux rangées de combattants. Alors le roi suivi de son équipe chargea au grand galop droit vers le lieu où la lutte était la plus acharnée. Il comptait dans sa troupe dix sonneurs qui soufflaient à pleins poumons dans les trompettes et les grand cors dont ils étaient chargés. L'arrivée du roi donna l'impression que la terre tremblait dans toute la région.

Arthur lança une attaque contre le roi de la Cité Rouge et le frappa à bonne hauteur sur le bouclier, si fort que ni étriers ni selle ne purent l'empêcher de l'abattre du destrier ;

---

[1] v. 5938 lacune non indiquée, mais attestée par la rime.

Sa lance fraist, outre se mist.
Si rencontrent si conpaignon :
Cent en abatent el sablon.
La veïssiés hardis Bretons,
Et gaïngnier destriers gascons,   5960
De tant chevaliers les fois prendre,
Lances baissier et escus fendre,
Et tant poindre et tant guencir,
D'espees si grans cols ferir.
Les gens Artu si bien le font   5965
Que cels de la desconfis ont.
Tos fu desconfis li tornois ;
Artus les chace, li bons rois :
Pris estoit qui voloit torner,
N'i avoit riens de recouvrer,   5970
Quant li rois Aguissans d'Escoce
Point a l'issue d'une broche
A set vins chevaliers molt pros ;
Les regnes prendent par lé nous.
Aguissans point, baisse la lance,   5975
Et fiert Floire, le duc de France,
En mi le pis, par tel aïr
Que del destrier le fist partir.
Si conpaignon ront tuit feru
Qui maint en iront abatu.   5980
Aguissans ne fine ne cesse,
Todis fiert en la grinor presse.
Il et li suen si bien le font
Que le tornoi recouvré ont :
Par anguisse recouvrent tuit.   5985
Sos cels qui kaient, a grant bruit
Sonnent flahutes et buissines ;
Chevalier fierent sor poitrines
Et sor escus et sor haubers,

sa lance se brisa mais il continua sur sa lancée, tandis que ses compagnons dans leur charge en abattirent cent autres sur le sable. Il fallait voir ces vaillants Bretons s'emparer des destriers gascons, faire des quantités de prisonniers sur parole, abaisser les lances à l'horizontale, fendre des boucliers, charger et obliquer sans relâche et assener de grands coups d'épée. Les gens d'Arthur se distinguèrent si bien que leurs adversaires furent battus ; ils ont tous été déconfits, les combattants du tournoi que poursuivait Arthur, ce vaillant roi, en faisant prisonniers tous ceux qui s'avisaient de tourner bride pour faire face : aucune chance de reprendre le dessus ! Mais soudain, Anguisel, le roi d'Ecosse, jaillit au galop d'un bosquet en tête de cent quarante chevaliers fort valeureux qui tenaient leurs brides par les nœuds. Anguisel chargea, lance à l'horizontale, pour frapper en pleine poitrine le duc de France, Flores, avec une telle violence qu'il le jeta à bas du destrier. Les compagnons d'Anguisel de leur côté chargèrent leurs adversaires dont la plupart se retrouvèrent abattus à terre. Anguisel, sans prendre trêve ni repos, ne cessait de frapper là où il voyait la mêlée la plus épaisse. Il se montra si vaillant, ainsi que les hommes qui le suivaient, que le combat changea de face et que sous son impulsion ses gens rétablirent la situation.

Flûtes et trompettes sonnent à l'unisson pour les hommes qui tombent à terre ; et les chevaliers de frapper sur les poitrines, sur les boucliers et sur les hauberts,

De cevals kaent tos envers ;   5990
Lances brissent et escu fendent,
Et li fer des estriers estendent,
Hauberc faussent et escu fendent,
Escu percent et escantelent ;
Arçon vuident, chevalier tument,   5995
Et li destrier süent et fument,
Ceval trebucent, seles brissent ;
Li un vers les autres s'aïrent ;
Regnes ronpent, espees fraingnent ;
Un perdent et autre gaaignent ;   6000
Li un keurent por les fois prendre,
Li autre keurent por desfendre,
Tant cop reçoivre et tant ferir,
Li un les autres envaïr ;
Molt estoit grans li capleïs,   6005
Et des lances li froisseïs,
. . . .
Et d'espees et de bastons ;
De toutes pars fremist li rans.
Molt par i est la noisse grans,   6010
Des cols et des lances li frois ;
De totes pars sont a desrois,
En grant presse et en tel mellee,
Cascuns fiert grans cols de l'espee,
Que n'i oïssiés Diu tonnant.   6015
Es vos entre deus rens poignant
Guinglain qui fiert le Saigremort,
Amont sor son escu a or,
De la lance par tel desroi
Qu'il l'abati en un erboi ;   6020
Celui laisse et autre rabat
A tere del cheval tot plat.
Molt bien le refaisoit Gavains,

et les adversaires de tomber de cheval à la renverse, et les lances de se briser, les boucliers de se fendre et les fers des étriers de cesser de retenir les cavaliers ; et les mailles des hauberts se faussent, les boucliers se transpercent et se déchiquettent, les arçons se vident, les chevaliers font la culbute, la sueur des destriers s'élève en fumée, les chevaux trébuchent et les selles se brisent tandis que les combattants commencent à s'emporter les uns contre les autres ; et les brides se rompent et les épées cassent ; les uns y perdent et les autres y gagnent, les uns courent pour faire des prisonniers sur parole et les autres courent pour les en empêcher, tout le monde reçoit des coups et en distribue, tous attaquent avec violence. Quelle terrible mêlée, quel horrible fracas de lances ! [...][1] des morceaux de lance et des épées ; tout le rang en est ébranlé. Quel n'est pas le vacarme des épées et des lances qui se brisent ! Tout le monde est sorti des rangs pour se jeter en masse dans la mêlée et frapper de si grands coups d'épée qu'on n'aurait pu entendre Dieu faire résonner son tonnerre.

Voici au grand galop entre deux rangs Guinglain qui frappe Sagremor à bonne hauteur sur son bouclier peint en or ; il lui porta un si impétueux coup de lance qu'il l'abattit dans le pré ; il se détourna de lui pour aller en faire chuter un autre à plat sur le sol. Gauvain se distinguait aussi

---

[1] v. 6007 lacune non indiquée, mais attestée par la rime et par le sens.

Maint chevalier prist a ses mains.
Giflés et Blioblïeris,   6025
Qui au Gué Perillous fu pris,
Et l'Orguillos et cil de Saies,
Ne poignoient pas en manaies ;
Ains le parfaisoient si bien
Que nus n'i puet amender rien.   6030
Mais nus prendre ne se pooit
A Guinglain qui tos les venquoit.
Ço que il ataint tot destruit ;
De totes pars l'esgardent tuit :
Por che que tos les autres vaint   6035
L'esgardoient chevalier maint.
Tant fiert de l'espee forbie
Que tuit li porten garantie
Qu'il avoit vencu le tornoi
Et que le pris en porte o soi.   6040
Solaus cacha et vint li vespres ;
Si faillirent a tant les vespres,
Et Anguissans li rois guencist,
Et Guinglain par lé regnes prist,
Se li a dit qu'aveuc lui soit   6045
Et qu'aveuc lui herbergeroit.
Tant le losenge et tant li prie,
Guinglains remaint, molt l'en merchie ;
E les vos au mangier tornés.
Quant il les orrent atornés,   6050
Si se sont au mangier asis ;
Escuier ont livrison pris :
Trestot quanques lor fu mestier
Orent a plenté escuier.
La nuit jurent a grant deduit.   6055
Bien main au jor se lievent tuit
Que li saint sonent au mostier ;

et avait fait prisonnier maint chevalier de ses propres mains. Giflet et Bliobliéris, le prisonnier au Gué Périlleux, l'Orgueilleux de la Lande et le seigneur de Saies ne ménageaient pas leur peine pour charger et se montraient de si habiles combattants qu'il aurait été impossible de mieux faire.

Mais personne n'arrivait à mener une attaque contre Guinglain, qui l'emportait sur tous. Il abattait tout ce qu'il touchait ; tous les chevaliers avaient les yeux fixés sur lui en le voyant vaincre tous ses adversaires. Guinglain frappait si bien de sa brillante épée que tout le monde lui assurait[1] qu'il avait gagné le tournoi et qu'il devait en remporter le prix. Le soleil disparut, le soir tomba et ainsi s'acheva la première journée[2]. Le roi Anguisel se dirigea vers Guinglain pour prendre son cheval par la bride et lui demander d'accepter de rester en sa compagnie et de se loger chez lui. Il sut trouver des mots si convaincants que Guinglain, avec force remerciements, accepta de rester ; les voilà partis manger, ils passèrent à table dès que le repas fut prêt ; les écuyers avaient reçu des provisions et obtenu tout ce dont ils avaient besoin. Le repos cette nuit-là fut très agréable avant qu'on ne se levât au point du jour en entendant sonner les cloches de l'église ;

---

[1] v. 6038 *porten* : voir la note du vers 883.

[2] v. 6042 Voir Philippe Ménard « Les vespres del tournoiement », *Miscelanea di studi romanzi offerta a Guiliano Gasca Queirazza*, II, pp. 651-662.

in the morning, Mass

A messe vont li chevalier.
Escuier estrillent et ferent,
Haubers rollent, lances enferent,   6060
Siles metent, ferment potraus,
Torssent et çainglent ces cevals,
Atornent ces cauces de fer,
Metent i coroies de cer,
Les elmes afaitent et terdent,   6065
Regnes noent et escus f. . . . .
Dedens vont, regardent les. .
Afaitent les, metent. . . . . . .
Referment les bar. . . . .
As ostes se vu.   6070
Et li canteor. . . . .
Et vont. . . . .
Garço . . . .
Bien. . . . .
Quant.   6075
· ·
· ·
· ·
· ·
·   6080
Ne veïst on tant cop feru,
Ne tant gaïgnié ne perdu.
Que vos iroie je contant ?
Bien l'avoit fait Guinglains devant,
Mais or le fist il asés mius,   6085
Car ainc on ne vit a ses iueus
Chevalier qui mius le fesist ;
Tot le pris dou tornoi conquist.
Par verité dire vos os
Que tot l'en donerent le los.   6090
Li rois Bruians bien le refist.

overall winner

les chevaliers se rendirent à la messe pendant que les écuyers étrillaient et ferraient les chevaux, fourbissaient les hauberts, remettaient des fers au bout des lances ; ils sellaient les chevaux, leur passaient les harnais et attachaient les sangles ; ils préparaient les jambières de fer et y repassaient les courroies en cuir de cerf ; ils redressaient et nettoyaient les heaumes, nouaient les brides et consolidaient les boucliers, se rendaient à l'intérieur pour examiner [...][1] les préparaient [...].

On n'avait jamais vu frapper tant de coups, tant gagner ni tant perdre. Que puis-je ajouter ? Si Guinglain s'était déjà montré un combattant de valeur, il se battit encore mieux cette fois-ci, car personne ne fut jamais témoin de pareils exploits ; il remporta le prix du tournoi tout entier, j'affirme en toute certitude qu'on lui en décerna les honneurs à l'unanimité. Quant au roi Bruians, il se distingua aussi.

---

[1] vv. 6066-80 coin du feuillet déchiré.

Au vespre li tornois falist.
Artus tramist de l'autre part
Giflet le fil Due et Lanpart,
Por demander que cil estoit   6095
Qui le tornoi vencu avoit
Et savoir se Guinglains i ere ;
Et cil font del roi la proiere :
Quant il se furent desarmé,
Isnelement i sont alé.   6100
Ensanble a Anguisel le roi
Trovent Guinglain, qui el tornoi
Avoit vencu ; quant il se virent,
Saciés que grant joie se firent.
Quant entreconjoï se furent,   6105
Por aler a la cort se murent
Lanpars et Giflés et Guinglains.
Tant ont chevaucié par les plains
Et tant ont lor cemin tenu
Qu'il sont a Valedon venu.   6110
A son ostel trovent Artus.
Quant il les vit, si lieve sus ;
Guinglain conuit, va le baissier
Et de ses deus bras enbracier.
Lors veïssiés grant joie faire,   6115
Les chevaliers vers Guinglain traire
. . . . salüer et conjoiir
. . . . cosentir de lui servir,
. . . . .le baissent et acolent
. . . . .a lui parolent   6120
. . . . .nor joie fesissent
. . . . .oels veïssent.
. . . . .joie fol et sage
. . . . e
. . . . it   6125

Le tournoi prit fin le soir. Arthur envoya auprès de l'autre parti Giflet, le fils de Do, et Lampart pour demander qui avait remporté le tournoi et pour savoir si Guinglain y avait participé ; les chevaliers, après s'être débarrassés de leur équipement, s'empressèrent d'obéir à la demande du roi. C'est auprès du roi Anguisel qu'ils trouvèrent Guinglain, le vainqueur du tournoi, et dès qu'ils s'aperçurent les uns les autres, vous pensez bien qu'ils manifestèrent leur joie.

Après s'être mutuellement félicités, Lampart, Giflet et Guinglain partirent pour la cour, ils chevauchèrent à travers la plaine, par la route la plus rapide, directement jusqu'à Valedon. Ils y trouvèrent, dans son logis, Arthur qui se leva en les voyant arriver ; le roi avait reconnu Guinglain, il alla l'embrasser et le serrer dans ses bras. Imaginez, dans la joie générale, les chevaliers qui se précipitent vers Guinglain [...][1] pour le saluer et le féliciter , [...] pour l'assurer de leur dévouement, [...] pour l'embrasser et l'accoler [...]

---

[1] vv. 6117- 6132 coin du feuillet déchiré.

. . . .
. . . .
. . . .
. . . .
. . . .   6130
. . . .
. . . .

As uns hermines engolés,
As autres deniers moneés,
Et mantials vairs et siglatons,   6135
Et cotes et vairs peliçons,
Bons palefrois, roubes de soie ;
Molt fisent cele nuit grant joie :
L'uns portoit vairs, li autres gris,
Foire sanblast, ce vos fust vis ;   6140
Cotes a armer ont garcon.
La nuit jurent a Valendon,
Et quant ce vint au bien matin,
Si se mist Artus an cemin.

    A Londres s'en vont trestot droit,   6145
La u Blonde Esmeree estoit.
Ensanble o lui Guinglains s'en vait ;
Li rois Artus grant joie en fait,
Qu'il a son cosin recovré.
Tant ont cevauchié et erré   6150
Que il sont a Londres venu,
U furent volentiers veü.
Quant Blonde Esmeree le vit,
Saciés que grant joie li fist,
Guinglain enbracha et salue.   6155
Li rois le prist par le main nue,
Et par le main ra Guinglain pris,
Si s'est entre ces deus asis.

aux uns des vêtements avec un col d'hermine, aux autres des deniers en espèces, des manteaux de vair et des manteaux de soie, des tuniques et des pelisses fourrées de vair, de beaux palefrois et des vêtements de soie ; cela les rendit fort joyeux cette nuit-là : l'un arborait du vair, l'autre du petit-gris, un vrai jour de foire ! Les garçons d'écurie reçurent des cottes d'armes.

Ils passèrent la nuit à Valedon, et, de bon matin, Arthur se mit en route pour gagner Londres où était restée Blonde Esmerée. Guinglain l'accompagnait et le roi Arthur se montrait fort joyeux d'avoir retrouvé son jeune parent. Ils chevauchèrent à si bonne allure qu'ils arrivèrent vite à Londres où ils furent reçus avec plaisir. Quand Blonde Esmerée aperçut Guinglain, elle l'accueillit avec joie, sachez-le bien : elle le salua et le serra dans ses bras. De sa main dégantée, le roi saisit la main de la reine, et de l'autre, il en fit de même pour Guinglain ; il s'assit entre eux deux

Si apiela de ses barons.
Premiers i vint rois Amangons,   6160
Et Gavains et li rois Bruians,
Yvains l'aoutres et Tristrans,
Lanpars et Keus li senescals,
Saigremors et Gales li Cals,
Et des autres i vint asés.   6165
Li rois lor dist : « Or escoutés. »
Lors a Guinglain a raisson mis :
« Biaus niés, fait il, biaus ciers amis,
Molt par sui liés en mon coraje,
Quant vos voi tant preu et tant saje   6170
Et que je vos ai recovré ;
Molt vos avoie desiré.
Des or mais vos vel ensaucier ;
Or vos vel d'une rien proier,
Que vos prendés ceste roïne,   6175
A cui molt grans regnes acline.
A feme, biaus niés, le prendés,
Si en serrés rois corounés,
Molt poissans et de grant pooir ;
Et vos le devés bien avoir,   6180
Que par armes l'avés conquisse
Et de molt grant peril fors mise ;
Por li vos estes molt penés.
Plus bele avoir vos ne poés,
Et si est de molt grant parage ;   6185
Ne por biauté ne por lingnage,
Ne le devés vos laissier mie,
Que molt est de grant signorie
Et qui molt vos ainme et desire,
Si veut que vos soiés se sire. »   6190
Li rois et tuit l'ont tant proié
Que Guinglains lor a otroié.

avant d'appeler certains de ses barons. Le roi Amangon fut le premier à venir suivi de Gauvain, du roi Bruians, d'Yvain le Bâtard, de Tristan, de Lampart et de Keu le sénéchal, ainsi que de Sagremor, de Gales le Chauve et d'un grand nombre d'autres. Le roi leur demanda d'écouter les paroles qu'il allait adresser à Guinglain : « Cher neveu[1], très cher ami, je me sens profondément heureux de vous voir si brave et si avisé, et surtout de vous avoir retrouvé car vous m'avez beaucoup manqué. Dans l'avenir je veux vous élever à de grands honneurs. J'ai de plus une demande à vous adresser : acceptez cette reine qui possède un grand royaume, acceptez-la pour femme, cher neveu ; vous serez alors un roi portant couronne, vous jouirez d'un grand pouvoir et d'une grande autorité. Il est juste que vous épousiez cette dame car vous l'avez conquise par les armes et arrachée à un très grand péril ; pour elle, vous avez éprouvé bien des souffrances. Vous ne pouvez obtenir une plus belle épouse et elle est aussi de très haut parage – rien de ce qui concerne sa beauté ou son lignage ne pourrait vous faire hésiter, car elle est de très haute naissance et de plus elle vous aime, elle a besoin de vous, en un mot, elle veut que vous soyez son époux. »

Les chevaliers se joignirent tous aux prières du roi tant et si bien que Guinglain leur donna son accord.

---

[1] v. 6168 *Biaus niés* : Gauvain, le père de Guinglain est l'un des neveux du roi Arthur.

Il vit la dame et biele et saje,
Se li plot molt en son corage.
Li rois dist ses noces fera   6195
Et son neveu coronnera.
Mais ne le veut Blonde Esmeree
Tant qu'ele soit en sa contree,
Que de la coronne son pere
Et de celi qui fu sa mere   6200
I soient andoi coronné.
Guinglains a cest consel loé.
Le roi prient que il i aille :
Si fera il, ce dist, sans faille,
Qu'andeus les veut molt onerer.   6205
Lor oire font tost atorner.
Cele nuit a grant joie furent,
A Londre la cité u jurent.
Au main, quant li aube est crevee,
Si se lieve Blonde Esmeree   6210
Et Guinglains et Artus li rois ;
Escuier torsent le harnois.
Que feroie longes novieles ?
Es cevals ont mises les sieles,
Puis n'i out sis entre Bretaingne ;   6215
Molt mainne Artus biele conpaingne.
Or cevaucent a grans jornees,
Tant passent marces et contrees
Que il sont en Gales venu.
La sont a joie receü   6220
Et a molt grant porcession
En la cité de Sinaudon.
Par Gales va la renonmee
Que lor dame estoit retornee
Et que celui prendre voloit   6225
Qui de l'angoisse osté l'avoit.

Il trouvait la dame belle et sage, et cela touchait son cœur. Le roi dit qu'il allait organiser les noces et couronner son neveu mais Blonde Esmerée s'y opposa : elle voulait d'abord rentrer dans son pays afin qu'ils fussent couronnés ensemble avec les couronnes qu'avaient portées son père et sa mère. Guinglain approuva cette idée et les jeunes gens prièrent le roi de venir au pays de Galles : il ne manquera pas de le faire, dit-il, car il veut les honorer tous les deux. Ils firent rapidement leurs préparatifs de voyage et passèrent cette nuit-là dans la joie à Londres.

Au matin, dès l'aube, Blonde Esmerée, Guinglain et Arthur se levèrent pendant que les écuyers chargeaient les bagages. Que pourrais-je ajouter ? Ils sellèrent les chevaux pour quitter la Grande Bretagne. Arthur, en tête d'une belle compagnie, chevauchait avec eux par longues étapes à travers provinces et contrées pour arriver au plus tôt au pays de Galles. Ils furent accueillis joyeusement par une grande procession à l'entrée de Sinaudon. Le bruit se répandit dans tout le pays que la reine était de retour et qu'elle allait prendre pour époux celui qui l'avait arrachée à ses maux,

Ceste noviele molt lor plot,
Et la dame mandé les ot,
Si s'en vont tuit vers Senaudon
Del roiaume tuit li baron.   6230
Or vos puis bien dire por voir,
Puis que Dius fist et main et soir,
Ne fu nus hom plus bien venus
N'a plus grant joie receüs
Con Guinglains fu en cele tere :   6235
Quascuns voloit s'amor conquerre.
Tot le veulent a lor signor
Artu reporter grant honor.
Que vos iroie je contant
Ne autres choses devisant   6240
Iluec fu Guinglains coronnés
De cui devant oï avés,
Et la dame ra esposee
Et aveuc lui fu coronnee,
Puis fu rois de molt grant mimore,   6245
Si con raconte li istore.

Ci faut li roumans et define.
Bele, vers cui mes cuers s'acline,
RENALS DE BIAUJU molt vos prie
Por Diu que ne l'oblïés mie.   6250
De cuer vos veut tos jors amer,
Ce ne li poés vos veer.
Quant vos plaira, dira avant,
U il se taira ore a tant.
Mais por un biau sanblant mostrer   6255
Vos feroit Guinglain retrover
S'amie, que il a perdue,
Qu'entre ses bras le tenroit nue.
Se de çou li faites delai,

nouvelle qui plut beaucoup.

La dame ordonna que tous les barons de son royaume se rendissent à Sinaudon. Depuis que Dieu créa le premier matin et le premier soir, je puis l'affirmer en toute certitude, personne ne fut aussi bien accueilli, ni reçu avec plus de joie, que Guinglain le fut en ce pays : chacun voulait gagner son affection, tous le voulaient pour seigneur, et faire honneur au roi Arthur. Bref, notre Guinglain, de qui vous avez longuement entendu parler, fut couronné roi et il épousa aussi la dame, qui fut couronnée en même temps que lui. Puis il devint un roi de grande notoriété, à ce que l'histoire raconte.

Ici cesse et s'achève le récit. Belle, vers qui se tourne mon cœur, RENAUT DE BEAUJEU vous prie instamment au nom du Seigneur que vous ne l'oubliez pas. Il veut vous aimer à jamais de tout son cœur et cela vous ne pouvez pas le lui interdire. A votre gré, il prolongera son récit, ou il se taira pour toujours. Mais si vous acceptiez de lui réserver un accueil favorable, pour vous, il ferait en sorte que Guinglain puisse retrouver son amie qu'il a perdue et la tenir nue entre ses bras. En revanche, si vous le faites attendre,

Si ert Guinglains en tel esmai   6260
Que ja mais n'avera s'amie.
D'autre vengeance n'a il mie,
Mais por la soie grant grevance
Ert sor Guinglain ceste vengance,
Que ja mais jor n'en parlerai   6265
Tant que le bel sanblant avrai.

EXPLICIT DEL BEL DESCOUNEÜ

Guinglain connaîtra la douleur de ne jamais retrouver son amie. Il n'y a pas d'autre vengeance, mais pour son plus grand malheur, c'est sur Guinglain que pèsera cette vengeance : jamais plus je ne parlerai de lui, tant que je ne me serai pas vu réserver ce bel accueil.

EXPLICIT DU BEL INCONNU

DOSSIER

Renaut de Beaujeu : Chanson

Leals amors q'est dedanz fin cuer mise
Ne s'en doit mais partir ne removoir,
Et la dolors qui destraint et justise
Semble douçors, cant en la puet avoir.
Nus biens d'amors ne puet petit valoir ,   5
Ainz sont tuit douz qant on les aime et prise :
Ce doit chescuns bien entendre et savoir.

Tels puet dire que la morz li est prise
Par bien amer qu'il ne dit mie voir.
Fals amant sont kel font par false guise ;   10
Malvais luier lor en doint Dex avoir.
Qui en poroit morir en boen espoir,
Gariz seroit devant Deu al juïse :
De ce me lo quant plus me fait doloir.

« J'aim lealment senz trecier et senz faindre »,   15
Ceu dïent cil qui en vuelent parler.
La lor merci, kant ce me font entendre
Don fine amors puet adés enmeldrer.
S'il savoient qu'il m'ont fait endurer,
Lor falsetez en serait, espoir, maindre :   20
Non seroit, voir, trop me vuelent grever.

Nus nes poroit de lor jangler destrainde :
Tant les heit Dex ne s'en vuelent oster.
Ne plus c'on voit lo vant qant il est graindre,
Puet on savoir lor cuer ne lor panser.   25
Nus ne se puet de traïson garder,
Fors que de tant que meuz se sevent feindre
Que ne font cil qui muerent por amer.

Chanson (Traduction)

Loyal amour placé en un cœur délicat,
ne doit jamais le quitter, en partir.
Et la douleur qui le tient et l'emplit d'angoisse
semble douceur, si on la peut connaître.
Il n'est rien de l'amour qui puisse peu valoir,
tous ses effets sont doux quand on les aime et prise :
voici ce que chacun doit comprendre et savoir.

Tel peut bien dire que la mort lui est aquise,
qu'il meurt d'aimer, sans pourtant dire vrai :
il est de faux amants qui le disent par feinte
– Que Dieu puisse les punir en retour !
Qui en pourrait mourir, plein d'espoir
serait sauvé devant Dieu, à l'heure du jugement :
et plus me réjouit ce qui me fait souffrir.

« J'aime loyalement sans tricher et sans feindre »
C'est ce que disent ceux qui se piquent d'en parler.
Merci à eux, puisqu'ils me font comprendre
comment un vrai amour peut encore s'accroître.
S'ils savaient ce qu'ils m'ont fait subir
leur fausseté en serait, peut-être, moindre.
Mais non ! hélas ! ils me veulent trop blesser.

Nul ne les peut pour leurs mensonges punir,
La malédiction divine les empêche de s'en guérir.
Pas plus qu'on ne voit le vent quand il forcit
on ne peut connaître leur cœur ni leurs pensées.
Nul ne se peut protéger de leurs trahisons,
d'autant plus qu'ils savent bien mieux feindre
que ne le font ceux qui meurent d'aimer.

Dolce dame, qant ma mort vos vuet plaire,
Ainz ne morut nus hom si dolcement.   30
Or est bien droiz que la granz amors paire
Dont je vos aim de cuer entierement.
Et cil qui dit vos m'amez, il se mant.
Ce poise moi, ire en ai et contraire :
Pleüst a Deu qu'il fussent voir disant.   35

(Cité selon Perrie G. Williams, *Le Bel Inconnu,* Paris, Champion, 1978).

Douce dame, puisque ma mort semble vous plaire
jamais ne mourut homme avec tant de plaisir :
il est normal qu'enfin le grand amour paraisse
dont je vous aime de cœur, totalement.
Et tel qui dit que vous m'aimez, il ment,
j'en ai chagrin, colère et déception,
– Ah, plût à Dieu que leurs dires soient vrais ![1]

(Traduction M. Perret)

---

[1] Cette chanson est attribuée à Renaut de Beaujeu par Jean Renart qui en cite la première strophe dans le *Guillaume de Dôle*, écrit vers 1210-1214. Dans l'un des trois chansonniers qui la citent en entier, le chansonnier de Berne, elle est accompagnée de la mention *Li alens de Challons*. Ce sont ces éléments qui permettent de dater et d'attribuer le *Bel Inconnu*.

Renaut : Le Lai d'Ignauré ou du Prisonnier

Ensi con tiesmoigne *Renaus,*
Morut Ignaures, li bons vassaus.
Et celes qui [ses] drues furent
Pour l'amisté de lui morurent.
Car Dex ait pité [de lors] ames,   625
Et [du chevalier] et des dames !
Et beni[e] soit kil fist faire,
Cest lai ki as amans doit plaire !
Cele m'a si fort atachié
Que n'en puis estre deslachié.   630
Ele a lonc col, et blanc, et gros,
Et si ne pert fronche ne os ;
Elle est simple, et bien polie.
Et plus blanche que nois negie.
Plus n'end arés parole aperte :   635
L'autre partie en est couverte.
De la caïne est li miex tex !
Mais je n'en cuic pas estre tex
Ki de voir en sache parler ,
Fors que, defors, voi souslever   640
Des mameletes son bliaut,
Si que un poi lievent en haut,
Car eles sanlent bien duretes.
Bieles espaules, mains longetes,
Grailes dois, et biaus bras en mances.   645
S'[est] un poi largete par hances,
Et s'est gente par la chainture,
Et s'est de molt biele aleüre,
N'est pas petite, ne trop grans.
A merveilles est bien seans,   650
Et s'est de molt bonne maniere.

Le lai d'Ignauré ou du prisonnier

Comme en témoigne Renaut, Ignauré le bon seigneur mourut. Et celles qui furent ses maîtresses moururent par amour pour lui. Que Dieu ait pitié de leurs âmes, de celle du chevalier et de celles des dames ! Et bénie soit celle qui fit faire ce lai, car il doit plaire aux amants ! Cette dame m'a attaché de liens si forts que je n'en puis être détaché. Son cou est allongé, blanc et potelé, il n'y apparaît ni ride ni os. Elle est modeste et gracieuse, et plus blanche que la neige fraîchement tombée. Vous n'en entendrez plus parler ouvertement, le reste sera caché. De la chaîne qui me lie, ce qui est le mieux est ainsi couvert, mais je ne pense pas être celui qui sache en parler en toute certitude, sinon que de l'extérieur, là ou je me tiens, je vois sa tunique gonflée par ses petits seins qui semblent bien fermes. De belles épaules, des mains fines, des doigts allongés, [de beaux bras sous ses manches], un peu large des hanches, mais la taille fine et elle a une fort belle démarche ! Elle n'est ni petite ni trop grande, elle est étonnamment élégante et très raffinée.

C'est la caïne toute entiere !
Sachiés que par ceste caïne
La u la dame velt me mainne.
Molt sui en tres douche prison ,   655
Issir n'en quier par raenchon.

C'est la matere de cel lay
Ichi le vous definerai.
Franchois, Poitevin et Breton
L'apielent le *Lay del Prison.*   660
[Ichi faut li lays del Prison
Je n'en sai plus ne o ne non,]
Si fu por Ignaure trouvés
Ki por amours fu desmembrés.

Chi define li lays d'Ignaure.

(Edition Rita Lejeune, *Le lai d'Ignauré*, Textes anciens, Académie royale de Belgique, Bruxelles-Liège, 1938).

Voici la chaîne tout entière ! Sachez que par cette chaîne, la dame me mène où elle veut. Je suis dans une très douce prison et je ne cherche pas à en sortir par rançon.

Voilà la matière de ce lai auquel je mettrai ici une fin. Français, Poitevins et Bretons l'appellent le lai du Prisonnier. Ici s'arrête ce lai du Prisonnier, je n'en sais pas un mot de plus. Il fut composé en mémoire d'Ignauré, qui par amour fut châtré.

(Traduction Danielle Régnier-Bohler, *Le cœur mangé, récits érotiques et courtois XIIe et XIIIe siècles*, Paris, Stock, 1979).

Ce lai du début du XIIIe siècle, signé *Renaut*, est souvent attribué au même auteur que le *Bel Inconnu*, celui qui signe *Renals de Biauju*. Selon son éditrice, Rita Lejeune, cette attribution ne fait pas de doute, elle relève dans les deux textes des traits linguistiques bourguignons caractéristiques subsistant dans le dialecte franco-picard, et y trouve des similitudes de rime et d'habitudes syntaxiques ainsi qu'une « versification identique jusque dans les anomalies ». Cette similitude m'apparaît cependant bien moins convaincante que celle que l'on trouve entre le *Bel Inconnu* et la chanson attribuée à Renaut de Beaujeu.

Le lai raconte sur le mode plaisant la mésaventure d'un seigneur qui avait douze maîtresses. Les maris de ces dames, furieux, châtrèrent le chevalier, et firent manger au douze dames « l'objet de leur grand désir ». Celles-ci, apprenant quel était le plat qui leur avait été servi, « firent le vœu que jamais plus elles ne mangeraient si on ne leur donnait un mets d'un tel prix » et se laissèrent mourir de faim. On reconnaît là une ironie à l'égard des personnages, et une subversion du lai courtois, un dévoiement du motif du cœur mangé qui seraient bien dans la manière de notre auteur.

La clôture du texte, que nous reproduisons ici n'est pas, comme celle du *Bel Inconnu* une clôture déceptive, et elle est conforme aux clôtures pratiquées à l'époque[1] : indication explicite de fin, nom de l'auteur, nom de l'œuvre, demande de bénédiction divine pour les personnages. Cependant, ce que l'on pourrait considérer comme l'adresse au commanditaire est ici une description

---

[1] Voir M. Perret « Typologie des fins dans les textes de fiction, XI°-XVe siècles » PRIS-MA, Université de Poitiers, 1998, 155-175 et « Les types de fins : modèles et déviances », *Bien dire et bien apprandre* (19) « *Prologues et Epilogues* », *Actes du colloque du centre d'études médiévales et dialectales de Lille III, 23 et 24 septembre 1999*, 2001 pp.191-200.

très érotisée de la dame, qui, comme dans l'adresse du *Bel Inconnu*, est désignée par le démonstratif *cele* (v. 629). Le portrait mérite d'être comparé aux portraits de femmes du roman, et en particulier à celui de la pucelle aux Blanches Mains, dans son apparition nocturne – s'il n'y a aucune similitude entre ces deux dames[1], c'est le même érotisme retenu, le même corps suggéré et dérobé.

Il ne nous appartient pas de conclure, mais cette pièce méritait d'être versée au dossier.

---

[1] R. Wolf-Bonvin, 1998 a, (*Textus*) montre bien, en revanche, comment dans le *Bel Inconnu*, toutes les dames et les demoiselles sont la multiplication de la même femme. L'expression « corps dérobé » est aussi tirée de cette étude.

Wirnt von Graffenberg

Wigalois

Arrivée à la cour d'Arthur d'une suivante qui demande de l'aide pour sa maîtresse

Le solstice suivant, alors que le roi était assis à table et prenait son repas, une noble jeune fille arriva en chevauchant avec élégance, en compagnie de son nain, dans la salle où tous les chevaliers, assis à table, buvaient et mangeaient. Elle montait un cheval d'un blanc éclatant ; son nain se mit à chanter un chant si merveilleux que tous ceux qui étaient à table s'oublièrent eux-mêmes. (A ce qu'on m'a dit, il se tenait debout sur le cheval derrière elle partout où elle allait, les mains posées sur les épaules de la demoiselle.) La jeune fille était vêtue d'une cape d'écarlate. Elle était si bien faite que tous ceux qui la virent faisaient son éloge. Elle était tête nue, ses tresses étaient entrelacées de fils d'or jusqu'à leur extrémité et elles n'étaient pas retenues par des bandeaux. La noble demoiselle chevaucha jusqu'au roi et lui dit très courtoisement : « Messire roi, ma souveraine m'a envoyée ici dans votre pays ; elle vous présente ses hommages. Elle ne voulait pas d'autre messager. Ses parents et ses amis lui ont conseillé de venir chercher de l'aide en ce lieu, parce qu'on dit toujours combien les chevaliers de cette cour sont valeureux, et qu'il ne leur manque ni bravoure ni vaillance. Maintenant, que chacun de vous prenne connaissance d'une grande aventure, monstrueuse et amère comme la mort. Que, celui qui veut combattre aille où il pourra la tenter. Il trouvera là-bas un très bel endroit pour se battre. Sans nul doute il en aura bien vite plus qu'assez, car ils sont nombreux ceux qui là ont trouvé la mort. » Wigalois, le guerrier valeureux, reçut la permission de se lever de la Table Ronde et se présenta devant le roi. Il dit : « Mon cher seigneur, faites voir par mon exemple que vous ne refusez rien à personne, que vous donnez à tous ce qu'ils demandent à bon droit. Accordez-moi, seigneur, ce que je désire. C'est la fortune qui m'a conduit en ce lieu. Je serai aussitôt débarrassé de mes tourments. Seigneur roi, je vous conjure de me témoigner votre bienveillance. »

Quand la cour eut entendu la requête qu'il présentait avec tant d'ardeur, tous furent très surpris et gardèrent le silence. Le roi dit : « J'accorderai tout ce que vous désirez si c'est en accord avec ma dignité et ne nuit pas à ma réputation. – Je ne demande rien d'autre », répondit Wigalois, « que la permission d'aller tenter cette aventure. Vous m'aurez assez témoigné votre générosité. Qui sait si je ne réussirai pas ! »

Le roi fut contrarié par ces paroles. Il regarda le jeune chevalier et fut profondément attristé à l'idée des périls qu'il allait affronter. Il dit : « Si à ma prière vous acceptiez de renoncer à ce voyage, je vous rendrais sur-le-champ très riche. – Non, seigneur ! répliqua l'autre, jamais je ne pourrai recouvrer la joie, si vous ne me permettez pas cette aventure. » Il reçut aussitôt la permission, ce qui fâcha la demoiselle au point qu'elle repartit en colère sans parler à personne. Je vais vous dire pourquoi : elle craignait de s'être donné de la peine pour rien à cause de sa jeunesse et de son manque d'expérience. Elle sortit de la grande salle du château en se répandant en lamentations. Elle n'avait pas voulu l'attendre bien qu'il sût bien se battre.

C'est ainsi qu'elle chevaucha en direction de la forêt. Les écuyers amenèrent à Wigalois son cheval et lui apportèrent harnois, lance et un très beau bouclier, noir comme du charbon ; au milieu il y avait, gravée en relief, une roue d'or rouge : c'est à ce blason qu'il voulait qu'on le reconnût. La reine lui envoya, comme contribution à l'aventure, une cotte d'armes garnie d'or : il devait la porter pour l'amour d'elle. Il lui adressa ses remerciements.

Puis il prit congé d'eux tous, s'inclinant devant le roi généreux et devant toute la cour. « Seigneur Dieu, garde le beau chevalier ! » disaient là hommes et femmes ; ils lui souhaitèrent tous bonne chance. Le chevalier, qui avait un cœur de lion, était impatient d'affronter le danger ; il aimait prendre des risques, et se trouva à cause de cela souvent en grand péril. Il dit à tous adieu et alla affronter la mort.

Messire Gawein, qui était toujours prêt à l'aider, l'accompagna. Ils étaient de bons compagnons et connaissaient chacun le cœur et l'esprit de l'autre ; c'était tout à fait justifié, car ils étaient du même sang. Leurs yeux échangeaient souvent des sourires. Messire Gawein, l'homme hardi, l'arma de sa propre main ; il lui laça le heaume sur lequel était gravé une roue d'or. Le jeune chevalier aimait ce blason car dans la grande salle de son oncle, il y avait une grande roue qui, par magie montait et descendait. C'est pour cette raison que son cœur l'avait invité à porter la roue sur son cimier. Une splendide bannière était attachée à sa lance ; il montait un bon et robuste cheval, dont il était très content. On lui tendit bouclier et sa lance. Il était maintenant parfaitement équipé. Il recommanda messire Gawein à Dieu et les deux hommes furent plongés dans l'affliction lorsqu'il leur fallut se séparer. C'est ainsi que messire Wigalois s'éloigna, accompagné des vœux de bien des gens qui lui souhaitaient bonne fortune.

Il se hâta de rejoindre la jeune fille. De colère elle était si pressée qu'elle n'avait pas voulu l'attendre ; aussi lui fallut-il chevaucher à toute allure pour la rattraper. Quand le nain aperçut le chevalier, il dit à la demoiselle : « Voici venir le chevalier. Nous aurions dû l'attendre : il en aurait eu de l'honneur et c'eût été séant de votre part. Il est fort possible que le prix lui échoie avant tous les autres chevaliers. Il est peut-être aussi brave et aussi vigoureux que le plus valeureux là-bas.

– Cesse ce discours oiseux, lui répondit la demoiselle, car il est nul et non avenu. Je ne connais pas ce chevalier. On m'avait nommé messire Gawein, dont on connaît la grande vaillance dans tous les pays. J'ai toujours entendu dire que, dans toutes les batailles qu'il a livrées, jamais il n'a connu l'échec. C'est lui qui serait venu avec nous si celui-ci n'avait pas formulé sa requête. Je ne lui ferai pas honneur pour cela. »

Lorsqu'elle eut dit cela, elle vit le jeune chevalier chevaucher à côté d'elle. Sa tête était désarmée et il tenait son heaume dans une main. Il dit : « Dame, permettez-moi de chevaucher avec vous. » Elle le lui refusa. Il la supplia si instamment que pour finir la jeune fille accepta qu'il chevauchât avec elle. Quand sa colère fut un peu tombée et que sa grande anxiété se fut calmée, il lui raconta des histoires et lui fit passer ainsi le temps du mieux qu'il put, jusqu'à l'approche du soir. Elle demanda : « Chevalier, réfléchissez comment et où nous allons passer la nuit. – Chère dame, là où vous voulez. – Je connais, poursuivit-elle, un chevalier qui habite tout près d'ici. J'ignore quel est son nom, mais je sais qu'il a une étrange habitude, qui lui permet de gagner sa vie. S'il y a un chevalier qui désire passer la nuit chez lui, il faut qu'il l'affronte d'abord en combat chevaleresque : il ne peut s'en dispenser. Et s'il a assez de chance pour le vaincre, je vous le dis : il trouvera toutes les aises qu'il désire, car son hôte prendra soin de lui mieux que nulle part ailleurs. Mais si son hôte le jette à bas de son cheval, il perd tous ses biens et repart tout nu. Il me semble que nous ferions mieux de renoncer au repos et de poursuivre notre route : nous l'achèterions trop cher ici. » Ce discours déplut fort au jeune chevalier.

(traduction Danielle Buschinger, *Wigalois,* Reineke-Verlag Greifwald, 1996, v. 1718-1957).

Le *Wigalois* de Wirnt von Gravenberg a été composé en Bavière vers 1204-1210. Il présente, dans sa première partie, des épisodes semblables à ceux du début du *Bel Inconnu* : une jeune fille accompagnée d'un nain qui vient demander secours pour sa maîtresse, Wigalois se propose, leur première étape est un château où il faut lutter avec le seigneur pour être hébergé (Wigalois le tue), il délivre une jeune fille de deux géants qui voulaient la violer, lutte avec un chasseur pour laisser un petit braque à la jeune fille qu'il accompagne et rend à une autre jeune fille le prix de beauté qu'elle méritait – ici, un perroquet et un cheval. De plus, une introduction raconte les amours, dans un monde inaccessible autrement que par magie, de Gauvain et d'une fée, Florie ; reparti à la cour d'Arthur, Gauvain ne peut réussir à pénétrer à nouveau dans le pays où il a laissé sa jeune femme enceinte de six mois. Mais le reste de l'ouvrage ne ressemble en rien à notre roman et est plutôt à rapprocher d'un texte du début du XVe siècle, *Le chevalier au papegau*. L'auteur prétend tenir son récit d'un écuyer, qui le lui aurait raconté.

BIAUS DESCOUNEÜS

Leçons non retenues

12 cororner. – 20 Q. fu as. la cors. – 26 dires. – 56 Ne la dame. 101 *répété*. 106 *trois dernières lettres de* tost *illisibles*.- 146 u tresor. -151 ciers *illisible*. – 154 De lorain. – 188 ne ne targe. – 242 li ot. -246 couvet. – 252 doce *répété*. – 253 point *répété* -268 son el trest. – 287 Des que tant que. -307 li nains *répété*. – 309 doit mie blamer mie. – 325 vinrent. – 328 fait. – 334 esgas. – 339 Bliblerieris. – 358 .i. cote. – 360 li est. -377 Se ne vels. – 410 d'arer. – 411 en ce voie. – 418 doist, traiere. – 422 mes usages lingnages. – 461 Del elmes. – 462 esticeles. – 508 le cors faire . – 515 et lance. – 545 viegne. – 566 Un. – 618 ert *omis*. – 623 le dormait. – 624 il dormoit. – 672 puijosse. – 680 veoior. – 694 qui fu. – 711 complait. – 725 *répété au bas de la col. b et au haut de la col. c.* – 731 Ce li dist. – 750 cele mie. – - 778 s'en vengier. – 779 se *omis*. – 825 damoisse. – 851 pardoist. -869 recovreee (*id* acereee, *1388*). -901 li nais. – 949 qui avoient. – 950 mangi – 973 li tiers estoit de lebrans. – 995 retornent les damoisseles. – 996 Si sor conterent – 1020 nel comencies. – 1044 oublee. – 1055 doist. – 1127 Su durement. – 1174 desarment. – 1217 por lui ocire. - 1218 puist – 1247 est *omis*. – 1251 serres. – 1255 tos vos amis. 1278 cers. – 1319 laissies lassies. – 1336 damamoisselle -1354 quissoit. – 1377 poingnat. – 1388 acereee, *cf.* 869. – 1407 le veor. – 1408 insnelement. – 1421 co1ee – 1423 entrefrerir. – 1437 Li un. – 1444 sacaca. – 1449 nel laisse -1451 just – 1466 plaissi. -1482 nom *omis*. – 1490 El cevals. -1500 ont *omis*. – 1501 et bons *répété*. – 1505 l'iaaue. – 1534 Sa crans -1537 cliers. – 1545 blon. – 1547 d'arge. – 1550 Mais. – 1602 lamellee bataille- *1609 répété au bas de la col. a et en haut de la colonne b.* – 1623 se se conbatra. – 1641 pris. – 1647 doist. -1649 Sachiez que rnolt grant honor i avrois. – 1653 pucele *répété*. – 1662 ouvrois. – 1702 Par vos. – 1703 bien *omis*. – 1714 gascoint. – 1722 rose. – 1726 qui bues. – 1744 voles *répété*. – 1768 Isnelelement. – 1772 fonnt. -1794 puis soufrir. – 1808 nos sa dor en

ava prue et val. – 1812 sale l'en i demanne. -1814 herbergast. – 1815 *répété au bas de la col. b et en haut de la col. c.* – 1821 Desconeus s'arma leva. – 1828 ele *omis.* – 1845 bien *omis.* – 1855 venrai. – 1859 Andooi . – 1917 *répété au bas de la col. a et en haut de la col. b avec la variante* soustienent. -1970 grevels. – 1981 Que je Bel Descouneu apiele. – 1997 l'erne. – 2005. VII. ans. – 2024 le *omis.* – 2028 Por l'espervier. – 2057 blances mais. – 2058 de rais. – 2060 deseuer. – 2093 foloie. – 2108 jovenencel. – 2153 espee. – 2154 gans colees. – 2155 trecent. – 2165 li ch'r. – 2183 coisfe. – 2222 palains. – 2242 gorges. – 2248 eskeree – 2250 a pris. -2269 cauciel. – 2282 i ot *omis.* – 2285 angousse. – 2289 s'entrasaient. – 2293 prices. – 2294 s'anomor. – 2304 apris. – 2335 La cese. – 2385 *répété au bas de la col. a et en haut qe la col. b.* – 2390 vont *omis* – 2414 les janbe. – 2419 qui me dist. – 2422 cies. – 2424 se fait. – 2444 paoir. – 2447 oiel. -2456 dist a dist vos. – 2457 enfree -2461 Quant lame s'en. – 2497 doinnons. – 2521 cis le. – 2539 enboes. – 2541 et puius plain. – 2546 viet. – 2553 tes cose. – 2564 Dius aieu. – 2569 ruec. -2570 Les jns. – 2572 l'aure.- 2575 molliés. – 2583 sil, casteil. – 2587 Lanpas. – 2600 viegmiés. – 2608 se je j'abat. – 2613 Lanpas. – 2621 de lu part asis. – 2682 Cop li a en son escu. – 2702 maintenanant. – 2720 voiee. – 2725 Lupars. – 2753 que *omis.* – 2755 avras. – 2768 devait. – 2773 ce vit. – 2776 de vee. – 2780 grant. – 2783 qui reflanboient. – 2805 de ouvreors. – 2806 autor. -2812 venrés. – 2814 Laies. – 2816 grant. – 2821 estrumens. – 2823 armories. – 2829 la sal. – 2863 cosors. – 2890 gigles. – 2893 Li us – 2901 amé. – 2902 vos. – 2928 destrier molt bien armé acesmé. – 2939 escuns. – 2976 mestier *répété* – 3000 chevalier. – 3014 doist. – 3022 Li cuer. – 3023 mailles valent ronpent. – 3028 Isnement. – 3030 qui fust. – 3041 veu. – 3051 cief *omis.* -3056 briesse et frait. – 3071 se *omis.* – 3076 tos s'entresart. – 3077 duerement. – 3083 rie veoir. – 3096 Testot. – 3111 rien me me. – 3130 Quem. – 3144 Et e la. – 3146 cele. – 3163 ver lui. – 3173 lie est. – 3174 cil *omis.* – 3180 rie. – 3181 il *omis.*- 3189 ferir s'est arestee a trait. – 3205 il *omis.* – 3220 endur. – 3226 ton per. – 3243 alaee. – 3252 duerra. – 3269 si bie. – 3290 la ment betee. – 3327 encagier. – 3353 ne le voloie. – 3372 eustes tot finé. – 3390 apielé. – 3395 fracisse. – 3411 conles rouver. – 3419 l'en vit. – 3420 entre. – 3425 se virent. -3429 Lampart et joie – 3437 tot furent des. – 3452 molt co delitable. – 3477 A casses. – 3543 drecié. – 3573 praeries. – 3583 voloir e les. – 3605 ensi sui prens feme. – 3619 donra. – 3620 S'il me retient. – 3656 Esanble. – 3660 gent restouree bien publee. – 3664 Et ses cambres. – 3687 il ensi s'en departi. -3700 afublé. – 3716 m'eblai. – 3721 grief pense martire. – 3727 Ens. – 3727 je *omis* – 3731 mie morteirer. – 3759 pas *omis*. – 3784 se rices. – 3801 gongié. – 3813 Que ne. – 3825 .R. respont. – 3843 Et ostoirs. – 3845 Et rices. – 3848 autre *omis*. – 3865 mesire. – 3875 l'a ve. – 3876 a son regne. – 3883 faire sans as grant. – 3906 dolelente. – 3907 contee – 3911 blance mains. – 3924 entenroient. – 3925 asiege. – 3929 quant *omis*. – 3938 chevaliers ne puceles. – 3955 ne note. – 3956 douce rote. – 3972 un *omis*. – 3985 mais. – 4030 vostres. – 4054 Et vers. – 4064 vos *omis*. – 4069 fait. – 4091 je *omis*. – 4098 *répété, la seconde fois sans* por. – 4102 Et la soie. – 4109 mot *répété*. – 4113 porors. – 4238 d'un – 4143 dist bien *répété*. – 4145 l'amors que. – 4148 retint. – 4149 Sire fait il ne vos elmaies. – 4158 vos est doit (*au dessusi*) cil. – 4162 Souvre. – 4194 cruels. – 4200 que primes vit. – 4201 son cuer. – 4202 a nu fuer. – 4251 doist. – 4295 cele cose. – 4298 bien *omis*. – 4300 Par i i venoit. – 4321 i ot *omis*. – 4343 levevee. – 4358 son salus. – 4359 la puce. – 4371 Que cece. – 4382 la vre. – 4388 monst. – 4402 vos quesse. – 4405 garatie. – 4413 A eiols. – 4421 plus omis. – 4442 este la sus la jus. – 4451 dolans. – 4463 delitable. – 4483 A eols .GG. – 4485 gregoit. – 4486 un rois. – 4493 Et e en. – 4515 recorde. – 4516 venroit. – 4530 *le second* je omis. – 4536 destrait. – 4546 destrait. – 4558 retornier. – 4560 Molt desire et convoite. – 4570 brar. – 4588 fa alés. – 4589 iluesques. – 4606 regar. – 4623 laissie. – 4663 destrait. – 4712 Ou me ser vos de. – 4717 avere. – 4732 Tot maintenant entre i sont. – 4737 i *omis*. – 4750 maintes colors.. – 4760 caldonies. – 4767 Poisson torgon. – 4678 pavment. – 4785 L faites. – 4805 As baissier. – 4909 ioiels. – 4811 cues. – 4822 se selt. – 4823 s'esmaient. – 4825 le contraires. – 4839 quant dames veulent. – 4843 tos bien. – 4847 faire *omis*. – 4858 il *omis*. – 4886-4887 *écrits sur une seule ligne*. – 4890 ver. – 4895 blance. – 4896 Desus. – 4897 corant ert. – 4860 Par – 4899 blance. – 4908 et dure *ajouté d'une main plus récente*. – 4923 jor. – 4925 esgarnier. – 4930 volés *omis*. – 4935 roi *est corrigé par* oir *au dessus de la ligne*. – 4937 les .vii. mes. – 4946 l'ar. – 4954 que *omis*. – 4954 que *omis*. – 4956 Bien sai. – 4959 tost

omis. – 4961 ço o je. – 5039 Quant ve furent. – 5053 esmere. – 5068
tos ens ensamble. – 5078 ens fiancie l'avions. – 5084 l'apiele. – 5089
nos vos avos. – 5097 chevalier. – 5144 chieres reubes. – 5149
alerieon. – 5160 Dius *omis*. – 5164 ne *répété*. – 5175 regar. – 5183 et
maint duc *omis*. – 5188 engline. – 5226 cosel. – 5230 dame apiele
acole. – 5242 si con li rois lor. – 5256 Amagons. – 5258 a *omis*. –
5260 Guiglain. – 5263 me le vau rien vauroie. – 5287 Guingras. –
5303 En. – 5313 epire. – 5343 fu *omis*. – 5383 tos. – 5410 andoi
répété. – 5415 ailloirs. – 5430 signon. – 5433 bien. – 5435 GG res
donques – 5450 Et landes et b. rivages. – 5464 Lindezeie. – 5467 sor.
– 5476 Que o – 5479 Li rois Ban de Gomet. – 5485 Duneline. – 5503
Paladingant. – 5506 mon escler. – 5510 le poit. – 5521 Guingamier.
– 5522 s'entarmerent. – 5533 campaingne. 5547 Li rois avoi Amangons li rois i estoit – 5556 trestols. – 5561 Esmere. – 5591 Libnus. –
5602 tante lances. – 5618 au cos. – 5625 tel anganse. – 5632 la route
au soir *le vers n'est pas achevé*. – 5644 Baladigant. – 5656 retene.
5670 Kels. – 5683 cel elme. – 5685 guecist. – 5695 haiumes. – 5696
deslicencent. – 5712 poit. – 5728 se tient. – 5773 deseuer. – 5785
durerement. – 5795 Cadoit. – 5829 repoit – 5829 repoit. – 5836
Amagons. – 5844 fu *omis*. – 5853 paingnent. – 5854 sor cil. – 5861
le plag. – 5866 les daig. – 5883 en ens sablon. – 5947 Buissinent. –
5957 rencontrerent. – 5964 cols *omis*. – 5970 recouvrier. – 5978
destier. – 5980 mait. – 5982 prisse. – 5989 sors haubers. – 5991 escus.
– 5992 fers. – 5995 fendendent. – 5996 s. et fment. – 6012 sont
adrois. – 6025 Bioblieris. – 6050 les sorrent. – 6081, veist, on *omis*.
6075 Q. – 6093 par. – 6104 fisent. – 6135 maintials. – 6140 ce us. –
6148 Artus *omis*. – 6179 poissons. – 6205 onenerer. – 6215 ente
Br'taigne. – 6245 mimore. – 6263 grevantce.

INDEX DES NOMS PROPRES (P.W.)

ADANT 2188, *Adam.*

AGOLANS 1830, *roi en Écosse frère de Margerie.*

* AGUISSANS 5917,5971, *5975,* 5981 ; AGUIZANS 5466 ; ANGUISSANS 6043 ; ANGUISEL 6101 ; *roi en Ecosse ; le ms. paraît bien écrire* Aguissans, *alors qu'on attendrait* Aguissaus.

AGUILLARS 31, *roi (peut-être le même que* Aguissans), *à la Cour d'Artur, frère de Lot et d'Urien.*

* Alixandre 3446. *Alexandrie.*

AMANGONS 47, 5256, 5266, 5547, 5836, 5836, 5849, 6160, *roi.*

AMORS 1731, 1773, 3125, 3677, 3752, 3757, 3760, 3769, 3772, 3776, 3834, 4013, 4131, 4137, 4176, 4179, 4185, 4188, 4197, 4211, 4215, 4544, 4546, 4629, 4805, 4808, 4826, 4828, 4830, *le dieu d'Amour.*

AQUINS D'ORBRIE 50, *chevalier d'Arthur.*

* ARÉS 42, Arels, 5582, *père de Tor.*

* ARTUS 15, 32, 176, 255, 412, 416, 481, 485, 1189, 1469, 1801, 2092, 2713, 2905, 3231, 3238, 3405, 4966, 4974, 4989, 5057, 5077, 5104, 5246, 5351, 5535, 5592, 5903, 5911, 5933, 5968, 6093, 6111, 6144, 6148, 6211, 6216 ; ARTU 1183, 3313. 3359, 3611, 3887, 5567, 5965, 6238, *Arthur, roi de Bretagne. Voir* HARTU.

Baladingant (li vallés de) 46, 5503, 5644, 5657, *cbevalier. Voir* Baradigan.

* BAN(S) DE GOMORRET 5479, 5839, *roi.*

Baradigan 5475, *royaume du roi de Canaan. Est-ce le même que le* Brandigan *d'*Erec ? *Voir* Baladingant.

BAUDINS 5702, *roi, paraît être le même que* Condrins *et* Gaudins. *Voir ces noms.*

Becleus 1502, *château de la Pucele as Blances Mains.*

* BEDUER DE NORMENDIE 5575 ; BEDUIERS 37, 61, 119, BEDUIER 105, 109, *cbevalier d'Arthur.*

* Betee (mer) 3290, *Mer Morte.*

Biauju 6249, *voir* RENALS.

* BIAUS COARS (le) 48, *chevalier d'Arthur.*

BIAUS DESCOUNEÜS, 131, 205, 381, 407, 441, 469, 1041, 1106, 1227, 1481, 1742, 1780, 1821, 1867, 2087, 2922, 3064, 5084, 5199 ; B(I)EL DESCOUNEÜ 571, 1085, 1478, 1871, 1980, 2387, 3232 ; BIAU D. 975, *Guinglain. héros du roman. V.* DESCOUNEÜS *et* GUINGLAINS.

BLANCEMAL 3237, 5203, *fée, mère de Guinglain.*

BLANCES MAINS (LA PUCELE, LA DAMOISELLE AS) 1941, 3119, 3272, 3681, 3748, 3911, 3949, *dame de l'Ile d'Or.*

BIBLIS 4346 *personnage des* Métamorphoses *d'Ovide.*

* BLIOBLÏERIS 339, 437, 465, 523, 541, 835, 1213, 5121, 6025, *cbevalier, défenseur du Gué Périlleux.*

BLONDE ESMEREE 3669, 3837, 3875, 5055, 5561, 5895, 6146, 6153, 6210, 6197, *reine de Galles.*

BRAIMANT 3039.

Bralant 5658 *voir* BRUS

Bretaingne 3513, 3600, 3663, 5130, 5534, 5837, 6115, *Grande-Bretagne.*

Breton 5200, 5751, 5796, 5864, 5869, 5959 *habitants de la Grande-Bretagne*

BRIÉS DE GONEFORT 35, *chevalier d'Arthur.*

* BRUIANS DES ILLES 5549, 5697, 5701, 5715, 5750, 6091, 6161, *roi.*

* CADOALENS 5753, *roi.*

* CADO(I)C 5795, 5803, 5809, *roi.*

CANAAN, 5476, *roi de Baradigan.*

* CARADOS 44, *chevalier d'Arthur.*

CARAÉS, CAREHEULS 5581, *chevalier d'Arthur.*

CARENTINS 44, *chevalier d'Arthur.*

* Carlion 2714, *château d'Arthur. Voir* Charlion.

Cartre 36.*Voir* GERINS.

Castiel as Puceles 5302, 5336, 5454, 5455.

* Charlion 11, *voir* Carlion.

Cité Gaste 1235, 2775. *Voir* Gaste Cité *et* Senaudon.

CLARIE 889, 1228 *sœur de Saigremor.*

CONDRINS 5699, *roi d'Irlande. Voir* Baudins *et* Gaudins.

Cornouaille 1860, 3036, 5543, 5690.

Costantinoble 4744, *Constantinople.*

DamesdiuS 2434, 2908, *Dieu.*

* Deon 1811, DEU 5127. *Voir* Do.

Desconeüs 281, 623, 685, 935, 1139, 1160, 1165, 1196, 1493, 1517, 1556, 1826, 1833, 2075, 2077, 2172, 2225, 2305, 2391, 2597, 2768, 2852, 2950, 3011, 3049, 3118, Desconeü 1114, 1273, 2260, 2315, 2365, 2695, 2790, 2933,*Guinglain, le Bel Inconnu. Voir* Biaus Descouneüs *et* Guinglain.

Deu 1058, *Dieu.Voir.* Dius.

Dinaus 41, *chevalier d'Arthur.*

Dius 8, 272, 312, 3l4, 418, 496, 589, 608,668, 770, 773, 1026, 1242, 1254, 1675, 2529, 2554, 2564, 2566, 2846, 2903, 3103, 3l46, 3290, 3722, 3864, 4002, 4295, 4304, ,4370, 4434, 4450, 4529, 4536, 4607, 4842, 4851, 4855, 4860, 5009, 5110, 5160, 6232 ; Diu 182, 188, 316, 638, 650, 652, 998, 1015, 1046, 1054, 1442, 1842, 2167, 2208, 2456, 2556, 2668, 2742, 2840, 3013, 3091, 3123, 3482, 3486, 3645, 3892, 4009, 4504, 4574, 5091, 6015, 6250, *Dieu. Voir* Deu.

* Do 1805, 1824, Due 6094, *père de Girflet. Voir* Déon.

Dunelie 5485, *peut-être* Duveline, *Dublin.*

Elanne 4344, *Hélène de Troie, femme de Ménélas.*

Elias 5509, *duc.*

Elie 2357, 2704, 3418, 3429, *demoiselle de Blonde Esmerée. Voir* Helie.

Elins le blans, sire de Saies, 527, *compagnon de Blioblïeris.* Elin de Graies 971 ; Helin de Graies, 1122 *compagnon de Blioblïeris, dans les deux passages il y a eu interversion de* Saies *et* Graies. *Voir* Helin.

Enauder 38, *roi, à la cour d'Arthur.*

Enee 4348, *héros de l'*Enéide *et du roman* d'Eneas.

* Erec, le fils Lac, 39, 5777, 5873 ; Erec d'Estregales, 5574 *héros de* Erec et Enide *de Chrétien de Troyes.*

Erians 36, *chevalier d'Arthur.*

Escoce 1829, 1844, 5466, 5971, *Ecosse.*

Espaingne 3514, 5862, *Espagne.*

* Estraus 50, *voir* QES.

* Estregales 5574, *Outre-Galles, royaume d'Erec. Voir* Gales *et* Norgales.

EVRAINS LI FIERS 3368, *enchanteurt, frère de Mabon.*

Fier Baissier 192, 3206, 4997.

* *Voir* Fine Posterne 5519. *Voir* GRAHELENS.

FLORIE 5976 ; FLORES 5577, *duc de France.*

FLORÏENS 34, *chevalier d'Arthur.*

France 5976.

François 5577, *Français.*

Frisse 5882, *Frise.*

Gales 3385, 3458, 3846, 5066, 5216, 5221, 6219, 6223, *pays de Galles. Voir* Estregasle *et* Norgales.

* GALES LI CAUS 41, 5256, 6164, *cbevalier d'Arthur.*

Galigans 2507, *château de Lampart.*

* *GALOAIN 5877, comte.*

* GANDELUS 5527, *chevalier d'Arthur.*

Gaste Cité 249I, 3390. *Voir* Cité Gaste *et* Senaudon.

GAUDINS 5519, GAUDI 5713, *roi d'Irlande. Voir* BAUDINS *et* CONDRINS.

* GAVAINS 37, 93, 102, 265, 270, 3235, 336I, 3562, 5102, 5567, 6023, 6161 ; GAVAIN 3216, 3226, 5202, 5231, 5247, 5252, 5572, *Gauvain, neveu d'Arhtur et père de Guinglain.*

GELDRAS 5485, 5826, 5851, *roi de Dunelie (Voir ce mot) .*

GERINS DE CARTRE 36, *chevalier d'Arthur.*

* GIFLÉS, li fius Do, 1805, I811, 1824, 1840, 5127, 6025, 6107 ; GIFLET 1804, 1836, 6094, *chevalier d'Arthur.*

GOALANS 5253, *roi.*

Gohenet 5471, *royaume de Hoel.Voir* HOEL.

* Gommor(r)et 5479, 5839, *royaume de Ban. Voir* BAN.

Gonefort 35, *voir* BRIÉS.

* Gorhout 5529. *Voir* GORMANS.

* GORMANS DE GORHOUT 5529, *cbevalier d'Arthur.*

GRAMADONE 1135 *cheval de Helin de Graies.*

* GRAHELENS DE FINE POSTERNE 5519, *chevalier d'Arthur* ; *Chrétien l'appelle* Graislemier .

Graies 528, 1111, 1122, 1131, 1206, 1226. *Voir* ELINS. HELIN.

GRINGRAS 177, 3309, 4033, 5197, 5287. *roi de Galles, père de Blonde Esmerée.*

* Gué Perillous 323, 529, 545, 1009, 1214, 6026.

* GUINGAMUER 5521, *cbevalier, frère de Graelent.*

GUINGLA(I)NS 3233, 3253, 3301, 3401, 3511, 3537, 3541, 3593, 3636, 3674, 3759, 3825, 3833, 3860, 3863, 3880, 3929, 3934, 3995, 4079, 4107,4124, 4130, 4161, 4189, 4211, 4219, 4247, 4261, 4285, 4333, 4341, 4356, 4384, 4412, 4445, 4478, 4505, 4521, 4556, 4589, 4600, 4701, 4719, 4795, 4821, 5027, 5053, 5101, 5242, 5319, 3338, 5352, 5377, 5386, 5388, 5397, 5411, 5413, 5435, 5444, 5458, 5711, 5717, 5730, 5771, 5781, 5792, 5800, 5816. 5825, 5832, 5861, 5874, 5927, 6048, 6057, 6084, 6097, 6107, 6147, 6192, 6202. 6211, 6235, 6241, 6260 ; GUINGLÀINS 3250, 3434, 3643, 3647, 3671, 3868, 3909, 4483, 4488, 4582, 4651, 4698, 4778, 4826, 4862, 4867, 5201, 5218, 5244, 5260, 5371, 5666, 5717, 5810, 6017, 6032, 6044, 6102, 6113, 6116, 6155. 6157, 6167, 6256, 6264 ; *béros du roman, ftls de Gauvain et de Blancemal la fée. Voir* BIAUS DESCOUNEÜS *et* DESCOUNEÜS.

GUINLAINS DE TINTAGUEL 51, *chevalier d'Arthur.*

* GUIVRÉS 5483, 5830, *roi des Irlandais.*

GUNES 5371, *cbevalier.*

* Haute Montaingne (cil de la) 5513, *chevalier d'Arthur.*

* HARDIS 5489, *voir* LAIS HARDIS.

* HARTU 83, *Artur. Voir* ARTUS.

HELIE 197, 725, 825, 841, 1012, 1015, 1043, 1231. 1843, 1868, 1945, 1991, 2306, 2314, 2487, 4987, *demoiselle de Blonde Esmerée. Voir* ELIE.

HELIN DE GRAIES 1122 ; HELUIN DE GRAIES, 1207 ; HELUINS DE GRAIES 1226 ; *compagnon de Blioblïers V.* ELINS.

HOEL DE GOHENBT 5471, 5691, 5704, 5752, 5766, *roi. Voir* HORELS.

HOEL DE NANTES S 579, *cbevalier .*

HORELS 34, *roi, peut être le même que* Hoel de Gohenet.

Hungrie 4236, *Hongrie.*

IDER 5679, IDÉS 5649, *roi. Voir* YDER.

Il(l)ande 3960, 5540, 5699, *Irlande.*

Ille de la mer Betee 3290.

Ille d'Or 1930, 3684, 3745, 3805, 3919, 3935, 5322, *pays de la Pucelle aux Blanches Mains*

Ille Noires 5518, *terre du comte de Truerem. Voir à ce nom.*

Illes 5548. *Voir* BRUIANS.

Irois 5484, 5830, *Irlandais.*

JHESUS 2188, *Jhésus.*

* KAHADINST 5493, *duc de Lamprebois.*
* KE(U)S 53, 63, 5255, 6163 ; KEU 5670 *sénéchal et frère de lait d'Arthur.*

* LAC 36, *roi d'Outre-Galles, père d'Erec.*
* LAIS HARDI 5489, *chevalier d'Arthur.*

LAIVINE 4347, *Lavinia ou Lavinie, fille du roi Latinue et épouse d'Enée.*

LANPARS 2523, 2587, 2599, 2613, 2681, 2705, 2710, 2725, 2745, 2751, 2761, 2788, 2796, 2847, 3429, 3534, 5892, 5897, 6107, 6163 ; LANPART 2685, 2703, 5565, 6094, *seigneur de Galigans, sénéchal de Blonde Esmerée.*

Lanprebois, 5494 *terre de Kahadinst ;*

* LANS(S)ELOS DOU LAC 40, 5507, *Lancelot du Lac.*
* Limors 3922, *château du comte Oringle dans* Erec et Enide

Lindezie 5755 ; Lindezie 5464, *royaume d'Yvain.*

* Lis 5350. *Voir* MELIANS.

Lombardie 4347, *Lombardie.*

Londre(s) 5132, 6145, 6151, 6208, *Londres.*

* LOS 33, *Lot, frère d'Aguillars et d'Urien.*

MABONS 3347, 3697, 3389 ; MABON 3487,4996, *enchanteur, frère d'Evrain.*

Mainne 3508, *le Maine.*

MAINNET 3039, *Mainet, nom d'emprunt de Cbarlemagne jeune.*

MALGIERS LI GRIS 2192, *chevalier, défenseur de l'Ile d'Or.*

MARCEL (saint) 1620.

MARGERIE 1654, 1657, 1699, 1825, *sœur du roi Agolant.*

MARIE 2668 ; -(sainte) 5028 ; *la Vierge Marie.*

* MARS 47, 5543, 5689, *le roi Marc de Cornouaille .*

MARTIN (saint) 915.

* MELIANS DE LIS 5530, *chevalier d'Arthur.*

Mer Betee 3790. *Voir* Betee.

* Montaingne (Haute) 5513. *Voir* Haute Montaingne.

Montescler 5306, 5506, 5639, 5495, 5613. *Voir* SORS.

MOR 3952, *Maures.*

MORDRÉS 45, 5569 ; MORDET 5733 ; *roi, frère de Segurés.*

* MORGE 4349, *la fée Morgane, sœur d'Arthur.*

MORHOLT 3037, *géant ou monstre tué par Tristan.*

Nantes 5579.

NATURE 2227, 3268, 3277, *la déesse Nature.*

Norgales 5573, *Galles du Nord. Voir* Gales *et* Estregales.

Normendie 5575, *Normandie.*

ODUÏNS 43, *comte.*

Oirecestre 5571.

OLIVIER 3038, *compagnon de Roland.*

Orbie 50. *Voir* AQUINS.

* ORGOILLOUS DE LA LANDE 1486, 5125, 6027, *chevalier chasseur.*

PARIS 4345, *Pâris, fils, de Priam.*

* PERCEVALS LI GALOIS 5501, *Perceval le Gallois héros du* Comte du Graal *de Chrétien de Troyes.*

QES D'ESTRAUS *50, chevalier d'Arthur.*

* RAIDURAINS 5523, *chevalier.*

RENALS DE BIAUJU 6249, *auteur (ou narrateur) du roman.*

RICIERS 38, *comte à la cour d'Arthur.*

ROBERS 277, 511, 515, 611, 618, 695, 698, 703, 816, 860, 901, 917, 923, 930, 937, 959, 977, 997, 1232, 1494, 2363, 2481, 2581, 2663, 2848, 3431, 3436, 3756, 3763, 3811, 4117, 4213, 4221, 4223, 6384,

5420, 5430, 5793 ; ROBERT 515, 681, 2339, 2769, 342I, 3538, 3740, 4113, 4128, 4135, 5404, 5413, 5423, *écuyer de Guinglain*

* Roge Cité (roi de la) 5481, 5952.

ROLLANT 3038, *neveu de Charlemagne, héros de la* Chanson de Roland.

* Ronde Table 5591. *Voir* Table reonde.

ROSE ESPANIE 1724, *amie de Girflet.*

Saies (sire de, cil de) 27, 972, 1112, 1132, 1161, 1177, 1187, 1195, 1201, 1215, 1225, 5123, 6027. *Voir* ELINS LI BLANS.

* SAIGREMORS 891, 6164 ; SAIGREMORT 6017 ; *chevalier, frère de Clarie.*

Salebrant 529 ; Salebrans 973, 1209. *Voir* WILLAUME.

SEGURÉS 45, 5570, *chevalier, frère de Mordret.*

Senaudon 3388, 6229 ; Sina(u)don 3855, 6222 ; V*ille du royaume de Galles, appartenant à Blonde Esmerée. Voir* Cité gaste, Gaste cite.

SORS (LI) DE MONTESCLER 5495 ; SOR 5506, 5613, 5632, 5639, 5645 *roi ; cf.* 5306 roi de Montescler .

Table reonde 227, 249. *Voir* Ronde Table.

Tesale 2280, *Thessalie.*

TIDOGOLAINS 260, *nain d'* Hélie.

* TORS 42,5582, *fils du roi Arès.*

TRISTANT 3037 ; TRISTRANS 35, 4422, 5254, 5304, 5583, 5624, 5627, 6162 ; TRISTRAN 5614, 5617, 5626, 5637 ; *Tristan. neveu du roi Marc.*

Truerem 5515 ; *le comte de Truerem est sire de l'Ile noire.*

URÏENS 33, *chevalier d'Arthur, frère d'Aguillart et de Lot.*

Valcolor (roce de) 1004.

Vale(n)don 5303, 5305, 5536, 6110, 6142 ; Valenton 5594, *lieu du tournoi.*

WILLAUME DE SALEBRANT 529 ; WILLAUMES, 974, 1032, 1064, 1088, 1099, 1210 *compagnon de Blioblïeris.*

* YDER 5525, 5660 ; YDÉS 5555, *roi. Voir* IDER.

* YSEULS 5587 ; YSEUT 4422 ; *Iseut la Blonde, femme du roi Marc, amie de Tristan. Voir* ISEX.

* YVAINS 5464, *roi de Lindezie, héros du* Chevalier au lion *de Chrétien de Troyes.*

* YVAINS L'AVOUTRES 6162, *frère bâtard du précédent, chevalier d'Arthur.*

GLOSSAIRE

acroit, 4171 *de* acroire : *prêter*
alerion 5149 : *grand aigle*
ason 5603, azon 5921 : *azur*
aviaire 4157 : *opinion*

barate 164 : *élégance*
barater 4171 : *troquer*
belloi 3558 : *tromperie*
bestorner 1737 : *tourner à l'envers, mal tourner*
bisse 5146 : *bête sauvage* (étym. *bistia pour *bestia*)
broce 5972 : *bouquet d'arbre*
buissine 2898, 5987 : *trompette*

caeler 5897 : *conduire, commander dans un combat*
calendre 4325 : *alouette*
caple 1429, 5749 capleïs 5710 : *bataille, massacre, fracas*
casé 1903, 3460, 4060 : *vassal (qui tient son fief de...)*
casement 2096, 2099 : *fief*
caucatri 5147 : *crocodile*
citole 2892 : *cithare, instrument de musique à corde.*
citoual 4317 : *zédoaire, graine aromatique.*
conpas (a) 1695, 1910 : *exactement dessiné.*
corgie 167 : *courroie*
croller 801 : *s'écrouler*
cuvers 2035 : *terme d'injure équivalent à « misérable »*

defois 4675 : *défense*
dehé ait 249 : *formule de malédiction*
demanois 5743 : *sur-le-champ*
deslicier 5696 : *mettre en pièce*
desroi 1005, 3946 : *désordre*

desreer 5685, 5875 : *rompre les rangs*
edre 1529 : *duvet de cygne*

enbaré 1340 : *cabossé*
encaucier 2956, 5709 : *poursuivre*
enclé 1670 : *découpé*
enfaumenté 4596 : *ensorcelé*
engolé 6133 : *garni d'une collerette de fourrure*
engrés 4500, 5044 : *ardent, désireux*
ensaucier 6173 : *honorer*
entemes 3115 : *surtout*
enteser 793, 2958 : *tenir une arme prête à frapper*
entrejet 2177 : *coup (d'une arme) de taille*
entrekenu 5510 : *poivre et sel (cheveux)*
erboi 6020 : *terrain couvert d'herbe*
escanter 5994 : *abattre un quartier de l'écu*
escarnir 2460, 4925 : *se moquer*
echekeree 2248 : *à damier*
esclice 1419, 2659 : *éclat de bois*
essement (*pour* ensement) 4115 : *également, aussi*
estres 2117, 2817 : *appartement, chambre, embrasure d'une fenêtre*
estree 1302 : *route*
estriver 4528 : *disputer*
estros (a) 2800, 3755 : *à coup sûr*
estrousser 5634 : *briser*

ferfel (*pour* frefeil) : *agitation* : ferceler (*pour* frefeler ?) 3180 : *bouger*
frarin 3900 : *malheureux* (sens propre, *moinillon*)
frenci 1727 : *ridé*
frois 6011, froisseïs 6006 : *choc*

gaaigneries 1510 : *labours*
gaudine 5060 : *bois*
gehir 4433 : *avouer, confesser*
gille 1622, 2338 : *ruse*

glaça 1119, *de* glacier : *glisser*
guince 1052 : *courroie du bouclier*

hosé 1311 : *botté*
hostoir 3575, *voir* ostoir

ierne 5520 : *buisson*
inde 1919,2866, 3975 : *bleu*

jambes salees 904 : *jambons*
joncière 5852 : *endroit planté de joncs*

kels 939 *c.s. de* keu : *cuisinier*
kieveçaille 3296 : *encolure d'un vêtement*
kiute 2270 : *couverture* ; kiute pointe 2367 : *courtepointe*

laidure 2542, 2576 : *outrage*
lait 1394, 4055, 4144 : *outrage*
lecerie 2451 : *débauche*
livrison 6052 : *distribution, ration.*
lors 4924, *c.s. de* lort : *lourd d'esprit, sot*
losengier 3376, 6047 : *flatter, enjôler*

malage 4270 : *souffrance*
manaie (en) 6028 : *doucement, mollement*
manois 1026 : *aussitôt, à l'instant*
marchoier 3563 : *être voisin, limitrophe*
marine 3933 : *bord de l'eau*
mellier 780, 4310 *néflier*
misaudor 2764 : *cheval de prix*

onbrier (soi) 4338 : *se mettre à l'ombre*
onbrier 5508 : *ombrages*
orine 5216 : *origine*
ostoir 3842, 3940, hostoir 3575 : *autour (oiseau de chasse)*
ouvreor 2805, ouvroir 1662 : *atelier*
paringal 456 : *en parfaite égalité*

peçoier 439, 5763 : *mettre en pièces*
peliçon 3448, 4227 : *vêtement fourré*
pendeler 4567 : *être suspendu*
plenteïf 2163, plentevif 1878 : *abondant, riche*
poitrail 1439, 1765, 5886, 5937, potral 6061 : *harnachement de poitrail*

rade 4555 : *rapide*
rain 1280 : *bois d'un cerf*, 2058, 3986 *rameau*
rainme 328 : *branchages*
ravine 2938, 3879 : *impétuosité*
recouvrer 5932 : *garantie*
recroire 3048 : *renoncer au combat, s'avouer vaincu*
renchi 5405 : *roncin, cheval de charge*
riole 4110 : *partie de plaisir, débauche*

sable 5155, seble 2390, 4240 : *zibeline*
seri 620 : *soir*
solier 2804 : *étage*

tabarie 3200 : *tapage*
tençon 532 : *discussion*
tonbir 3008 : *retentir*
torser 2756, 5437, 6062 : *trousser, charger des bages, une bête de somme*
traitis 1540 : *allongés*
treü 5213 : *tribut*

vacele 279 : *vallon*
vels 2163 : *vœux*
venteler 5596 : *flotter au vent*

BIBLIOGRAPHIE

I. Editions

FRESCO K. et DONAGHER P., Renaut de Bagè, *Le Bel Inconnu,* éd. et traducion anglaise, New York.

HIPPEAU C., 1860, *Le Bel Inconnu ou Giglain. fils de Messire Gauvain et de la Fée aux Blanches Mains, poème de la Table Ronde, par Renauld de Beaujeu, poète du XIIIe siècle,* Paris, CFMA.

KRAUS H., 1978, Renaut de Beaujeu, *Le Bel Inconnu, altfranzösische Epik,* Darmstadt, Wissenschaftliche Buchgesellschaft.

WILLIAMS G. P., 1978, *Le Bel Inconnu, roman d'aventures,* Paris, Champion.

II. Traductions et concordanciers

CIRLOT V., 1983, *El Bello Desconocido,* Madrid, Siruela.

PERRET M. et WEILL I., 1991, *Le Bel Inconnu, roman d'aventures du XIIIe siècle,* traduction en français moderne, Paris, Champion.

LÉONARD M., 1996, « Concordancier du Bel Inconnu, vv.1237-3252 », dans *La fée et la* guivre : Le Bel Inconnu *de Renaut de Beaujeu, approche littéraire et concordancier,* Paris, Champion, 1-220.

PIOLETTI A, 1992, *Il bel cavaliere sconosciuto,* Parma, Pratiche Editrice.

III. Etudes critiques

(Les références suivies de * ne traitent qu'incidemment du *Bel Inconnu.*)

ADAMS A, 1978, « La conception de l'unité dans le roman médiéval en vers », *Studia Neophilologica* (50), 101-112.*

ADAMS D. et THORPE L. 1975, « Li Hystoire de Giglan et le Roman de Laurin », *Romania* (96), 389-402.

BAUMGARTNER E., 1994, « Armoires et grimoires », *De l'histoire de Troies au Livre du Graal,* Caen, Paradigmes, 143-158.*

BAUMGARTNER E., 1996, « Féerie-fiction : *Le Bel Inconnu* de Renaud de Beaujeu » *Le chevalier et la merveille dans* Le Bel Inconnu *ou le beau jeu de Renaut,* J.Dufournet éd., Paris, Champion, 7-21.

BAUSCHKE R., 1993, « Auflösung des Artusromans und Defiktionalisierung im *Bel Inconnu* », *Fictionalität im Artusroman,* Mertens V. et Wolfzettel F. éds, Tübingen, 15-26.

BERRIOT F., 1996, « Amour et érotisme dans *Le Bel Inconnu* de Renaut de Beaujeu », *Op. cit.,* revue de littérature française et comparée, P.U. Pau, 5-10.

BIDDER WJ.K., 1933, *Ergebnisse von Reimmtersuchung und Silbenzählung des ...Li beaus Desconus des Renaut von Beaujeu,* Coburg.

BOIRON Fr. et PAYEN J.-Ch., 1970, « Structure et sens du *Bel Inconnu* », *Le Moyen Age,* (76), 15-26.

BOZOKY E., 1974, « Roman médiéval et conte populaire : le château désert », *Ethnologie française,* 349-56.*

BOZOKY E., 1982, « L'utilisation structurale du conte dans l'étude du roman médiéval : *Le Bel Inconnu* », *Le Conte. Pourquoi ? Comment ?* Paris, éditions du CNRS, 1984, 99-112.

BRAET H., 1998, « Le *Bel Inconnu* ou les délices de l'incertitude », *Mélanges de Langue et de littérature française du Moyen Age offerts à Pierre Demarolle,* Paris, Champion, 275-283.

BRUCKER Ch., 1998, « Aventure, discours et structure du roman médiéval aux XIIIe et XIVe siècles (*le Bel Inconnu, Tristan* en prose, *Berinus*) », *Miscelania Medievalia, Mélanges offerts à Philippe Ménard,* J.- C. Faucon, A. Labbé, D. Quéruel éds., Paris, Champion, 227-247.

CHANDÈS G., 1984, « Amour, mariage et transgressions dans *Le Bel Inconnu* à la lumière de la psychologie analytique ». *Amour, mariage et transgression au Moyen Age, Université de Picardie, Actes du colloque des 24, 25, 26 et 27 Mars 1983,* Göppingen, Kümmerle Verlag, 325-333.

CHANDÈS G., 1987, « Le jeu du hasard et de la necessité : à propos du *Bel Inconnu* de Renaut de Beaujeu », *Arturus Rex (II)*, *Acta Conventus Lovaniensis 1987*, Leuven, 1991, 145-154.

COLBY-HALL A., 1977, « The Lips of the Serpent in *Le Bel Inconnu* », *Homenaje a Robert A.Hall Jr.*, Madrid, 111-115

COLBY-HALL A., 1984, « Frustration and Fulfillment : the Double Ending of The *Bel Inconnu* », *Yale French Studies* (67), 120-134.

CORLEY C., 1990, « Editing *le Bel Inconnu* and other single-manuscript texts », *The editor and the text*, In Honour of Prof. Antony J. Holden, P.E. Bennett and G.A. Runnalls éds., Edinburgh U.P. and Modern Humanities Research Association, 11-19.

CROISY-NAQUET C., 1996, « L'art du portrait dans *Le Bel Inconnu* », *Op.Cit.*, revue de littérature française et comparée, P.U. Pau, 11-20

DE LOOZE, 1990, « Generic Clash, Reader Response and the Poetics of the No-Ending in *Le Bel Inconnu* », *Courtly Literature : Culture and Context. Selected Papersfrom the 5th Triennal Congress of the International Courtly Literature Society*, Amsterdam Philadelphie, 113-123.

DUBOST F., 1991, *Aspects fantastiques de la littérature narrative médiévale (XII° et XIII° siècles)*, Paris, Champion.*

DUBOST F., 1996, « *Tel cuide bien faire qui faut* : le « beau jeu » de Renaut avec le merveilleux », *Le chevalier et la merveille dans Le Bel Inconnu ou le beau jeu de Renaut*, J. Dufournet éd., Paris, Champion, 23-56.

DUBOST F., 1996, « Pouvoir féodal et objets matériels dans *Le Bel Inconnu* », *Le chevalier et la merveille dans Le Bel Inconnu ou le beau jeu de Renaut*, J. Dufournet éd., Paris, Champion, 57-67..

DUBOST F., 1999, « Magie et illusion au moyen âge » *Senefiance* (42) 123-141

DUBOST F., 2000, « L'enchanteur et son double : Mabon et Evrain, thématique de la dualité dans *Le Bel Inconnu* », *Bulletin bibliographique de la société arthuriene*, Paris.

DUFOURNET J. éd., 1996, *Le chevalier et la merveille dans Le Bel Inconnu ou le beau jeu de Renaut*, Paris, Champion.

EMING J., 1994, « Uberschreitung und Vermittlung. Die Figur des Zauberers im *Bel Inconnu* », *Zauberer und Hexen in der Kultur des Mittelalters*, Greifswald, 59 -76.

FERLAMPIN-ACHER C., 1996, « Approche littéraire du *Bel Inconnu* », *La fée et la* guivre : Le Bel Inconnu *de Renaut de Beaujeu, approche littéraire et concordancier,* Paris, Champion, XI-LXXI.

FIERZ-MONNIER A., 1951, *Initiation und Wandlung. Zur Geschichte des altfranzösischen Romans im zwölften Jahrhundert von Chrétien de Troyes zu Renaut de Beaujeu,* Bern. *

FRANK E., 1928, *Der Schlangenkuss. Die Geschichte eines Erlösungs-motivs in deutscher Volksdichtung.* Leipzig.*

GOUTTEBROGE J.G., 1998 « J'ai deux amours... Guinglain entre épouse et maitresse », *Cahiers de Civilisation Médiévale* (XLI), Poitiers, 55-63

GRIGSBY J. L., 1968, « The Narrator in *Partonopeu de Blois, Le Bel Inconnu* and *Joufroy de Poitiers* », *Romance Philology* (21), 534-543.

GRIMBERT J.T., 1990, « Effects of Clair-Obscur in *Le Bel Inconnu* », *Courtly Literature : Culture and Context,* Busby K. et Kooper E. éds, Amsterdam Philadelphie, 249-260.

GUÉRIN V., 1988, « Les masques du désir et la hantise du passé dans *Le Bel Inconnu* », *Masques et déguisements dans la littérature médiévale,* Ollier M.-L. éd., 55-66.

GUERREAU A., 1982, « Renaud de Bâgé : *Le Bel Inconnu.* Structure symbolique et signification sociale », *Romania* (102), 28-82.

GUERREAU-JALABERT A., 1995, « Fées et chevalerie. Observations sur le sens social d'un thème dit merveilleux », *Miracles, prodiges et merveilles au moyen âge,* P.U. Sorbonne (série Histoire ancienne et médiévale), 113-150.*

GUTHRIE J., 1984, « The Je(u) in *Le Bel Inconnu :* Auto-Referentiality and Pseudo-Autobiography », *Romanic Review* (75-2), 147-161.

GUIDOT B., 1998, « La séduction romanesque dans le *Bel Inconnu* de Renaut de Beaujeu », *Littérature et séduction, Mélanges en l'honneur de Laurent Versini,* R. Marchal, F. Moureau, M. Crosiez éds., Paris, Klinckseick.

HAIDU P., 1972, « Realism, Convention, Fictionality and the Theory of genres in *Le Bel Inconnu* », *L'Esprit créateur* (12), 37-60.

HAIDU P., 1975, « Narrativity and Language in some XIIth Century Romances », *Yale French Studies* (51), 133-146.

HANNING R.W., 1977, The *Individual in Twelft Century Romance*, New Haven and London, Yale University Press.*

HARF-LANCNER L., 1984, *Les fées au moyen âge. Morgane et Mélusine ; la naissance des fées*, Paris, Champion. *

HARF-LANCNER L., 1996a, « Entre la princesse et la fée : la Dame sans merci. Le Bel Inconnu de Renaut de Beaujeu », *Op. cit.*, revue de littérature française et comparée, P.U. Pau, 21-28.

HARF-LANCNER L, 1986b, « *Le Bel Inconnu* et sa mise en prose au XVIe siècle, *L'histoire de Guinglain* : d'une esthétique à l'autre », *Le chevalier et la merveille dans* Le Bel Inconnu *ou le beau jeu de Renaut*, J. Dufournet éd., Paris, Champion, 69-89.

JAUSS H. R., 1962, « Epos und Roman – eine vergleichende Betrachtung an Texten des XII. Jahrhunderts – *Fierabras, Bel Inconnu »*, *Nachrichten der Giessner Hochschulgesellschaft* (31), 76-92 (repris dans « Analyse comparative de *Fierabras* et du *Bel Inconnu* » *Chansons de Geste und höfischer Roman, Heidelberg Kolloquium 1961*, Heidelberg, 1963, 61-77 ; *Alterität und Modernität der Mittelalterlichen Literatur. Gesammelte Aufsätze 1956-76*, München, 1977, 310-326).

KELLY D., 1989, « Description and Narrative in Romance : the Contextual Coordinates of *Meraugis de Portleguez* and the *Bel Inconnu* », *Continuations : essays on medieval french Literature and Language in Honor of J. L. Grigsby*, Lacy N.J. et Torrini-Roblin G. éds, Birmingham, 83-93.

KLIBER W.W., 1971-2 « *Le Bel Inconnu*, v. 2739 », *Romance Notes* (13), Chapel Hill, 556-560

KRAPPE AH., 1932, « Guinglain chez l'enchanteresse », *Romania*, 426-430.

LECOUTEUX C., 1982, *Mélusine et le chevalier au cygne*, Paris, Payot.*

LODS J., 1979, « »Le baiser de la reine » et »le cri de la fée », étude structurale du *Bel Inconnu* de Renaud de Beaujeu », *Mélanges de langue et de littérature françaises du Moyen Age offerts à Pierre Jonin*, Senefiance (7), CUERMA, Aix, 413-426.

LOOMIS R.S., 1947, « From Segotium to Sinadon – the legends of a *cité gaste* », *Speculum* (22), 520-533.

LOOMIS R.S., 1951 « The Fier Baiser in Mandeville's Travels, Arthurian Romance and Irish Saga », *Studii Medievali* (17-1), 104-113.

LOZACHMEUR J.C., 1979, « Guinglain et Perceval », *Etudes celtiques* (16), 279-281.

LOZACHMEUR J.C., 1980, « A propos de l'origine du nom de Mabonagrain », *Etudes celtiques* (17), 257-62.

MCGERR R., 1989, « Medieval Concept of Literary Closure. Theory and Practice », *Exemplaria* (I), Binghamton, N.Y. 149-179.

MADDOX D., 1998, « Les armoiries de l''Inconnu' », *Miscelania Medievalia, Mélanges offerts à Philippe Ménard,* J ;Cl. Faucon, A.Labbé, D. Quéruel éds., Paris, Champion, 933-942.

MALACHEVERRIA I., 1982, « Deux exploits de Guinglain », *Florilegium* (IV), Ottawa, 137-155.

MARCOTTE S., 1997, « Observations sur la déclinaison des substantifs dans *Le Bel Inconnu* de Renaut de Beaujeu », *L'information grammaticale* (72), 3-8.

MEILLER A., Notes sur la traduction du *Bel Inconnu* », *L'information grammaticale* (72), 19-20.

MENEGHETTI M.L.,1984, « Duplicazione e specularità nel romanzo arturiano (dal *Bel Inconnu* al *Lancelot-Graal*) », *Mittelalterstudien. Eric Köhler zum Gedenken,* ed. H.Krauss et D.Rieger, *Studia Romanica* (55), Heidelberg, 206-217.

MENNUNG A., 1890, *Der* Bel Inconnu *des Renaut de Beaujeu in seinem Verhältnis zum* Lybaus Desconus, Carduino *und* Wigalois, *eine literarhistorische Studie,* Halle.

MICHA A. 1959, « Le Bel Inconnu or Guinglain », *Arthurian Literature in the Middle Ages, a collaborative History*, R.S. Loomis éd., Oxford, Clarendon Press, 370-372.

MILLS M., 1966, « The Huntman and the Dwarf in *Erec* and *Libeaus Desconus* » *Romania* (87),33-58.

MILLS M., 1962 « Composition and style of the « Southern » Octavian, Sir Launfal and Libeaus Desconus », *Medium Aevum*(31), Oxford, 88-109

MONFRIN J., 1989, « Le roman de Belris, Le Bel Inconnu, Carduino », *Testi, cotesti et contesti del franco-italiano,*Atti del 1° simposio franco-italiano, Bad Humburg, 13-16 aprile 1987. In memoriam Alberto Limentani, G. Holtus, H. Krauss, P. Wunderli éds., Tübingen, Max Niemeyer Verlag, 161-176.

NOBLE P., 1993, « Wace and Renaut de Beaujeu », *French Studies* (XLVII-1), Oxford, 1-5.

PARIS G., 1886, « Etudes sur les romans de la table ronde : *Guinglain* ou *Le Bel Inconnu* », Romania (XV), 1-24.

PAUPERT A., 1996, « Le Fier Baiser dans *Le Bel Inconnu* : structures symboliques et réécriture romanesque », *Op. cit.,* revue de littérature française et comparée, P.U. Pau, 29-36 ;

PERRET M., 1988, « Atemporalités et effet de fiction dans *Le Bel Inconnu* », *Le nombre du temps. En hommage à Paul Zumthor,* E. Baumgartner, G. di Stephano, F. Ferrand, S. Lusignan, M. Perret, C. Marchello-Nizia éds., Champion – Slatkine, Paris, 225-235 (repris dans *Le chevalier et la merveille dans* Le Bel Inconnu *ou le beau jeu de Renaut,* Dufournet J ; éd., Paris, Champion, 1996.

PERRET M. 1993 « Architecture inscrite dans un roman en vers du XIIIᵉ siècle : Le Bel Inconnu », *C'est la fin pourquoy nous sommes ensemble, hommage à Jean Dufournet,* J.C. Aubailly, E. Baumgartner, F. Dubost, L. Dulac, M. Faure éds., Paris, Champion, 1993, pp. 1073-1087.

PERRET M. 1996, « Statut du nom propre dans *Le Bel Inconnu* », *Le chevalier et la merveille dans* Le Bel Inconnu *ou le beau jeu de Renaut,* J. Dufournet éd., Paris, Champion, 91-109.

PERRET M., 1997, « Le discours rapporté dans *Le Bel Inconnu* », *L'information grammaticale* (72), 13-17.

PERRET M., 1999, « Proverbes et sentences : la fonction idéologique dans *Le Bel Inconnu* de Renaud de Beaujeu », *Plaist vos oïr bone cançon vallant ? Mélanges de langue et de littérature médiévales offerts à François Suard* (II), D. Boutet, M.-M. Castellani, F. Ferrand, A. Petit éds., P.U. Charles-de-Gaulle-Lille III, 611-701.

PHILIPOT E., 1896, « Un épisode d'Erec et Enide : la Joie de la Cour, Mabon l'enchanteur », *Romania* (XXV), 258-294.

PIOLETTI A., 1984, *Forme del raconto arturiano : Peredur, Perceval, Carduino,* Romanica Napolitana, Naples.

QUEREUIL M., « Syntaxe de l'infinitif dans *Le Bel Inconnu* », *L'information grammaticale* (72), 7-13.

ROUSSEL C., 1987, « Point final et point de suspension : la fin incertaine du *Bel Inconnu* », *Le Point final,* Actes du colloque international de Clermont-Ferrand, Clermont-Ferrand P.U. 19-34.

SALI A., 1986, « Jaufré, lo fil Dozon et Girflet, fils de Do » *Studia Occitana, in memoriam Paul Remi,*Kalamazoo, Michigan, Medieval Institute Publications, II 179-188

SCHMOLKE-HASSELMANN B., 1983, « Der französische Artusroman in Versen nach Chrétien de Troyes », *Deutsche Vierteljahrsschrift /flr Literaturwissenschaft und Geistesgeschichte* (57-3), 415-430.*

SCHOFIELD W.H., 1895, « Studies on *Li Beaus Desconus* », *Harvard Studies and Notes in Philology and Literature,* (IV), Boston.

STURM S., 1970, « The *Bel Inconnu*'s Enchanteress and the Intent of Renaut de Beaujeu », *Le Moyen Age* (76), 15-26.

STURM S., 1971, « The Love Interest in *Le Bel Inconnu* ; Innovation in the « roman courtois », *Fonun for Modem Language Studies* (VII), 241-248.

STURM S., 1972, « Magic in *Le Bel Inconnu* », *L'esprit créateur,* (12), 19-25.

SZKILNIK M., 1996, « Villes et chateaux dans *Le Bel Inconnu* », *Op. cit.*, revue de littérature française et comparée, P.U. Pau, 37-46.

THORPE K., 1975 voir ADAMS. A

TOMARIN-BRUCKNER M., 1980 ; *Narrative Invention in Twelfth Century French Romance, the Convention of Hospitality. 1160-1200,* Lexington, Kentucky.*

TOURY M.-N., 1998a, « Combats et tournois dans le *Bel Inconnu* de Renaut de Beaujeu », *Mélanges de Langue et de littérature française du Moyen Age offerts à Pierre Demarolle,* Paris, Champion, 285-294.

TOURY M.-N., 1998b, « *Le Bel Inconnu,* un roman de l'ironie », *Mélanges offerts à Philippe Ménard,* Paris, Champion 1998.

TYSSENS M., 1970, « Les sources de Renaut de Beaujeu », *Mélanges de langue et de littérature du Moyen Age et de la Renaissance offerts à Jean Frappier,* Genève, 1043- 1055.

WALTER P., 1996a, *Le Bel Inconnu de Renaut de Beaujeu. Rite, mythe et roman,* Paris, P.U.F. (Littérature moderne)

WALTER P., 1996b, « Figures du temps et formes du destin dans *Le Bel Inconnu* », *Le chevalier et la merveille dans* Le Bel Inconnu *ou le beau jeu de Renaut,* J.Dufournet éd.,Paris, Champion, 111-122.

WALTERS L. J., 1991, « The Education ol Gauvain's Son : Arm and Love i in the *Bel Inconnu* and *Beaudous* », *Bulletin Bibliographique de la société arthurienne* (XLIII), Paris

WALTERS L. J., 1993, « A Love That Knows No Falsehood » : Moral Instruction and Narrative Closure in the *Bel Inconnu* and *Beaudous* », *The South Atlantic Review* (58), 21-40.

WALTERS L. J., 1994a, « Chantilly Ms 472 : The Formation of a Gauvain Cycle », *Neophilologus* (78), 29-43.

WALTERS L. J., 1994b, « Chantilly Ms 472 as a Cyclic Work », *Cyclification : The Development of Narrative Cycles in the Chansons de Gestes and the Arthurian Romances* », Besamusca B et al. éd., Amsterdam Royal Netherlands Academy of Arts and Sciences, 135-39.

WEILL I., 1991, « Le jardin de la fée dans *Le Bel Inconnu* de Renaut de Beaujeu », *Sénefiance*, Cuerma-Aix.

WHITING B.J., 1933-1934, « The House of Fame and Renaud de Beaujeu's *Li Biaus Desconneüs* », Modern Philology (31), 196-198.

WILSON A, 1976, *Traditional Romance and Tale : How Stories Mean,* Ipswich, Totowa. *

Wolf-BONVIN R., 1996, « *Le Bel Inconnu* ou l'hexamètre amoureux », *Le chevalier et la merveille dans* Le Bel Inconnu *ou le beau jeu de Renaut,* J.Dufournet éd.,Paris, Champion, 123-138.

WOLF-BONVIN R. 1998, *Textus. De la traduction latine à l'esthétique du roman médiéval :* Le Bel Inconnu, Amadas et Ydoine, Paris, Champion (Nlle Bbl du M.A.).

TABLE DES MATIÈRES

Introduction VII

Le Bel Inconnu. Texte et traduction 1

Dossier 375

Leçons non retenues 389

Index des noms propres 393

Glossaire 403

Bibliographie 407

Table des matières 417

Achevé d'imprimer en 2003
sur les presses des Editions Slatkine
a Novoprint-Espagne

men created to obey women 4842